Maria Buchmayr/Gabriella Hauch/Gudrun Salmhofer (Hrsg.)

Frauen in die Chefetagen!?

Studien zur Frauen- und Geschlechterforschung
Band 1

herausgegeben von Gabriella Hauch

Veröffentlichung des Instituts für Frauen- und Geschlechterforschung, Johannes Kepler Universität Linz

Maria Buchmayr/Gabriella Hauch/Gudrun Salmhofer (Hrsg.)

Frauen in die Chefetagen!?

Mentoring – Unternehmerinnen – frauenspezifisches Personalmarketing

StudienVerlag
Innsbruck
Wien
München
Bozen

e-mail: order@studienverlag.at
Internet: www.studienverlag.at

Die Drucklegung dieser Arbeit wurde durch die finanzielle Unterstützung des Büros für Frauenfragen des Landes Oberösterreich, der Österreichischen Nationalbank und der Wirtschaftskammer Oberösterreich ermöglicht.

Buchgestaltung nach Entwürfen von Kurt Höretzeder/Circus, Innsbruck
Satz und Umschlag: Studienverlag/Karin Berner
Umschlagbild: Erika Giovanna Klien, Kopf, 1923.
Mit freundlicher Genehmigung der Galerie bei der Albertina Christa Zetter, Wien.

Gedruckt auf umweltfreundlichem, chlor- und säurefrei gebleichtem Papier.

Bibliografische Information Der Deutschen Bibliothek
Die Deutsche Bibliothek verzeichnet diese Publikation in der Deutschen Nationalbibliografie; detaillierte bibliografische Daten sind im Internet über <http://dnb.ddb.de> abrufbar.

ISBN 3-7065-1877-5

Inhaltsverzeichnis

Vorwort

Die Komplexität der offensichtlich und strukturell verborgen wirkenden Zusammenhänge, warum Chefetagen so langsam und zögerlich zu Chefinnenetagen werden, erinnert an die Geschichte von der Henne und dem Ei. Was war zuerst? Der Mensch weiblichen oder männlichen Geschlechts – oder die Zuschreibungen, was Frauen zu Frauen und Männer zu Männern macht?

Als Mutter der Frauen- und Geschlechterforschung gilt die Geschichtswissenschaft: Die zentrale Erkenntnis all dessen, was in den letzten Jahrzehnten als Frauen-, Männer- und Geschlechterforschung oder als feministische Wissenschaften inter- und transdisziplinär erarbeitet wurde, war die historische Gewordenheit und – damit verbunden – die Veränderbarkeit. Das betraf geschlechtsspezifische Handlungsspielräume in Wirtschaft, Gesellschaft, Politik oder Familie ebenso wie die Rollenzuweisungen oder Konstruktionen, wie Frauen und Männer zu sein haben. Aber auch Wissenschaftsparadigmen oder Wissenschaftskanonices und ihre Bedeutung für Geschlechterverhältnisse wurden unter diesem Blickwinkel kritisch analysiert und hinterfragt.

Die bürgerliche Moderne ist durch soziale Widersprüche gekennzeichnet. Zwar wurde mit der „Geburt der Bürgerlichen Gesellschaft" die Gleichheit und Freiheit aller Menschen proklamiert, realiter wurden jedoch Differenzen und damit verbunden Hierarchien an verschiedenen Linien, wie der Ethnie, der Nationalität oder des Geschlechts, festgeschrieben und zu Gesetzen geformt. Letzteres ist entscheidend um verstehen zu können, warum soziokulturell gewordene Geschlechtseigenschaften so sehr mit dem Nimbus des „Biologischen", heute würden wir sagen des „Genetischen", behaftet bleiben.

Vier große Bereiche können in der sogenannten westlichen zivilisierten Welt ausgemacht werden, die bestimmte Bereiche als weibliche und bestimmte als männliche definieren:

In der Habsburgermonarchie wurde 1811 das Allgemeine Bürgerliche Gesetzbuch gültig. In seinem darin verankerten Familienrecht war eine einzige reichsübergreifend wirksame Familienform festgeschrieben: die bürgerliche Familie. Der Mann stand dieser sozialen Gruppe als „Haupt" (§ 91) vor, die Frau war ihm zu Gehorsam ebenso wie zum Beischlaf und zur (unbezahlten) Beihilfe beim Erwerb verpflichtet. In Österreich stigmatisierten diese Paragrafen und viele andere die Frau zum unmündigen Geschlecht – bis zum Beginn der großen Familienrechtsreform unter dem sozialdemokratischen Justizminister Christian Broda in den 1970er Jahren. Der Charakter der ‚idealtypischen' Familienform, die nie für alle gesellschaftlichen Gruppen Gültigkeit besaß, wurde bereits bei der Verabschiedung 1811 deutlich: Damals herrschte in der Habsburgermonarchie nicht einmal ‚Heiratsfreiheit', d.h. der Großteil der Bevölkerung war gezwungen behördlicherseits um Heiratserlaubnis anzusuchen. Zudem hatte der im ABGB vorgesehene ‚bürgerliche' Traum, der Mann sei der erwerbstätige Familienerhalter, die Frau sorge sich um seine Reproduktion und die der Kinder, keine Gültigkeit: Die große Masse der Frauen war selbst erwerbstätig (im letzten Drittel des 19. Jahrhunderts waren 42,6 Prozent der Erwerbstätigen Frauen) und weit davon entfernt Ehemänner zu haben, die einen Familienlohn verdient hätten.

Hand in Hand mit dieser familiären Regelung, dass der Ort der Frau im Haus(halt) wäre und der des Mannes im außerhäuslichen Erwerb, agierten die politischen Verantwortungsträger mit ihren scheinbar geschlechtsneutralen Institutionen, die realiter jedoch männliche waren. Die sukzessive Ausweitung des an Status und Steuerleistung gebundenen Kurienwahlrechts auf immer mehr sozial niedriger gestellte Männergruppen durch Absenkung der zum Wahlrecht nötigen jährlichen Steuerleistung ging mit der Installierung der Ausschließungskategorie „Geschlecht" vor sich. Markant wurde dies in der sprachlichen Begrifflichkeit: Als 1907 das Statuswahlrecht aufgehoben wurde und alle Männer das passive und aktive Wahlrecht zum Reichsrat erhielten, ging dies als „Einführung des allgemeinen Wahlrechts" in die Geschichtsbücher ein – die österreichischen Frauen erhielten jedoch erst mit der Gründung der Republik Österreich und der gesetzlichen Installierung „ohne Unterschied des Geschlechts" ihr Wahlrecht. Bis heute sind Frauen Ausnahmen und daher Fremde in der institutionalisierten Politik.

In diese Tradition passt sich die geschlechtsspezifische Dichotomisierung bei den Bereichen Wissenschaft und (Aus)Bildung ein. Noch in den 1920er Jahren waren bürgerliche Berufe für Frauen Ausnahmen und zahlenmäßig gering. Die erste Möglichkeit für Mädchen im deutschsprachigen Teil der Monarchie ein Gymnasium zu besuchen, eröffnete sich mit dem 1892 gegründeten Wiener Privat-Mädchengymnasium. Fünf Jahre später gestattete als erste die geisteswissenschaftliche Fakultät der Universität Wien auch den Frauen zu inskribieren. Eine auch für die Politik bedeutsame Ausnahme bildeten die Rechtswissenschaften. Als die ersten Frauen am 16. Februar 1919 als Abgeordnete das Parlament betraten, hatte keine von ihnen die Gelegenheit gehabt, Rechtswissenschaften zu studieren, denn erst zu diesem Zeitpunkt mussten auch die juridischen Fakultäten Frauen zum Studium zulassen. Diese gesellschaftliche Einschlüsse und Ausschlüsse regelnden Gesetze hatten für Frauen per Geschlecht gegolten, einerlei welcher sozialen Schicht sie entstammten, welcher Ethnizität oder welcher Religionsgemeinschaft sie angehörten.

Der vierte Bereich, der die strukturelle Verfasstheit der Geschlechtscharaktere regelt, ist die Wehrfähigkeit. 1867 wurde in der Habsburgermonarchie die ‚allgemeine' (sic!) Wehrpflicht eingeführt. International war diese Wehrpflicht an das Wahlrecht – d.h. an das Konzept des Staatsbürgertums – gekoppelt. Damit war die Konstruktion der kämpfenden männlichen Stärke bzw. der zu beschützenden weiblichen Schwäche verbunden. Bis Anfang der 1980er Jahre waren Frauen nicht nur vom Heer ausgeschlossen, sondern insgesamt von waffentragenden Berufen.

Diese vier strukturellen Bereiche, die einander bedingen und miteinander verknüpft sind, bilden die historisch geprägte Ausgangslage, vor der die Frage „Frauen in die Chefetagen!?" zu diskutieren ist.

Vieles hat sich bis zum heutigen Zeitpunkt verändert, doch weder das Erreichen der formalen Gleichberechtigung noch das Gleichziehen mit den Männern im Bereich der schulischen und universitären Qualifikation hat die geschlechtsspezifische Segregation des Arbeitsmarktes, die Frauen auf untere Hierarchiestufen verweist, wesentlich beeinflusst. Frauen in Führungspositionen sind nach wie vor eine verschwindende Minderheit und das nicht nur relativ zu ihrem Bevölkerungsanteil, sondern auch relativ zum Anteil von Frauen des entsprechenden Qualifikationsniveaus, der entsprechenden Branche, des entsprechenden Altersjahrgangs und anderer denkbarer Bezugsgrößen. Die Repräsentanz von Frauen in Führungspositionen ist dabei nur die Spitze des Eisberges der geschlechtsspezifischen Segregation des Arbeitsmarktes, denn Frauen sind im Erwerbsleben nicht nur gegenüber Männern in der Minderheit, sondern fehlen nahezu in allen besserbezahlten und mit höherem sozialen Prestige versehenen Berufsfeldern und Hierarchiestufen.

Der Thematik Frauen in Führungspositionen bzw. mögliche Wege dorthin waren im Jahr 2001 drei Veranstaltungen an der Johannes Kepler Universität Linz gewidmet. Ein breites Spektrum an praxisnahen Berichten und theoretischem Input wurde den zahlreichen Teilnehmenden geboten. Einzelne Beiträge wurden vertiefend bearbeitet und finden sich zusammengefasst in dieser Publikation.

Im Zentrum aller drei Veranstaltungen stand die Frage, auf welche Weise es Frauen gelingen kann, Führungspositionen zu erreichen. Strategien und Konzepte, die der Herstellung von Gleichstellung im Erwerbsleben dienen, wurden unter reger Publikumsbeteiligung diskutiert. Hemmnisse, Barrieren oder Diskriminierungsmechanismen, die Frauen den Berufsaufstieg erschweren oder sogar unmöglich machen, waren dabei nur von peripherer Bedeutung.

Den Schwerpunkt in diesem Band bildet der 7. AbsolventInnentag, der am 11. Mai 2001 unter dem Titel „Mentoring – Lernen am Vorbild erfolgreicher Frauen" stattfand und Strategien der Frauenförderung und Personalentwicklung thematisierte. Veranstaltet wurde der AbsolventInnentag von der Stabsstelle für Frauenförderung gemeinsam mit dem Institut für Frauen- und Geschlechterforschung und dem Arbeitskreis für Gleichbehandlungsfragen der Johannes Kepler Universität Linz.

Im ersten Teil der Publikation gibt Christiana Weidel einen einführenden Überblick über Mentoring und geht auf die Rahmenbedingungen und Voraussetzungen für eine gute Mentoring-Beziehung ein. Unter Mentoring versteht sie ein effektives und effizientes Konzept zur Förderung der gleichberechtigten Partizipation von Frauen an gesellschaftlicher Entscheidungsmacht. Erfahrene und beruflich etablierte Personen geben ihr Wissen und ihre Erfahrungen an hierarchisch untergeordnete und weniger erfahrene Mitarbeiterinnen weiter und unterstützen auf diese Weise den beruflichen Aufstieg.

Kerstin Witt-Löw, die selbst mehrere Mentoring-Programme als Beraterin begleitet hat, erweitert die Ergebnisse aus ihrem Workshop zu Mentoring in der Politik, weist auf die entscheidende Rolle des Mentors oder der Mentorin in Zusammenhang mit einem politischen Aufstieg hin und erwähnt mögliche Gefahren, die aus einer derartigen Förderbeziehung entstehen können.

Auf Ingrid Grün, der Leiterin des Frauenbüros des Landes Niederösterreich, geht eine Initiative zurück, Mentoring für Frauen in Politik und Öffentlichkeit zu nutzen. Sie beschreibt in ihrem Aufsatz die unausgewogene Mitwirkung von Frauen in kommunalen Entscheidungsstrukturen, die durch das Regionale Mentoring Programm ausgeglichen werden soll. Ingrid Grün gibt als Mentorin ein sehr persönliches Stimmungsbild vom Nutzen solcher Projekte wieder. Persönliche Erfahrungen spiegeln sich auch im Beitrag ihrer Mentee, Karin Geyrhofer, wider.

Herta Nöbauer und Waltraud Schlögl leiten und koordinieren Österreichs bislang einziges Mentoring-Projekt an einer Hochschule. Das Pilotprojekt mu:v, Mentoring an der Wiener Universität, setzt bei struktureller und strategischer Förderung an und unterstützt in Form von fächerübergreifendem Gruppenmentoring Dissertantinnen, Post-Docs und Habilitandinnen bei ihrem Ein- und Aufstieg in die scientific community.

Wilfried Weiß und Doreen Liebenow stellen das Cross-Mentoring-Projekt der Lufthansa AG vor, mit dem das Unternehmen in Kooperation mit Partnerunternehmen zu einer direkten Förderung von Frauen beitragen will. Bereits mehrere Jahre wird Mentoring unternehmensübergreifend und sehr erfolgreich als Instrument der Personalentwicklung genutzt.

Als Abschluss des ersten Teils reflektieren Helga Lukoschat und Janka Thurn das für viele Folgeprogramme maßgebliche Mentoring-Projekt „Preparing Women to Lead", das von der Europäischen Akademie für Frauen in Politik und Wirtschaft in Zusammenarbeit mit der Technischen Universität Berlin entwickelt wurde. Vier Jahre nach Beendigung des Projekts konnte eine positive Bilanz über den Erfolg des Projekts gezogen werden.

Female Entrepreneurship, weibliches Unternehmerinnentum, war der Titel einer weiteren Veranstaltung, die das Institut für Frauen- und Geschlechterforschung gemeinsam mit dem Institut für Unternehmensgründung und Unternehmensentwicklung der Johannes Kepler Universität organisierte.

In ihrem Aufsatz, der auf diese Veranstaltung zurückgeht, skizziert Waltraud Frauenhuber den Weg in die Führungsebene über Franchising, einem Geschäftskonzept, das sich – von den USA ausgehend – langsam in Europa etabliert und sich zunehmender Beliebtheit erfreut.

Betriebliche Frauenförderung und frauenspezifisches Personalmarketing waren Themen einer Tagung, die gemeinsam mit der Personalentwicklerin Gabriele Kössler organisiert wurde und den Titel „Frauen in die Chefetagen – aber wie?" trug. Die dort diskutierten Beiträge bilden den dritten Teil dieser Publikation und stellen diverse Konzepte zur Herstellung von Chancengleichheit am Arbeitsplatz zur Diskussion. Theorie und Praxis werden hier miteinander verzahnt und geben Hinweise darauf, wie auch Frauen in Spitzenpositionen zahl- und erfolgreich vertreten sein könnten.

Katrin Hansen setzt sich in ihrem Beitrag mit der Frage der Begrifflichkeiten für Konzepte zur Gleichstellung wie Managing Diversity, Gender Mainstreaming u.a. auseinander und analysiert die unterschiedlichen Wirkungsfelder und Intentionen, die hinter den einzelnen Modellen stecken.

Gerda Klammer stellt in ihrem Aufsatz das 1999 in Kraft getretene Frauenförderprogramm in der bfi/bbrz-gruppe Linz vor und gibt einen Überblick über die Ansatzpunkte und Aktionsfelder, die den Weg für Frauen in Richtung Führungspositionen ebnen sollen. Melanie Dorner fasst in ihrem Beitrag die Ergebnisse ihrer Diplomarbeit zusammen, in der sie das Frauenförderprogramm der bfi/bbrz-gruppe evaluiert hat. Resümierend konstatiert sie den hohen Grad an Zustimmung zum Programm.

Maria Buchmayr gibt einen grundlegenden Überblick über die Situation von Frauen im Erwerbsleben, umreißt die rechtliche Situation in Österreich und vergleicht in der Folge unterschiedliche Konzepte betrieblicher Gleichstellungspolitik.

Den Abschluss der Publikation bildet eine Studie von Cäcilia Innreiter-Moser zum Equality-Begriff in den Aussagen österreichischer Studentinnen, die im Rahmen eines Seminars in Wirtschaftswissenschaften an der Linzer Johannes Kepler Universität durchgeführt wurde. Kontextualisiert werden die Ergebnisse der Studie von einem kurzen Abriss über die Veränderung der Rollenbilder und der Geschlechterordnung nach dem Zweiten Weltkrieg in Österreich und dem Themenbereich Geschlecht und Organisation.

Diese Vielzahl an Beiträgen ist das nachhaltige Ergebnis eines Jahres Diskussion zum Thema „Frauen in die Chefetagen – aber wie?" an der Johannes Kepler Universität und soll darüber hinaus die Auseinandersetzung mit der noch immer aktuellen Thematik fördern und zum Weiterdenken, Umdenken und Verändern anregen. Erst wenn auch Spitzenpositionen in der Wirtschaft paritätisch besetzt sind, werden traditionelle und immer wieder reproduzierte Rollenzuschreibungen zwischen den Geschlechtern aufzubrechen beginnen.

Abschließend danken wir all jenen, die unsere Veranstaltungen inhaltlich, organisatorisch und finanziell unterstützt und den Druck dieser Publikation ermöglicht haben. Besonderer Dank gebührt dem Büro für Frauenfragen des Landes Oberösterreich, der Österreichischen Nationalbank und der Wirtschaftskammer Oberösterreich.

Bleiben wir realistisch, denken wir das Unmögliche!

Linz, im März 2003

Maria Buchmayr
Gabriella Hauch
Gudrun Salmhofer

Christiana Weidel[1]

Einführung in das Thema Mentoring, Kontaktadressen und weiterführende Links

Mentoring kommt immer mehr in Mode. Das, obwohl diese Art des Lernens am Vorbild so alt ist wie die Menschheit, denn immer schon waren erfahrene Persönlichkeiten mit Rat und Hilfe bereit, lernwilligen Nachwuchs auf dem Weg zum Erfolg zu unterstützen.

Definition und Erklärung

Mentoring	Rat, Unterstützung und Kontakte in wichtigen beruflichen Situationen
MentorInnen	Seit mehr als 3000 Jahren RatgeberInnen „an des Vaters Stelle“

Mentor ist eine Figur aus der griechischen Mythologie. Odysseus bat ihn, in seiner Abwesenheit seinem Sohn Telemach väterlicher Freund und Ratgeber zu sein, diese Funktion wurde Synonym für die Bereitschaft, Erfahrungen an Jüngere weiterzugeben. Angeblich soll hinter Mentor Pallas Athene, die Göttin der Weisheit gesteckt haben, um Telemach das kluge Verhalten eines Königs zu lehren und ihn zu führen.

Mentoring heute

Das Besondere an der Methode des Mentoring ist die Chance, in einer aktuellen Umbruch- oder Problemsituation wertvolle Informationen und Unterstützung zu erhalten. Dabei werden müheloser als in langwierigen Kursen neue und erfolgreiche Verhaltensweisen erlernt und durch gezielte Kontakte bisher verschlossene Türen geöffnet. Die eigene Entwicklung wird durch die Erfahrung anderer beschleunigt.

Für Frauen eine bedeutende Hilfe

Für Frauen stellt Mentoring eines der wichtigsten Instrumente der Förderung dar, um den Anteil an Frauen in Führungspositionen strategisch zu erhöhen. Obwohl, das sei gleich zu Beginn nüchtern betont, Mentoring selbst keine Strukturen verändern kann, kein System der Gleichberechtigung schafft und sich nicht als generelles Allheilmittel für den beruflichen Aufstieg eignet.

Mentoring ist kostengünstig, kommunikativ und effizient – damit kommt es Frauen methodisch und in der Praxis mehr entgegen als viele andere Möglichkeiten sonstiger Weiterbildung. Auch macht es Spaß, bereitet Freude und tut gut, nicht nur den sogenannten Mentees, die sich von manch charismatischen Persönlichkeiten kostenlos teuren Rat holen dürfen und sich so auf den Karriereweg vorbereiten können, sondern auch den MentorInnen, die im Berufsleben wieder neue Motivation erhalten, den eigenen beruflichen Erfolg reflektieren und eine besondere Zufriedenheit in der Weitergabe ihres Wissens und ihrer langjährig angesammelten Erfahrungen spüren.

Formen des Mentoring

Mentoring kann in sehr unterschiedlichen Formen praktiziert und organisiert werden:

Form	
Informelles Mentoring	ergibt sich aus der Situation, benennt MentorInnen nicht explizit
Formelles Mentoring	organisiertes, formalisiertes und strukturiertes Mentoring

Organisation	
Interne Programme	werden innerhalb einer Organisation, eines Unternehmens oder einer Institution organisiert
Externe Programme	werden für MentorInnen und Mentees unabhängig von der Organisation organisiert

Zielgruppe	
Geschlechtsneutrale Konzepte	fördern gleichermaßen die berufliche Entwicklung von Frauen und Männern
Frauenfördernde Konzepte	berücksichtigen ausschließlich Frauen zur Erhöhung der Chancengleichheit

Mentoringprogramme oder informelles Mentoring?

Häufig erleben ArbeitnehmerInnen in beruflich schwierigen, oft ausweglos wirkenden Situationen die Unterstützung durch höhergestellte, erfahrene KollegInnen.

Wertvolle Ratschläge dieser Personen oder Hinweise auf hilfreiche Kontakte bringen den Betroffenen oftmals wichtige berufliche Fortschritte. Diese Hilfestellungen werden häufig ungefragt geleistet, manchmal werden sie aber auch bewusst von den Betroffenen gesucht – durch Kontaktaufnahme mit bewunderten Vorbildern, erfahrenen KollegInnen oder sympathischen Begegnungen im zufälligen Gespräch.

Informelles Mentoring

Dieses „informelle" Mentoring wird oft erst nach Beendigung als solches erkannt: „Er war wie ein Mentor zu mir", erinnern sich viele erfolgreiche Menschen, wenn sie nach ihrem Werdegang gefragt werden. Berufliche Probleme bleiben in Erinnerung sowie die entsprechende Unterstützung durch erfahrene und in der Karriereleiter bereits höher gekletterte KollegInnen und die daraus resultierende Lösung des Problems oder positiv veränderte Situation.

Mentoringprogramme für Frauen

Programme erweisen sich als sehr nützlich, weil sie Ziele und Zielgruppen direkt benennen, bewusst vorgehen und Frauen eine Möglichkeit bieten, die das informelle Mentoring nicht hat: Es ist kein Über-den-Schatten-Springen notwendig, denn wer das informelle Ratsuchen nicht schafft, das ein gewisses Heraustreten aus der Menge fordert, kann in einem Mentoring Programm geführt und geleitet werden, was jene Frauen begünstigt, die sonst eher in der zweiten Reihe stehen bleiben würden.

Zudem werden die Aufgaben konkret benannt, die eine Mentorin zu erfüllen hat, das entlastet und erlaubt eine persönliche Abgrenzung der Mentorinnen, die Frauen oft nicht so leicht fällt.

Mentoring-Programme müssen zielgruppengerecht aufbereitet werden, z.B. für:
- Frauen in zukünftigen Führungspositionen
- Wiedereinsteigerinnen
- Existenzgründerinnen
- Frauen in männerdominierten Berufen, Forschung und Wissenschaft
- Frauen in der Politik

Durch MentorInnen „entdeckt"

Politische Karrieren von Frauen sind ohne Mentoring nicht denkbar, wie Erfahrungen von erfolgreichen Politikerinnen aber auch Politikern dokumentieren. Man(n) oder frau wird ‚entdeckt' und gefördert durch MentorInnen, auch wenn diese Unterstützung nicht als Mentoring bezeichnet wird. Dennoch erspart das Entdeckt-Werden den jungen Nachwuchskräften nicht die Aktivitäten, Bemühungen und den Einsatz und die wichtigsten Fragen bleiben: Was will ich erreichen? Wie gehe ich strategisch vor?

Mentoringprogramme können viel verändern. Sie können sprunghaft individuell Entwicklung initiieren, langsam Schritt für Schritt weiterführen oder weitreichende Auswirkungen noch nach vielen Jahren haben.

Mentorschaftsprogramme brauchen Vereinbarungen

Eine Mentorschaft gilt als persönliche Vereinbarung zwischen einer Mentorin und einer Mentee und zeigt bestimmte Charakteristika, die sie auf dem Beratungsmarkt unterscheiden und positionieren:

Charakeristika	
Unbezahlt	Wenngleich auch manchmal die Mentorschaft in der Dienstzeit erfolgt, gibt es kein Extra-Honorar für den Mentoringprozess.
Zeitlich beschränkt	Meist dauert die Mentorschaft ein halbes Jahr bis ein Jahr.
Ohne Verpflichtung	Wenn die Mentorschaft abgelaufen ist, bestehen keine weiteren Verpflichtungen oder Verbindlichkeiten.

Demnach gilt: Mentoring ist keine Beziehung auf ewig, sondern erstreckt sich über einen zuvor definierten Zeitraum. Mentoring verfolgt ein klares, gemeinsam festgelegtes Ziel, das die Mentee einen Schritt weiterbringen soll.

Mentee und Mentorin müssen nicht in einer freundschaftlichen Beziehung zueinander stehen, es reicht aus, wenn die Mentee die Mentorin oder den Mentor als berufliches Vorbild anerkennt und an den Erfahrungen partizipieren oder in ein neues Kontaktnetz kommen möchte, über das die Mentorin oder der Mentor verfügt. Um beruflich voranzukommen, ist es notwendig, strategische Allianzen einzugehen und sich zu vernetzen. Andere zu integrieren bedeutet auch sich selbst ins Spiel zu bringen.

Ziele einer Mentorschaft

Ziel einer Mentorschaft zwischen einer Mentorin als beruflich erfahrenen Persönlichkeit und einer Mentee als lernwillige zukünftige Führungskraft ist die Förderung und Unterstützung der Mentee in ihrer Karriereplanung durch fachliche und persönliche Begleitung, durch Weitergabe von beruflichen Erfahrungen im informellen Bereich. Das Verhaltensrepertoire der Mentee soll durch neue Strategien erweitert werden.

Voraussetzung dafür sind ein deutlich spürbares Gefälle zwischen dem Wissensstand der MentorInnen und der Schützlinge, der Wille der Mentees, das Gesagte anzuwenden und die Gelegenheit, neues Verhalten auszuprobieren, zu reflektieren und zu diskutieren, um dies schließlich in die eigene Persönlichkeit zu integrieren.

Nutzen einer Mentorschaft

Was habe ich davon?

Als Mentees können Frauen in der Mentorschaft lernen, sich etwa in einem männerdominierten Arbeitsumfeld an einer erfolgreichen Frau zu orientieren sowie das Know-how und die Kontaktnetze erfolgreicher Personen zu nutzen.

Mentees bekommen oder holen sich demnach Rat und Erfahrung von ausgewählten Vorbildern im beruflichen Umfeld. Sie stellen Fragen, um Einblick in die erfolgreiche Bewältigung des Arbeitsalltags ihrer Mentorinnen zu erhalten oder sie bereiten spezielle Problemstellungen zur Diskussion vor. Sie sind daher vor allem für die inhaltlichen Fragen bei den Treffen im Mentoringprozess selbst verantwortlich.

Als Mentorinnen lernen Frauen, ihre Erfahrungen an eine Nachwuchskraft weiterzugeben und diese in ihren Karrierebemühungen zu unterstützen, sie entwickeln sich durch dieses Engagement ebenfalls weiter und können daraus Vorteile für ihren eigenen weiteren Karriereweg erwerben.

Mentorinnen unterstützen die Nachwuchskräfte auf ihrem beruflichen Weg.

Sie vermitteln den Verhaltenscode ihres Arbeitsumfeldes und führen ihre Partnerinnen in informelle Netzwerke ein. Sie achten auf den Ablauf der Mentorschaft und behalten den Überblick: Was war Ziel der Mentorschaft? Wie geht es voran? Was wäre ein nächster sinnvoller Schritt?

Welche Vorteile bringt eine Mentorschaft?

Im Rahmen einer Mentorschaft können sich auf vielen Ebenen Vorteile ergeben:[2]

Mentees

... verbessern ihre Arbeitsleistung durch neue Strategien und stärken ihre fachlichen Qualifikationen in Entscheidungsfindungsprozessen

... fördern ihre Karriere durch Lernen am Vorbild, planen Karriereschritte und erweitern ihren Verhaltens- und Handlungsspielraum

... stärken ihre sozialen Kompetenzen und lernen mit schwierigen Situationen erfolgreich umzugehen

... entwickeln ihre Persönlichkeit weiter, erforschen Grenzen und gewinnen mehr Klarheit über berufliche Ziele

MentorInnen

... gestalten die Zukunft der Mentee mit, können sich eventuell durch Delegation entlasten

... trainieren Selbsterkenntnis auf unternehmerischer und fachlicher Ebene und gewinnen neue Erkenntnisse über die eigene berufliche Zukunft

... verbessern durch Kompetenzerweiterung die eigene Ausgangsposition für eine nächste Karrierestufe

... erhalten Lernmöglichkeiten, wo sie es vielleicht gar nicht erwartet haben und steigern damit ihr Selbstwertgefühl

Aufgaben und Rollen

Was können/sollen MentorInnen konkret tun?

Ratschläge erteilen	den Mentees einmalig oder längerfristig gute Ratschläge geben
	über die eigenen Erfahrungen im Beruf berichten
Strategien vermitteln	gemeinsam Probleme durchdenken, erfolgreiche Lösungswege/Strategien aufzeigen
	wenn nötig, Entscheidungen zu revidieren helfen
Anleiten	anleiten, wie sie selbst an komplexe Problemstellungen herangehen würden
	der Mentee kritisch-konstruktives Feedback geben
Unterstützen	Entwicklungspotentiale der Mentee erkennen
	sich um ihre Schützlinge kümmern, sofern möglich, bei der Verteilung von Posten oder Verantwortlichkeiten (Aufträge?) an die Mentees denken, positiv von ihren Fähigkeiten sprechen, wenn sich die Möglichkeit ergibt
	die Sichtbarkeit der Mentee erhöhen
	die Mentee bei der Formulierung von Zielen unterstützen, kurzfristige und langfristige Karriereziele entwickeln, Teilschritte festlegen, diese diskutieren und evaluieren

Themen in einer Mentorschaft

Das Auftreten der Mentee

Der Beruf

Das Arbeitsumfeld

Die Unternehmenskultur

Die Zukunft

Beziehungen zu KollegInnen, KundInnen, Vorgesetzten etc.

Aufbau eines beruflichen Netzwerkes

Kombination von Beruf/Berufung und Privatleben

Was bedeutet die Teilnahme an einer Mentorschaft?

MentorInnen stellen sich in einem definierten Zeitraum, meist ein halbes Jahr oder ein Jahr, beratend zur Verfügung. Die Mentee bespricht mit ihrer Mentorin im Rahmen einiger Treffen Probleme und relevante Themen der Karriereplanung.

Für diese Treffen zwischen Mentorin und Mentee bereitet die Mentee konkrete Fragen an die Mentorin vor, die diese im Laufe des Gespräches beantwortet. Die Mentorin versucht, durch Schilderung eigener Strategien und Erfahrungen die Partnerin in ihren Karrierebestrebungen zu unterstützen sowie diese, sofern es vereinbart wurde, in ihre eigenen Kontaktnetze einzuführen.

Mentoring-Partnerschaften stellen persönliche und freiwillige Vereinbarungen dar. Durch ein finanzielles Entgelt für die erbrachten Beratungsleistungen würde sich die Mentorschaft in eine Coaching-Situation verwandeln und eine andere Dynamik bekommen – verantwortlich für den Erfolg einer Mentorschaft ist in erster Linie die Mentee.

Eigenschaften guter MentorInnen[3]

Ziel	Eigenschaften
Lehren	Fähigkeit, Wissen zu vermitteln und Lernprozesse zu begleiten
	berufliche/wissenschaftliche Qualifikationen
Führen	Entscheidungsfreude sowie die Fähigkeit, auch im Hintergrund bleiben zu können
	Erfolg und Einfluss, Verschwiegenheit und Wahrnehmungsgabe
Kontakte vermitteln	über ein großes Kontaktnetz verfügen und die Bereitschaft, Erfahrungen weiterzugeben
	Motivation, an der Entwicklung der Mentee mitzuwirken

Anforderungen an MentorInnen

MentorInnen müssen gewisse Anforderungen hinsichtlich Kompetenzen, Erfahrungen und Funktionen erfüllen, um für Mentees als Vorbild gelten zu können.
Sie sollten

- eine Führungsposition innehaben (oder gehabt haben)
- über Entscheidungskompetenz verfügen
- Perspektiven wechseln können
- Vertrauen rechtfertigen
- Interesse an der Entwicklung der Mentees haben

Anforderungen an Mentees

Auch von Mentees werden gewisse Verhaltensweisen erwartet, damit eine Mentorschaft gelingt.
Sie sollten
- Erfolg und Karriere anstreben
- eine aktive Rolle übernehmen
- Mut haben, neue Verhaltensweisen auszuprobieren
- offen über Probleme sprechen können
- kritikfähig und stark sein

Spezielle Formen des Mentoring

Gruppenmentoring

Das Modell des Gruppenmentoring sieht MentorInnen für Gruppen von gleichgesinnten, gleichaltrigen oder gleichartigen Mentees vor. Diese Art des Mentoring wird meist im Rahmen eines Gesprächskreises durchgeführt. Diese Methode wird etwa dann eingesetzt, wenn es in einem Programm wenige Mentorinnen, aber viele Mentees gibt.

Die Gruppe ermöglicht darüber hinaus Peer-Learning, Lernen mit Gleichgesinnten, Gleichaltrigen oder Gleichartigen.

Männer als Mentoren?

Mentoring wird zwar als Förderungskonzept für Frauen verstanden, das heißt aber nicht, dass Frauenförderung nur Frauensache ist.

Mentoring bezieht selbstverständlich auch Männer als Mentoren mit ein, zumal in vielen Unternehmen und Organisationen noch nicht genügend Frauen in Entscheidungs- und Führungspositionen vertreten sind, um aktiv als Förderinnen und Leitfiguren zu fungieren. Wenn nur eine Frau an der Spitze anzutreffen ist, sollte sie jedoch nicht für 100 Mentees agieren müssen, auch deswegen sollten Mentoren prinzipiell nicht ausgeschlossen werden.

Häufig verfügen Frauen über weniger Einfluss und weiterführende Kontakte als ihre männlichen Kollegen. Aus diesem Grund kann es für weibliche Nachwuchskräfte oft von Vorteil sein, einen Mann als Mentor auszuwählen, der durch seine Position, seinen Einfluss und sein Kontaktnetz entscheidend zum beruflichen Weiterkommen der Mentee beitragen kann.

Darüber hinaus trägt die offene Haltung von Mentoren in der Unterstützung und Förderung des beruflichen Vorankommens von Frauen auch wesentlich zum Abbau rollenbedingter Vorurteile innerhalb des Unternehmens bei und stärkt in der Folge die Legitimität und Akzeptanz weiblicher Führungskräfte.

Mentoring-Elemente

Mentorschaften werden individuell an die Rahmenbedingungen angepasst, sie können zur Unterstützung der Lernprozesse weitere Elemente beinhalten:

Elemente	**Inhalte**
Sitzungsbegleitung	Die Mentees nehmen an ausgewählten Besprechungen oder anderen Veranstaltungen der MentorInnen teil, um deren berufliches Verhalten zu beobachten bzw. Kontaktnetze kennen zu lernen.
	Das können auch Interviews sein, Filmaufnahmen oder Radiosendungen – jedoch treffen die MentorInnen alleine die Entscheidung, was sie dem Schützling konkret anbieten.
Seminare oder Workshops	Zum Erwerb von Kenntnissen in z.B. freier Rede und Rhetorik, sicherem Auftreten oder erfolgreicher Gesprächsführung werden gezielt Weiterbildungsveranstaltungen für die Mentees organisiert, die in der Freizeit oder im Rahmen einer fachlichen Ausbildung als Ergänzung wahrzunehmen sind.
Monatliche Stammtische	Selbstorganisierte oder moderierte Stammtische dienen den Mentees als informelle Treffen zum Erfahrungsaustausch.
Praktikum oder Internship	Mentoring im Unternehmen bzw. in der Organisation der Mentorin, auch oft als „Internship" bezeichnet, kann eine Praktikumsarbeit beinhalten. Dies inkludiert das Kennenlernen der Organisationsstruktur und der Unternehmenskultur.

Abgrenzung zum Coaching, Tutoring und anderen Beratungsmethoden

Mentoring ist nicht zu verwechseln mit anderen Beratungsmethoden, wie etwa das Coaching, das Tutoring, das Training und die klassische Unternehmens- oder Lebensberatung.

MentorInnen geben ihre beruflichen Erfahrungen und ihr fachliches Wissen ohne finanzielles Entgelt in einer 1:1 Beziehung weiter. Diese Partnerschaft besteht zwischen einer sehr erfahrenen und einer lernbereiten Person in einer direkten und strategisch oder zumindest bewusst gewählten Beziehung, während z.B. Coaching immer als Auftrag bezahlt wird oder Tutoring integriert als vorgegebenes institutionelles

Rahmenprogramm stattfindet, wie z.B. in einzelnen Fachrichtungen von Universitäten, um den Einstieg für Studierende zu erleichtern.

Natürlich überschneiden sich viele Aufgaben und Rollen im Coaching und im Mentoring, aber das Konzept des Mentoring ist weiter gefasst als Coaching. Die Mentoringbeziehung bietet im Kern außerdem nicht so sehr die fachliche Beratung an als vielmehr eine persönliche Unterstützung.

Literatur

Arhén, Gunilla: Mentoring in Unternehmen. Patenschaften zur erfolgreichen Weiterentwicklung. Landsberg: Moderne Industrie 1992.

Lintschinger, Sabine: Karriere-Handbuch für Frauen. Netzwerke, Initiativen und Berufsverbände in Österreich. Wien: Ueberreuter 1999.

MELLOW. Good Practice Handbuch. Mentoring von Mädchen und Frauen in oder auf dem Weg zu technischen Berufen. Amsterdam, Delft: VHTO/UETP-Randstad 1998.

Mentoring für Frauen in Europa. Eine Strategie zur beruflichen Förderung von Frauen, 3. Aufl. Hrsg. v. Deutschen Jugendinstitut. München Presse Druck 1998.

Schliesselberger Eva, Strasser, Sabine: In den Fußstapfen der Pallas Athene? Möglichkeiten und Grenzen des Mentoring von unterrepräsentierten Gruppen im universitären Feld. Wien: Staatsdruckerei 1998. (= Materialien zur Förderung von Frauen in der Wissenschaft. 7.)

Segerman-Peck, Lily M.: Frauen fördern Frauen. Netzwerke und Mentorinnen. Ein Leitfaden für den Weg nach oben. Frankfurt, New York: Campus 1994.

Ausgewählte Mentoring-Links im Internet

Österreich

Das virtuelle MentoringCenter im Internet, mit vielen Beispielen von Mentoringprogrammen aus Österreich und Europa:
http://www.MentoringCenter.at, [17.9.2002]

Das in Niederösterreich erstmals regionalisierte Mentoring-Modell, entstanden mit europäischer Beteiligung:
http://www.RegionalesMentoring.at, [17.9.2002]

Mentoring für Mädchen in Wien, die in ihrer Berufswahlphase Vorbilder und Lebenswege von Frauen in vielen unterschiedlichen Berufen, auch nichttraditionellen, kennenlernen können:
http://www.jobs4girls.at, [17.9.2002]

Mentoring für Frauen in nichttraditionellen Berufen im Bodenseeraum, ein Projekt der 3LänderFrauen, Vorarlberg, St. Gallen und Liechtenstein:
http://www.3laenderfrauen.org/mentoring, [17.9.2002]

Mentoring für Frauen in Kärnten, das bisher größte Mentoringprojekt in Österreich mit 172 Frauen im Programm:
http://www.womentoring.at, [17.9.2002]

Gruppenspezifische Mentoring-Programme

Medimenta, das Mentoringprogramm der österreichischen Medienfrauen, gestartet im Frauennetzwerk Medien:
http://www.frauennetzwerk.at/medien/mentoring.htm, [17.9.2002]

Elisabeth Sanders Ada Lovelace Mentoring-Projekt an der Uni Koblenz, das Frauen für formal- und naturwissenschaftliche Studiengänge gewinnen will:
http://www.ada-lovelace.de, [17.9.2002]

MUFFIN 21, eine Mentoringprojekt zwischen Universität, Forschung und Firmen aus der Initiative D 21, für Informatikerinnen: http://www.muffin21.de, [17.9.2002]

Mentoring von Mädchen und Frauen in IT Berufen, Teil des grenzüberschreitenden Projekts MAP, Mentoring als Personalentwicklung, im österreichisch-bayrischen Raum: http://www.girlstuesday.at, [17.9.2002]

Das erste Mentoring Forum für Frauen im europäischen Raum: die Mentoring Plattform Tirol: http://www.ceiberweiber.at/mentoring, [17.9.2002]

Europa und Welt

Eines der ersten und bekanntesten Mentoringprogramme – Preparing Women to Lead, Starthilfen für den weiblichen Führungsnachwuchs, Berlin:
http://www.eaf-berlin.de/PWLWE.html, [17.9.2002]

Nadja Tschirners Mentoringzentrale in Deutschland, mit der bekannten Broschüre Mentoring für Frauen in Europa: http://www.dji.de, [17.9.2002]

David Clutterbucks Zentrum in Großbritannien, das jährlich Konferenzen für Mentoringprojekte in aller Welt versammelt:
http://www.mentoringcentre.org, [17.9.2002]

Die Wiege des Mellow-Projekts in den Niederlanden, das seit 1995 in Europa beispielgebend ist: http://www.vhto.nl/mellow/en-body0.html, [17.9.2002]

Auf nach Kalifornien, wo bereits Kinder in den Genuss von Mentoringprogrammen kommen: http://www.calmentor.com, [17.9.2002]

Weiter nach Kanada, wo ein umfassendes Netzwerk für Mentoring-Interessierte gespannt wurde: http://www.mentors.ca, [17.9.2002]

Anmerkungen

1 Die Autorin ist Gründerin und Vorsitzende der Mentoring-Plattform Österreichs.

2 Vgl. Lily M. Segerman-Peck: Frauen fördern Frauen. Netzwerke und Mentorinnen. Ein Leitfaden für den Weg nach oben. Frankfurt/ Main, New York: Campus 1994, S. 91ff und S. 147ff.

3 Vgl. ebda, S. 69ff.

Kontakt

Mentoring Center ® Christiana Weidel
Spiegelgasse 8/5; 1010 Wien. Tel.: 01-513 06 46 Fax: 01-512 60 89
frauen@mentoringcenter.at
http://www.mentoringcenter.at

Kerstin Witt-Löw

Das Politische im Mentoring – Mentoring in der Politik

Der folgende Text geht den Fragen nach:

- Welche Chancen bieten formalisierte Mentoring-Programme für Frauen?
- Welches sind die Themen und Erfolge in Mentoring-Programmen?
- Welches Profil müssen Mentorinnen haben und wie finden Mentees die passende Mentorin?

Dieser Beitrag beinhaltet die Weiterentwicklung der Gedanken und Impulse, die im Arbeitskreis „Mentoring in der Politik" auf der Tagung „Mentoring – Lernen am Vorbild erfolgreicher Frauen" am 11. Mai 2001 an der Universität Linz diskutiert wurden. Als Arbeitskreisleiterin resultierte mein Beitrag aus Erfahrungen als externe Beraterin und Trainerin in zwei Mentoring-Projekten, in der öffentlichen Verwaltung sowie in einer politischen Organisation.

Informelles Mentoring als Klebstoff in Old-Boys Netzwerken

Mentoring ist historisch nichts Neues – es gab immer schon fördernde Beziehungen in speziellen Kontexten. Ein Gespann von fördernden Beziehungen ist entscheidend für viele Karrieren, ob in der politischen Arena oder im Beruf. In diesem informellen Mentoring finden sich MentorIn und Mentee zusammen, oft ohne dass die jeweilige Beziehung Mentoring genannt wird.

Politische Karrieren sind ohne Mentoring nicht denkbar, speziell wenn, wie in Österreich, politische Karrieren meist Parteikarrieren sind. Mehr noch als in der Wirtschaft sind in der Politik Beziehungen und Netzwerke für den politischen Aufstieg entscheidend. Dieses Feld ist jedoch von Männern dominiert. Eva Kreisky geht soweit, das Männerbündische als Standardform von Staat und Politik[1] zu beschreiben.

Informelles Mentoring, also nicht organisierte und vorgegebene Förderbeziehungen, spielen für den Aufstieg eine wichtige Rolle. Für die Beteiligten ist es idealerweise eine Win-Win Situation, das heißt, es profitieren beide: Dem/der Mentee wird die Karriere erleichtert und der/die MentorIn vergrößert die eigene Machtbasis.

Frauen haben als relative Newcomerinnen im politischen und beruflichen Feld bislang weniger Zugang zu informellen MentorInnen als Männer.

Zunächst einmal gibt es weniger Frauen in jenen Führungspositionen, von denen aus sie andere fördern können – gleichzeitig sind MentorInnen für Karrieren aber wichtig. Weibliche Karrieren benötigen daher meist immer noch einen männlichen Mentor.

Diese gemischtgeschlechtlichen Mentoringpaare sind aber aus zwei Gründen schwieriger:

- Einerseits behindern Rollenstereotypen. Das Ziel eines gelungenen Mentoring-Prozesses ist der Kompetenzerwerb und die Entfaltung der weiblichen Mentees. Dass diese damit zu gleichwertigen Partnerinnen heranwachsen können, widerspricht aber gängigen Geschlechtervorstellungen von männlicher Dominanz und weiblicher Unterordnung.
- Andererseits behindert der Komplex von geistiger Nähe und gleichzeitig notwendiger körperlicher Distanz. Sexuelle Spannungen können entstehen. Oder Mentor und Mentee sind mit dementsprechenden Gerüchten konfrontiert[2].

Das bedeutet: Frauen haben – in den klassischen Machtbereichen Politik, Staat, Wirtschaft – weniger Zugang zu Mentoring-Beziehungen und jene Förderbeziehungen, die ihnen offen stehen, können weniger produktiv und nützlich sein als für Männer.

Formelles Mentoring als Chance für Frauen

Mentoring-Programme

Formelle Mentoring-Programme schaffen Mentoring-Beziehungen durch eine Zuordnung von MentorInnen und Mentees. In Wirtschaftsunternehmen werden Mentoring-Programme vielfältig zur gezielten Förderung des Nachwuchses eingesetzt (z.B. Lufthansa, Hewlett-Packard). Grundlage ist die Erkenntnis, dass in der Mentoring-Beziehung eine der effizientesten Formen des Lernens und Vermittelns der Organisationskultur und geltenden Spielregeln stattfindet. Mentoring-Programme haben sich auch als ein gutes Instrument der Förderung von benachteiligten Gruppen (also denen, die auch weniger Zugang zum informellen Mentoring haben) erwiesen.

1992 etwa hat die University of East London ein Mentoring Projekt gestartet, um den StudentInnen ethnischer Minderheiten einen besseren Start ins Berufsleben zu ermöglichen. Die Reaktionen auf dieses Projekt waren sehr positiv: Mehr als 90% der MentorInnen beurteilten es jeweils als herausfordernd, lohnend und wertvoll. Die Mentees berichteten von gestiegenem Selbstbewusstsein (89%), einer klareren Vorstellung der Arbeitswelt (85%) und persönlichen Entwicklungen (85%). Ebenfalls hohe Prozentsätze der teilnehmenden Mentees wurden in Bezug auf gesteigerte Sicherheit hinsichtlich des Bewerbungsprozesses und auf ein klareres Bild bezüglich der eigenen Stärken und Schwächen erhoben.[3]

Das EU-Projekt „Preparing Women to Lead“[4] fand von 1997-2000 mit Partnerinnen aus Deutschland, Österreich, Belgien und den Niederlanden statt. Das Ziel bestand darin, junge Frauen zu ermutigen, Führungspositionen anzustreben. Kernstück war nach intensiver Vorbereitung ein dreimonatiges Internship, in dem die Mentee ihre Mentorin begleitet und somit hautnah die Arbeit einer weiblichen Führungskraft erlebte. Die Mentorinnen waren Führungskräfte aus Wirtschaft, Politik, Kultur und Verwaltung, die Mentees waren vorwiegend junge Universitätsabsolventinnen am Beginn ihrer Berufslaufbahn.

Formelle Mentoring-Programme sind eine besondere Unterstützung für Frauen auf dem Weg nach oben. Das gilt natürlich vor allem für Programme, die ganz gezielt Frauen fördern. Es gilt aber auch für Programme, die geschlechtsneutral konzipiert sind, solange Frauen einen gleichwertigen Zugang zu MentorInnen haben. Formalisierungen helfen, das männlich-dominierte informelle Mentoring wenn schon nicht zu ersetzen, so doch zu ergänzen und Frauen Zugang zu diesem wichtigen Karriereinstrument zu ermöglichen.

Eckpfeiler des formellen Mentoring

Formelle Mentoring-Programme zeichnen sich durch folgende Elemente aus:

1. Sie sind eine Beziehung auf Zeit, das heißt, ein Anfangs- und Endpunkt sind festgesetzt.
2. Die Zuordnung der Paare erfolgt „von außen".
3. Die Paare erhalten Unterstützung „von außen".

Welche Chancen liegen nun für Frauen genau in diesen Elementen?

Ad 1. Eine Mentoring-Beziehung, die zeitlich begrenzt ist, erweist sich meistens als für alle Teilnehmenden entlastend. Laut Lily Segerman-Peck ist Frauen die persönliche Beziehung zu ihrer Mentorin wichtiger als Männern.[5] Das macht die Stärke einer derartigen Partnerschaft aus, kann aber auch emotional fordernd und belastend sein. Eine genaue Zeitstruktur hilft, Grenzen zu setzen. Ein definierter Anfang erspart langes emotionales Vortasten, bevor überhaupt Mentoring stattfinden kann. Und ein genauer Endpunkt erleichtert den Abschied, der bei intensiven informellen Mentoring-Beziehungen oft mit Kränkungen verbunden ist.

Ad 2. Die Mentees bekommen von der Projektleitung eine Mentorin „zugeteilt". Entscheidendes Kriterium für das „Matching" ist dabei, inwieweit Position und Qualifikation der Mentorin mit dem beruflichen Hintergrund und den Zielen der Mentee übereinstimmen.

Kategorien wie Sympathie spielen zunächst einmal keine Rolle. Das ist ein für Frauen im informellen Mentoring ungewohnter Zugang. Oft kommt es in Seminaren[6] zu abwehrenden Reaktionen: „Ja, da nutze ich meine Mentorin doch aus". Ebenfalls diskussionsbeladen ist die Frage, ob Beziehungen „erlaubt" sind, die rein interessensbestimmt sind.

Formelle Programme mit dem Matching „von außen" bieten damit eine wichtige Lernerfahrung für das Entwickeln von produktiven Beziehungen, die auch auf spätere informelle Mentoring-Beziehungen ausstrahlen können: Frauen können selbstbewusster von sich aus auf potentielle MentorInnen zugehen und versuchen, sie mit ihren Zielen und nicht primär durch gegenseitige Sympathie zu gewinnen.

Ad 3. Zu vielen formellen Programmen gehören Seminare, welche die zukünftigen Mentees und Mentorinnen auf ihre Rolle vorbereiten. Wichtig ist dabei auch das gemeinsame Festlegen von Regeln etwa zu Vertraulichkeit und Loyalität, die eine Verbindlichkeit für alle Teilnehmerinnen darstellen.

Je mehr Begegnungsmöglichkeiten im Programm geschaffen werden, desto mehr Austausch, gemeinsame Reflexion und Netzwerkbildung ist möglich. Damit wird eine Mentoring-Beziehung auch in einen größeren Zusammenhang eines gemeinsamen Zieles eingebettet. Eine Projektstruktur mit externer Betreuung der Paare kann steuernd eingreifen und schafft zusätzliche Sicherheit. Diese Elemente können ein Mentoring-Programm über die unmittelbare Mentoring-Beziehung hinaus zu einem Impuls für die Organisation machen, in deren Rahmen das Mentoring stattfindet.

Win-win-win: Mentee-Mentorin-Organisation

Von einem gelungenen Mentoring-Projekt profitieren drei Seiten: die Mentee, die Mentorin und auch die Organisation oder das Unternehmen, in deren Rahmen das Projekt stattfindet.

Die Mentee

Nachdem im Mittelpunkt der Mentoring-Beziehung die Entwicklung der Mentee steht, ist die Win-Situation für sie am offensichtlichsten. In der Literatur zum Mentoring[7] wird zwischen Karriereeffekten und psychosozialen Aspekten unterschieden. Karriereeffekte bezeichnen Verbesserungen in der beruflichen Stellung durch die Mentoring-Beziehung. Dazu gehören etwa Karriereplanung, Zugang zu Netzwerken und eine höhere Sichtbarkeit innerhalb der Organisation.

Die Anstöße zur persönlichen Weiterentwicklung werden als psychosoziale Effekte bezeichnet, also etwa das Erkennen und die Weiterentwicklung eigener Stärken und Kompetenzen sowie die Entwicklung von Selbstvertrauen.

Eine Untersuchung des Deutschen Jugendinstituts, die drei europäische Mentoring-Programme für Frauen mit dem Ziel, mehr Frauen in Führungspositionen zu bekommen, vergleicht und untersucht, kommt zu dem Resultat, dass mit Abschluss des Programms weniger Frauen als erwartet tatsächliche Karriereveränderungen erlebten. Auch die Einschätzung verbesserter Aufstiegschancen wird nicht als eindeutig positiv bewertet.[8]

Anders sieht es mit den psychosozialen Effekten aus, die, wenn sie ausgesprochen auch ein Ziel des Programms sind, als stärker und positiver von den Teilnehmerinnen eingeschätzt werden.

Vielleicht treffen die Kategorien auch nicht völlig die Auswirkungen des Mentoring, denn die Zufriedenheit ist generell hoch. Die Autorinnen der Studie regen an, den Lernprozess selbst noch genauer zu analysieren. Klar ist, dass in der Beziehung zwischen Mentee und Mentorin eine Form der Begegnung und Kommunikation stattfindet, die eine positive Auswirkung auf die Zufriedenheit der Mentee (und Mentorin) hat.

Die Mentorin

Mentorinnen stehen meist nicht im Zentrum des Projektes. Nur manchmal sind die Mentorinnen in eine Personalentwicklungsstrategie eingebunden. Dennoch werden von der Tiroler Mentoring Plattform[9] folgende Aspekte als möglicher Gewinn genannt:

- Die persönliche Befriedigung, die berufliche Entwicklung der Mentee mit zu beeinflussen und dafür eine Wertschätzung zu erfahren; oder auf einer abstrakteren Ebene: einer nächsten Generation Erfahrungen weiterzugeben.
- Die Entwicklung neuer beruflicher Kontakte; auch die Auseinandersetzung mit neuen Ideen, neuer Technologie und der Gewinn neuer Perspektiven durch die Auseinandersetzung mit der Mentee.
- Die Verbesserung der eigenen Coaching- und Beratungsfähigkeiten.

Aus eigener Erfahrung mit den Projekten, die ich begleitet habe, ist die Motivation der Mentorinnen für die Teilnahme an dem Projekt jedoch mehr von ideellen Überlegungen geprägt als von der Erwartung eines handfesten und persönlichen Gewinns. Darin liegt meiner Ansicht nach auch ein Schwachpunkt. Damit nicht mit dem Appell an Solidarität engagierte Frauen zusätzlich zu ihrer Führungsfunktion Zeit und emotionale Energie in die Förderung einer Mentee investieren (im Sinne der unbezahlten und unsichtbaren Arbeit, die Frauen so oft tun), ist es wichtig, dass die Mentoring-Arbeit auch sichtbar gemacht wird und öffentliche Wertschätzung erfährt. In formellen Programmen ist das die Aufgabe der Organisation.

Begleitende Seminare erhöhen die Sichtbarkeit auch für MentorInnen und schaffen ein weiteres Forum für gegenseitige Reflexion, Lernen und Netzwerkbildung.

Die Organisation

Formelle Mentoring-Programme werden nur dann stattfinden, wenn die Organisation auch einen Gewinn daraus zieht. Mentoring-Programme, die speziell der Förderung von Frauen dienen, sind oft kein integraler Baustein der Personalentwicklung.

Dabei kann aber ein Mentoring-Programm für Frauen auf die Organisation verschiedene positive Effekte haben:

- Mehr Frauen in Führungspositionen und deren Potentialentwicklung.
- Höhere Motivation und Identifikation mit dem Unternehmen oder der Organisation.
- Kommunikationsverbesserung zwischen Hierarchieebenen und Generationen.

Bei den von mir begleiteten Projekten kam die Initiative für den Start des Mentoring-Projektes von beruflich für Frauenförderung engagierten Frauen. Folgerichtig fanden die Projekte in Organisationen statt, in denen bereits eine relevante „Frauenpower" da war. Das Mentoring-Projekt war nur eines neben einer Reihe anderer Maßnahmen zur Frauenförderung. Dazu gehören etwa Frauenförderungspläne, Quoten, frauenspezifische Seminare, Laufbahnplanung und Teilzeitregelungen.

Anders als in Wirtschaftsunternehmen, für die der optimale Einsatz ihrer MitarbeiterInnen Wettbewerbsvorteile bringt und die daher pro-aktiv denken müssen, benötigen staatliche und politische Organisationen neben dem internen Engagement auch den Druck sich verändernder äußerer Bedingungen.

Veränderte Bedingungen können etwa sein:
- EU-Richtlinien zum Gender Mainstreaming, damit verbundene Gelder und nationales Image.
- Sparprogramme und Aufnahmestopp von neuen MitarbeiterInnen. Damit steigt der Druck, auch die vorhandenen gut qualifizierten und ambitionierten Frauen zu halten und zu entwickeln.
- Wählerinnen, die nicht nur für Programme votieren wollen, sondern die ausdrücklich von Politikerinnen vertreten sein möchten und die sich bei Wahlen dementsprechend verhalten.
- Organisationsinterne „Quoten“, Frauenförderungspläne und Verordnungen.

Wenn ein Mentoring-Programm in eine gesamte Organisations- oder Unternehmensstrategie integriert ist, steigt auch das Win für die Organisation.

Und noch ein win – verändert Mentoring eine Kultur?

Ein Diskussionspunkt im Arbeitskreis „Mentoring in der Politik“ auf der Tagung „Mentoring – Lernen am Vorbild erfolgreicher Frauen“ war die Frage nach dem zunehmenden Interesse an Mentoring-Programmen von und in (bisher) männerdominierten Domänen wie Politik und Wirtschaft. In der Frauenbewegung ist die Idee der Förderung von Frauen durch Frauen nichts Neues, haben doch schon die Mailänder Frauen mit ihrer Idee des *affidamento*[10] eine Diskussion über Möglichkeiten von Förderung, Kooperation und Konkurrenz von und unter Frauen eröffnet. Werden jetzt feministische Gedanken in männerlastige Institutionen getragen? Verändern Mentoring oder Mentoring-Programme die Kultur in eine Richtung, in der sich Frauen besser entwickeln und entfalten können, in der sie Unterstützung und Bestätigung bekommen und geben und in der Leben und Arbeiten nicht im Widerspruch zueinander stehen?

Grundsätzlich gilt zum Mentoring von Frauen in der Politik: Mentoring ist noch nicht per se eine frauenfördernde und oder gar systemverändernde Maßnahme. Entscheidend ist:
- Inwieweit ist es einer Partei, in der Mentoring stattfindet ein Anliegen, tatsächlich und ausreichend Frauen in Machtpositionen zu bekommen und zu halten?
- Inwieweit haben Frauen unabhängig von Mentorschaften eine politische und persönliche Machtbasis in der betreffenden Partei?
- Werden Frauen gefördert, die eine „eigene Stimme“ haben oder sollen sie der verlängerte Arm des/der Mentors/in sein?

Mentoring-Programme für Frauen, die meiner Erfahrung nach überhaupt erst durch einen Druck von engagierten Frauen entstehen, können kleine subversive Inseln sein, Alibiprogramme ohne weitere Ausstrahlung – manchmal vielleicht von beidem etwas – oder, im besten Fall, ein Baustein in einer glaubwürdigen Strategie zur Gleichstellung der Geschlechter und somit ein Schritt zur Veränderung der Organisationskultur.

Per se haben Mentoring-Programme mehr systemkonforme als systemverändernde Elemente. Im Kernstück – der Beziehung zwischen Mentorin und Mentee – gibt die Mentorin ihre Erfahrungen weiter, vermittelt die bestehende Kultur mit den Regeln und erfolgreichen Strategien zur Durchsetzung. Nachdem es bisher wenig Frauen in Führungspositionen in Politik und Verwaltung gibt, handelt es sich dabei um individuelle Strategien in einer männerbündigen Struktur. Meist bestätigt das eine Erfahrung, die aus Karrieren von Frauen in der Wirtschaft bekannt ist:

Um in eine Führungsposition zu gelangen, müssen Frauen meist größeren Einsatz und mehr Leistung zeigen als etwa Männer in vergleichbarer Position. In männerdominierten Institutionen und Organisationen gilt für Frauen: „If you don't play by the rules you're out". Wobei die Regeln für Frauen oft noch strenger ausgelegt werden als für Männer und von Frauen – zumal wenn sie nicht in kritischer Masse in leitender Position sind – auch genauestens befolgt werden.

In dem Mentoring-Projekt einer politischen Organisation, das ich begleitet habe, war das zentrale Thema „Zeit" – besser: Zeitmangel, auch für das Projekt. Von PolitikerInnen wird ein enormer Einsatz von Zeit und Energie gefordert, gutes Zeitmanagement war eine Strategie, weniger zeitliches Engagement war hingegen keine Option.

Erst wenn es eine „kritische Masse" von Frauen in Führungspositionen gibt, sind Kulturveränderungen möglich. In Schweden etwa heißt es statt „Frauenförderung" „Gleichstellungspolitik". Darunter werden Programme verstanden, welche die Vereinbarkeit von Leben und Arbeit für Frauen und Männer fördern. Erst in einer solchen Kultur ist es möglich, dass sich eine Politikerin, wie die Außenministerin Anna Lindh, selbstbewusst dazu bekennt, ihre Abende und Wochenenden mit der Familie verbringen zu wollen und dies auch tut. Ein derartiges Verhalten ist in anderen Kulturen bereits einen Artikel wert.[11]

Das Erleben und Miterleben des Berufsalltages der Mentorin kann der Mentee eigene Karriereentscheidungen erleichtern. Fragen und Nachfragen der Mentee können die Mentorin zu einer Reflexion über den eigenen Karriereverlauf anregen. Gemeinsame Seminare können zur Netzwerkbildung beitragen. Aber systemverändernd ist das noch nicht.

Themen und Erfolge

Im folgenden möchte ich Erkenntnisse, die ich in meiner Rolle als Trainerin und teilweise als Projektbegleiterin in zwei Mentoring-Projekten gewonnen habe, beschreiben. Es handelt sich dabei um ein Projekt der öffentlichen Verwaltung und um ein Mentoring-Projekt einer politischen Organisation.

Themen der Mentees

Das Projekt in der öffentlichen Verwaltung ist in weitere Frauenförderungsmaßnahmen eingebettet, wobei es eines der Ziele ist, einen Pool an weiblichen Nachwuchsführungskräften zu schaffen. Es handelt sich dabei noch nicht um einen Teil der Personalentwicklung, daher werden mögliche Erwartungen der Mentees an konkrete Karriereauswirkungen gedämpft. Vielmehr werden die Mentees angeregt, gemeinsam mit der Mentorin ihre persönlichen professionellen Entwicklungsziele während des Projektzeitraumes zu definieren. Um mögliche Entwicklungen sichtbar zu machen, werden die Mentees aufgefordert, sich auf einer Skala in dem genannten Entwicklungsbereich am Anfang und Ende des Projektes selbst einzuschätzen, um Entwicklungen zu verdeutlichen und zu quantifizieren.

Interessant sind die Themen, die die Mentees gewählt haben, lassen sie doch Rückschlüsse auf Bedürfnisse von jungen Frauen und ihre Erwartungen auf die Möglichkeiten des Mentoring zu. Zu dem Komplex der Karriereeffekte im weitesten Sinne gehören die wiederholt genannten Themen: Karriereplanung, Umgang mit dem System und die eigene Sichtbarkeit innerhalb dessen. In all diesen Bereichen haben die Mentees deutliche Verbesserungen dokumentiert, am deutlichsten im Bereich Karriereplanung. Als Themen der psychosozialen Effekte wurden wiederum von mehreren Mentees genannt: Freies Sprechen – Präsentation, Angst – Sicherheit, Konfliktmanagement und Selbstreflexion. Auch hier wurden Verbesserungen festgestellt.[12]

Als Ziel im Pilot-Mentoring-Projekt der politischen Organisation wurde ebenfalls die perspektivische Vergrößerung des Pools an jungen talentierten Frauen für politische Funktionen definiert. Vielfach wurde von den Mentees der Wunsch nach einer Entscheidungshilfe in der Frage genannt, ob und in welcher Form sie eine politische Karriere anstreben sollen. Eine genaue Auswertung dieses Pilotprojektes steht noch aus. Aus meinen Eindrücken des Evaluationsworkshops war die befriedigendste Mentoring-Beziehung die einer Mentee, die mit der Mentorin konkrete Arbeitsfelder teilt und damit von der Mentorin in ihrer politischen Arbeitsumgebung und Karriere unterstützt werden kann.

Begeisterung der Mentorinnen

Die Qualität eines Mentoring-Projektes steht und fällt mit den jeweiligen Mentorinnen. Sie zu motivieren und mit Verbindlichkeit bezüglich ihrer Energie und ihres Zeitaufwandes in das Projekt einzubinden, ist eine zentrale Aufgabe der Projektsteuergruppe. Denn warum sollten Führungskräfte, die ja Mitarbeiterinnen haben, die sie fördern, entwickeln und führen müssen, noch zusätzlich Energie und Zeit in eine Mentee investieren?

Der Projektsteuergruppe im Projekt der öffentlichen Verwaltung ist es gelungen, das Projekt als Avantgarde-Projekt zu präsentieren und den teilnehmenden Frauen das Bewusstsein zu vermitteln, dass sie als Pionierinnen agieren. In der Bilanz des ersten Jahrgangs waren vor allem die Mentorinnen überrascht, wieviel auch sie aus dem Projekt gelernt haben. Die Mentorinnen des zweiten Projekts benannten als Lerneffekte: Reflexion der eigenen Führungs- und Berufsrolle und des Systems in dem sie arbeiten durch die kritische Außensicht der Mentees. Mentees stellen Fragen und äußern Zweifel, wie es Mitarbeiterinnen in ihrer Rolle nie tun würden.

Der Gewinn der Mentorinnen wird erhöht, wenn auch sie die Möglichkeit zur Vernetzung mit anderen Mentorinnen bekommen und somit das Projekt auch für informellen beruflichen Informationsaustausch nützen können – sozusagen Mentoring-Seminare als Alternative zum männerdominierten Club oder „Beisl".

Die Zufriedenheit der Mentorinnen war generell groß – alle waren jedoch überrascht, dass das Projekt mehr Zeit und Energie beanspruchte als anfangs erwartet wurde und veranschlagt war.

Kleine Insel mit Ausstrahlung – Veränderung der Organisationskultur

In der Mentoring-Beziehung ist eine ungewohnte Begegnung zwischen zwei Menschen innerhalb eines Systems möglich. Regeln der Vertraulichkeit ermöglichen der Mentee auch tatsächlich Vertrauen zu haben. Die fehlende Last der Verantwortung macht es der Mentorin leichter, auch sich selbst zu reflektieren und Spaß an der Funktion als Mentorin zu haben. Die Begeisterung über die Qualität der Beziehung wurde dann auch auf den gemeinsamen Mentoring-Seminaren des Projekts in der Öffentlichen Verwaltung von allen Teilnehmerinnen immer wieder betont. Schon die Erfahrung der Mentoring-Beziehung an sich kann Auswirkungen auf das Verhalten von Mentees und Mentorinnen auch in anderen Zusammenhängen haben.

In den gemeinsamen Mentoring-Seminaren aller Paare kommt noch ein Aspekt dazu: Es ist ein Begegnungsort über Hierarchieebenen hinweg, mit informelleren Begegnungsmöglichkeiten. Im Projekt des Öffentlichen Diensts hat mich die Atmosphäre beeindruckt: Über die Zeit von neun Monaten und in fünf gemeinsamen Seminaren hat die Gruppe der teilnehmenden Frauen Offenheit, Kreativität und Humor gezeigt – ein Hauch von Aufbruch lag in der Luft.

Struktur und Freiraum

Für ein erfolgreiches Mentoring-Projekt gilt es in der Projektplanung, in der Durchführung wie auch in der Mentoring-Beziehung die richtige Balance zwischen ausreichend Struktur, Stütze und Orientierung einerseits und dem Freiraum andererseits, der individuell und paarweise gestaltet werden kann, zu finden. Je besser die Struktur, desto mehr Entfaltung im Sinne der Projektziele ist möglich.

Im Projekt des öffentlichen Diensts war von der Projektsteuergruppe eine durchdachte, klare Struktur und Abfolge entwickelt und vorgegeben worden:

Potentielle Mentorinnen und Mentees wurden angesprochen. Die Mentorinnen erhielten eine Einschulung in das Projekt und in ihre Rolle und bereiteten vor, was sie einer Mentee anzubieten hatten. Den potentiellen Mentees wurde das Projekt und die möglichen Mentorinnen vorgestellt. Daraufhin verfassten die Mentees „Bewerbungsschreiben“, in denen sie ihre Entwicklungsziele formulierten und eventuelle Präferenzen für eine bestimmte Mentorin begründeten.

Basierend auf den Bedürfnissen der Mentees und den Angeboten der Mentorinnen unter Berücksichtigung ausschließender Faktoren (wie Zugehörigkeit zu der gleichen Abteilung) übernahm die Projektsteuerungsgruppe das Matching.

Das gemeinsame Startseminar diente sowohl den Paaren wie auch der gesamten Projektgruppe dem näheren Kennenlernen. Dabei wurden Gruppenregeln erarbeitet und Rollen spezifiziert. Als monatliche Vorgabe waren 8 Stunden innerhalb der Arbeitszeit für die Mentoring-Beziehung vorgesehen. Zunächst mussten die Paare die Ziele festlegen. Von allen Paaren wurde am Ende des Projekts auch Evaluationsberichte erwartet, die dann von der Projektsteuerungsgruppe ausgewertet wurden. Insgesamt halfen drei Zwischenworkshops, den Kontakt zueinander und zu der Projektsteuergruppe aufrecht zu erhalten. Im Endworkshop fanden die Präsentationen der Ergebnisse der Arbeit statt, das Projekt wurde evaluiert und die nächsten Schritte konnten geplant werden.

Die Projektsteuerungsgruppe war dabei kontinuierliche Ansprechpartnerin. Eine Supervision außerhalb der Organisation war möglich und wurde auch in Anspruch genommen. Die Vorgesetzen der Mentees wurden am Anfang des Projektes zu einem Informationsworkshop über das Projekt eingeladen und um Unterstützung gebeten.

Diese Struktur war so stützend, dass sie die Sicherheit für vielfältige Entwicklungen bot. Was für die Projektstruktur gilt, ist auch in der paarweisen Mentoring-Beziehung wichtig. Auch die Paare müssen zunächst eine Struktur für ihre Treffen festlegen: zeitlich, inhaltlich und mit Verantwortlichkeiten und Spielregeln. Jedes Paar hat für sich ganz individuelle Zugangsweisen zum Mentoring gefunden: in den Orten der Begegnung, den Zeiten, den Inhalten und den vielfältigen Ausdrucksformen.

Das Profil der Mentorinnen und das Verhalten der Mentees

Lange Listen

Wie und was ist eine ideale Mentorin?

Nach einer Befragung von Lily Segerman-Peck[13] erachten Frauen, die bereits Erfahrungen mit Mentoring gesammelt hatten, folgende Eigenschaften an einer **Mentorin** für wichtig:

- die Fähigkeit, Wissen zu vermitteln und Lernprozesse zu begleiten
- über ein großes Kontaktnetz zu verfügen
- die Bereitschaft, Erfahrungen weiterzugeben
- berufliche/wissenschaftliche Qualifikationen zu besitzen
- scharfer Intellekt
- entscheidungsfreudig zu sein
- die Fähigkeit, Ratschläge zu geben und sich dann im Hintergrund zu halten
- über Organisationstalent zu verfügen
- gesunder Menschenverstand

- Erfolg
- Einfluss
- Verschwiegenheit
- Wahrnehmungsgabe
- die Motivation, an der Entwicklung von Nachwuchskräften mitzuwirken

und zudem sollten Mentorinnen gute Zuhörerinnen sein, die Bereitschaft haben, sich Zeit zu nehmen oder die Fähigkeit besitzen, das Selbstvertrauen der Mentees zu stärken. Diese wunderbaren Eigenschaften hat wahrscheinlich kaum jemand in Kombination – wichtig ist es daher für die Mentee sich zu fragen: Was soll meine Mentorin können und was will ich von ihr lernen?

Im Gegensatz zu Männern ist Frauen laut Segerman-Peck eine Mischung von persönlichen und beruflichen Qualitäten bei ihrer Mentorin wichtig, die Qualität der Beziehung ist entscheidend und wird oft höher bewertet als ihr konkreter Nutzen.[14]

Mentorinnen helfen ihren Mentees, ihre Bedürfnisse zu erkennen, Ziele abzustecken und diese Ziele zu verwirklichen. Dazu müssen sie auf zwei Ebenen kompetent sein: Sie müssen zunächst einmal über Wege und Mittel der beruflichen Entwicklung Bescheid wissen und dann in der Lage sein, zu erkennen, wo die Mentee gerade steht und wohin sie möchte.

Die Tiroler Mentoring Plattform[15] hat eine Liste der Verantwortlichkeiten für Mentee und Mentorin entwickelt:

Zu den Verantwortlichkeiten der Mentorin gehören:
- Treffen leiten, den vereinbarten Zeitrahmen einhalten
- vereinbarte „Besprechungspunkte" einhalten
- eventuell wichtige Themen ansprechen, die von der Mentee vergessen wurden und gleichzeitig auf praktikable Umsetzungsvorschläge achten
- das Gespräch stimulieren (z.B. durch offene Fragen, Zusammenfassungen, Schlussfolgerungen)
- die Mentee in relevante formelle und informelle Netzwerke einführen

Zu den Verantwortlichkeiten der Mentee gehören:
- Verantwortung für die Inhalte der Treffen übernehmen, konkrete Fragen vorbereiten
- Willen zum Lernen sowie die Bereitschaft zeigen, die Beschlüsse auch durchzuführen
- einen aktiven Anteil bei der Lösungssuche haben
- die besprochenen Probleme tatsächlich angehen
- die neuen Kontakte in formellen und informellen Netzwerken wirklich nutzen

Jedes Treffen hat als Ergebnis konkrete zielgerichtete Aktivitäten, die von der Mentee durchgeführt werden und die dann in einem nächsten Treffen gemeinsam mit der Mentorin besprochen werden.

Als mögliche „Fallen“ für die Mentorinnen nennen die Tiroler Frauen:

- eigene Erfahrungen und Lösungen als besten und einzigen Weg sehen
- Analyse der Probleme statt des Erfolges in den Mittelpunkt stellen
- die eigene Meinung zu stark einbringen – das schränkt die Entfaltungsmöglichkeit der Mentee ein
- zu schneller Rat – das hindert die Mentee am selbstständigen Denken
- sich selbst voll für den Erfolg der Mentorschaft verantwortlich fühlen – die Mentee hat gleiche Verantwortung dafür

Die Mutterfalle

Ich möchte dem hinzufügen, was ich die „Mutterfalle“ nenne: Die Beziehung zur Mentorin kann mit zu hohen Erwartungen und Ansprüchen einerseits und zu wenig Anerkennung und Dank andererseits belastet sein. Wir leben in einer Gesellschaft, in der Mütterarbeit an unrealistischen Ansprüchen gemessen wird. In meinem Lehrauftrag zum Thema „Internalisiertes Mutterbild“[16] beschreiben die Studierenden zunächst die „ideale Mutter“: Meist ist das die Stellenbeschreibung einer Psychotherapeutin mit 24-Stunden-Tag, wohlgemerkt zudem fröhlich und mit eigenem Leben, damit sie den Kindern nicht mit ihrem Verzichten Schuldgefühle machen kann.

Wenn Mütterarbeit in den Augen der Kinder so unrealistisch gesehen wird, dann besteht die Gefahr, auch Elemente des Mentoring, die dem „mothering“[17] ähneln, nicht adäquat wahrzunehmen und anzuerkennen.

In Seminaren, die ich zum Thema „Mentoring“ durchführte, habe ich immer wieder erlebt, dass Frauen, die zunächst meinten, noch nie von Frauen gefördert worden zu sein, entdeckten, wie viel Mentoring von Frauen sie bereits erlebt haben. Diese Wahrnehmung ist der erste Schritt zur Sichtbarmachung von Mentoring. Der zweite ist die öffentliche Erwähnung der Mentorin.

Hier können Frauen von Männern lernen. Selbstverständlich beziehen sich Männer auf ihre Mentoren, beleuchtet es doch ihre Förderungswürdigkeit. Durch das Aufeinander-Beziehen erhöht sich die gegenseitige Sichtbarkeit. Damit dient Mentoring Männern zur gegenseitigen Machterweiterung.

Formelle Mentoring-Programme machen Mentoring von Frauen für Frauen sichtbar. Das allein ist ein feministisch-politischer Ansatz.

Um die „Mutterfalle“ der hohen Ansprüche und geringen (öffentlichen) Anerkennung zu vermeiden, hilft es, wenn auch die Mentorin formuliert, warum sie Mentorin ist und was sie sich aus der Beziehung erwartet.

Über die Generationen: Warum nicht die Großmutter?

Bewusst wahrgenommenes Mentoring von Frauen an Frauen schafft die Voraussetzung für ein neues Generationenbewusstsein von Frauen. Nicht die Abgrenzung und Neuerfindung jeder Frauengeneration steht im Vordergrund, sondern die Weitergabe und der Aufbau von Erfahrung, Wissen und Macht.

Ich denke, dass in dem Zusammenhang auch die „Großmütter" eine neue Bedeutung bekommen können. Lily Segerman-Peck bezeichnet die berufliche Lebensphase des „Karriereplateaus" als ideal für das Mentoring.[18] Die Mentorinnen haben beruflich ihre Ziele erreicht (Vielleicht sind sie auch nur an die „gläserne Decke" gestoßen?), ihre Energie ist daher weniger auf weitere Karriereschritte gerichtet. Die Weitergabe eines reichen Erfahrungsschatzes an junge wertgeschätzte Männer und Frauen und deren Integration in Netzwerke kann in dieser Lebensphase sehr befriedigend sein.

Leider gibt es in den Führungsetagen wenig „Großmütter" – es benötigt aber auch den klaren Blick, um bereits Vorhandenes wahrzunehmen. In der Politik etwa können Politikerinnen und Funktionärinnen im Ruhestand ausgezeichnete Mentorinnen sein, vielleicht sogar mit weisen Einsichten, nachdem sie kein aktiver Teil des Systems mehr sind.

Ich habe meine eigenen positiven Erfahrungen: Meine Dissertationsmutter Eva Köckeis[19] war, kurz vor der Emeritierung stehend, eine wunderbare Mentorin für mich.

Aktivität der Mentee

Je mehr aus Karriereleitern Karrierebäume werden, das heißt, wenn Berufslaufbahnen nicht linear nach oben verlaufen oder stagnieren, sondern vielfältiger, bunter werden – weibliche Lebensläufe sind dafür seit jeher charakteristisch – desto wichtiger wird das lebenslange Lernen und eine eigene vielfältige professionelle Entwicklung. Dabei können wechselnde MentorInnen eine entscheidende Stützfunktion erfüllen. Im Karrierebaum muss man sich den nächsten Ast gut überlegen, bei jedem Astwechsel die Möglichkeiten einer weiteren Entwicklung aus der neuen Perspektive mitbedenken – und da ist es sehr hilfreich, wenn auf dem angestrebten Ast schon eine Frau sitzt, die ihre Erfahrungen mitteilen kann und somit hilft, den eigenen Weg bewusster zu beschreiten.

Das bedeutet aber auch, dass Frauen ihre Mentorinnen und Mentoren bewusst suchen und aussuchen müssen.

Potentielle MentorInnen können ihre Bereitschaft zum Mentoring signalisieren, aktiv muss jedoch meiner Erfahrung nach der oder die Mentee werden. Nur die Mentee kann wissen, ob eine Person die/der passende MentorIn für die weitere eigene Entwicklung sein kann und muss dann aktiv diese/n potentielle/n MentorIn für sich gewinnen.

Das aktive Zugehen und auch Umwerben eines Mentors oder einer potentiellen Mentorin ist sicher eine Fähigkeit, die Frauen vermehrt entwickeln müssen. Notwendig dafür sind sowohl ein konkretes Entwicklungsziel und eine klare Erwartung an die Mentorin oder den Mentor als auch das Selbstvertrauen, sich für durchaus förderungswürdig zu halten und auch so zu präsentieren. Anderenfalls ähnelt die Hoffnung auf eine/n MentorIn, die/der ihre/seine Mentee „entdeckt" zu sehr dem ominösen Märchenprinzen.

Formelle Mentoring-Programme erleichtern den Zugang, die Mentee muss sich ihre/n MentorIn nicht „erschließen". Es wäre interessant, ob durch die Teilnahme an formellen Mentoring-Programmen auch die Bereitschaft und Fähigkeit, neue MentorInnen zu gewinnen, steigt. Das wäre im Sinne des vierten win, nämlich dem der gesellschaftlichen Kulturveränderung in Richtung einer Gleichstellung der Geschlechter.

Mentoring in der Politik – das Politische im Mentoring

In unserem Arbeitskreis „Mentoring in der Politik“ sind wir zunächst einmal von einem engen Politikbegriff der politischen Parteien, politischen Institutionen und Organisationen ausgegangen. Gerade die Frauenbewegung mit ihrem Slogan „Das Private ist politisch“ hat aufgezeigt, dass politische Prozesse überall da stattfinden, wo Menschen zusammenkommen und gesellschaftliche Einrichtungen, wie etwa auch Partnerbeziehungen, Familie, Kindererziehung neu verhandelt werden müssen.[20]

Der Prozess des Bewusstwerdens eigener „mentaler Landkarten“, Analyse, Umdeutungen und verändertes Handeln – das ist politisch. Die Themen der Mentees aus dem Projekt in der öffentlichen Verwaltung zeigen in diese Richtung: Viele sind reflexiv, befassen sich mit Standortbestimmungen und zielen auf den Erwerb neuer Handlungsmöglichkeiten ab. Auch das sind politische Prozesse. Wenn eine Mentoring-Beziehung zudem, wie in den formellen Projekten, in eine größere als paarweise Teilöffentlichkeit, nämlich die Öffentlichkeit einer Projektgruppe eingebunden ist, kommt es zur Vernetzung – und auch das ist ein politischer Prozess.

Zwischen dem Privat-Politischen und den politischen Parteien gibt es noch die verschiedensten Schattierungen und Organisationen der politischen Reflexion und des politischen Handelns. Frauenberatungsstellen im ländlichen Raum etwa, die allein durch ihre Existenz als reine Frauenorte feministische Impulse setzen, Bürgerinitiativen oder NGOs handeln politisch in einer Vermittlerposition zur institutionellen politischen Struktur. Hier wären Mentoring-Programme sehr sinnvoll für die Weitergabe von Erfahrung und Strategien in gesellschaftlichen Aushandlungsprozessen.

Zusammenfassend möchte ich festhalten:

- Mentoring von Frauen ist eine Möglichkeit des „Empowerments“ durch Wissensweitergabe und Vernetzung. Das ist bereits ein politischer Prozess.
- Frauen haben bisher weniger Zugang zu informellem Mentoring. Daher sind formelle Mentoring-Programme eine Chance für Frauen.
- Mentoring-Programme finden nur statt und können nur dann erfolgreich sein, wenn es schon relevante Frauenpower gibt.
- Um erfolgreich zu sein, müssen formelle Programme für alle Beteiligten, Mentees, Mentorinnen und Organisationen einen Gewinn darstellen.
- Mentoring-Programme von Frauen verändern die Strukturen nicht radikal, können aber subversive Elemente beinhalten.
- Formelle Mentoring-Programme helfen, die „Mutterfalle“ zu vermeiden. Auch im informellen Mentoring ist es wichtig, Erwartungen von MentorIn und Mentee offen zu besprechen.

- Mentoring in der Politik muss weiter als in Parteipolitik und institutioneller Politik gedacht werden und ebenso die verschiedensten Bereiche politischen Handelns erfassen.

Literatur

Bierbaumer, Sylvia, Glatz, Evamaria, Kersic, Daniela, Kotzina, Regina: Mentoring – eine Strategie! Bericht über das Projekt 2000/2001 im Bundesministerium für soziale Sicherheit und Generationen. [unveröffentlichter Bericht].

Chodorow, Nancy: Das Erbe der Mütter. Psychoanalyse und Soziologie der Geschlechter. München: Frauenoffensive 1985.

„Europas forsche Chefdiplomatin". In: Der Spiegel, 5/2001, 29. Januar 2001.

Hofmann-Lun, Irene; Schönfeld, Simone; Tschirner, Nadja: Mentoring für Frauen. Eine Evaluation verschiedener Mentoring Programme. Studie des Deutschen Jugendinstituts e.V. München: Deutsches Jugendinstitut [o.J.].

Kreisky, Eva: „Das ewig Männerbündische. Zur Standardform von Staat und Politik". In: Claus Leggewie (Hrsg.): Wozu Politikwissenschaft? Über das Neue in der Politik. Darmstadt: Wiss. Buchges. 1994, S. 199-210.

Libreria delle donne di Milano: „Wie weibliche Freiheit entsteht. Eine neue politische Praxis". Turin 1987. Dt. Übersetzung Berlin: Orlanda Frauenverlag 1991.

„Mentoring: a positive action initiative for ethnic minorities". In: EOR. No. 60, March/April 1995.

Segerman-Peck, Lily M.: Frauen fördern Frauen. Netzwerke und Mentorinnen. Ein Leitfaden für den Weg nach oben. New York, Frankfurt a. Main: Campus 1994.

Anmerkungen

1 Eva Kreisky: „Das ewig Männerbündische. Zur Standardform von Staat und Politik". In: Claus Leggewie (Hrsg.): Wozu Politikwissenschaft? Über das Neue in der Politik. Darmstadt: Wiss. Buchges. 1994, S. 191-210, S. 191ff.

2 Diese Aspekte bei „cross-gender-mentoring" werden in der Literatur zu Mentoring immer wieder erwähnt, vgl. Kathy E. Kram: „Mentoring at Work". Zitiert nach: Irene Hofmann-Lun, Simone Schönfeld, Nadja Tschirner: Mentoring für Frauen. Eine Evaluation verschiedener Mentoring Programme. München: Deutsches Jugendinstitut [o.J.], S. 9.

3 Vgl.: „Mentoring: a positive action initiative for ethnic minorities". In: EOR. No. 60, March/April 1995.

4 Konzept und Durchführung des Projektes „Preparing Women to Lead" lagen bei Prof.[in] Dr.[in] Barbara Schaeffer-Hegel und Dr.[in] Helga Lukoschat, Technische Universität Berlin, in Zusammenarbeit mit der Europäischen Akademie für Frauen in Politik und Wirtschaft Berlin.

5 Vgl. Lily M. Segerman-Peck: Frauen fördern Frauen. Netzwerke und Mentorinnen. Ein Leitfaden für den Weg nach oben. New York, Frankfurt a. Main: Campus 1994, S. 72.

6 Ich leite Seminare zum Thema „Mentoring für Frauen", u.a. für den Verband Wiener Volksbildung, Choice/Linz, Netzwerk österreichischer Mädchen- und Frauenberatungsstellen.

7 Vgl. Kathy E. Kram, a.a.O., S. 8f.

8 Vgl. Irene Hofmann-Lun, Simone Schönfeld, Nadja Tschirner: Mentoring für Frauen. Eine Evaluation verschiedener Mentoring Programme. München: Deutsches Jugendinstitut [o.J.].

9 Die Tiroler Mentoring Plattform hat in Anlehnung an die Vorschläge von Segerman-Peck konkrete Handlungsanleitungen für Mentoring-Beziehungen entwickelt. Vgl. Fußnote 15.

10 Libreria delle donne di Milano: „Wie weibliche Freiheit entsteht. Eine neue politische Praxis". Turin 1987. Dt. Übersetzung Berlin: Orlanda Frauenverlag 1991.

11 Vgl. „Europas forsche Chefdiplomatin". In: Der Spiegel, 5/2001, 29. Januar 2001.

12 Vgl. Sylvia Bierbaumer, Evamaria Glatz, Daniela Kersic, Regina Kotzina: Mentoring – eine Strategie! Bericht über das Projekt 2000/2001 im Bundesministerium für soziale Sicherheit und Generationen. [unveröffentlichter Bericht], S. 12ff.

13 Vgl. Segerman-Peck, a.a.O., S. 70f.

14 Vgl. ebda, S. 71.

15 Die Tiroler Mentoring Plattform (Wilhelm-Greil Str. 1/2, A-6020 Innsbruck) ist der erste Verein in Österreich, der sich auf die berufliche Förderung der Karriere von Frauen durch Mentoring konzentriert.

16 Seit 1988 bin ich Lehrbeauftragte am Institut für Erziehungswissenschaften der Universität Wien und führe dort mit meiner Kollegin Dr.in Marion Breiter ein kombiniertes Jahresprojekt zum Thema „Mütter zwischen pädagogischen Ansprüchen und Alltag/ Kollektive Erinnerungsarbeit zum internalisierten Mutterbild" durch.

17 Der Begriff „mothering" wird von Nancy Chodorow in ihrem Buch „Das Erbe der Mütter" als Sammelbegriff für spezielle „mütterliche" Handlungen benutzt, die sich aus dem das Mutter-Sein begleitenden Wahrnehmungs-, Denk- und Interpretationsmustern ergeben. Vgl. Nancy Chodorow: Das Erbe der Mütter. Psychoanalyse und Soziologie der Geschlechter. München: Frauenoffensive 1985.

18 Vgl. Segerman-Peck, a.a.O., S. 52.

19 Univ. Doz.in Dr.in Eva Köckeis-Stangl (1922-2001), Universität Innsbruck bis 1987.

20 Ich danke der Wiener Politikwissenschaftlerin Dr.in Regina Köppl für die Anregungen aus ihrem Vortrag „Vorwärts und nicht vergessen. Zur politischen Relevanz von feministischer Beratung und Therapie" im Rahmen der 20-Jahre Feier der Wiener Frauenberatung, am 12.10.2001.

Ingrid Grün, Karin Geyerhofer

Das Regionale Mentoring Programm für Frauen in Politik und Öffentlichkeit in Niederösterreich[1]

Seit Österreich 1996 der Europäischen Union beigetreten ist, registrierte die hiesige Frauenszene viele Organisationen, Institutionen und Einzelpersonen, die an richtungsweisenden Good-Practice-Projekten und Initiativen zur Frauenförderung und Chancengleichheit zwischen Frauen und Männern teilnahmen und gegenwärtig teilnehmen. Mentoring als effiziente Methode der individuellen Weiterbildung spielte bei all diesen Initiativen und Aktivitäten zwar oft eine wichtige Rolle, aber es zeigte sich bei genauerem Hinsehen, dass Frauen abseits von Ballungsräumen ein Defizit an Möglichkeiten zur Teilnahme an solchen Mentoring Programmen hatten. Obwohl die modernen Informationstechnologien theoretisch die Überbrückung räumlicher Barrieren ermöglichen, waren auch Angebote, die sich bewusst dieser Methoden bedienten, praktisch unbekannt.

Auf Basis dieser Defizite wurde das Regionale Mentoring Programm für Frauen in Politik, Wirtschaft und Öffentlichkeit im Bundesland Niederösterreich ins Leben gerufen. Es vereinte die klassischen Elemente von Mentoring-Modellen – Gespräche und aktiver Austausch zwischen beruflich erfahrenen und weniger erfahrenen Personen – mit neuen Kooperationen regionaler EntscheidungsträgerInnen sowie der zusätzlichen Möglichkeit elektronischer Kommunikation.

Ausgewogene Mitwirkung von Frauen in kommunalen Entscheidungsstrukturen

Im regionalen Zusammenhang wird ein Großteil der – häufig auch ehrenamtlichen – Arbeit von Frauen geleistet. Erfolge dieser Leistungen werden der breiten Öffentlichkeit aber in der Regel von den jeweiligen Vorsitzenden, Bereichsleitern etc. präsentiert – diese Funktionen sind zumeist von Männern besetzt. Das Bundesland Niederösterreich, flächenmäßig das größte Bundesland Österreichs, bietet für dieses Muster ein klassisches Beispiel, in dem die Strukturen den gleichberechtigten beruflichen Aufstieg von Frauen in Politik und regionaler Wirtschaft kaum zulassen.

Die Leistungen von Frauen verstärkt in das Licht der Öffentlichkeit zu rücken, das öffentliche Bewusstsein für die Thematik Chancengleichheit zwischen Frauen und Männern zu sensibilisieren und auch dazu beizutragen, dass sich mehr Frauen in öffentlichen Entscheidungsfunktionen etablieren – diese Punkte wurden neben den Zielen der strategischen individuellen Förderung und Weiterbildung von Frauen ein weiterer wichtiger Anspruch des Regionalen Mentoring Programms in Niederösterreich.

Die ambitionierte Intention des Projekts war die Förderung der ausgewogene(re)n Mitwirkung von Frauen und Männern in Entscheidungsprozessen und hier besonders die Förderung von Frauen in ländlichen Gebieten und kommunalen Strukturen. Als Mentees in diesem Projekt wurden demnach Frauen aus den unterschiedlichsten Bereichen mit regionalem Lebenszusammenhang vorgesehen. Erwartet wurden Frauen, die sich engagieren wollten, aber die berühmte „gläserne Decke“[2] nicht durchdringen konnten und latent Diskriminierungen ausgesetzt waren. Die Teilnehmerinnen am Mentoring Programm kamen in der Folge beruflich gesehen vor allem aus öffentlichen Bereichen wie der Gemeindepolitik, dem Journalismus, der Kunst, dem Bildungs- und Trainingsbereich, aber auch aus der Verwaltung und der Sozialarbeit.

Die Erfahrungen der Mentees, die im modernen Kulturbereich auf regionaler Ebene tätig waren, erwiesen sich für die Analyse der Ausgangsbedingungen von zentraler Bedeutung, denn sie beschrieben die Hilflosigkeit von Frauen gegenüber benachteiligenden, festgefahrenen Strukturen in dreifacher Weise:

- Isolation gegenüber traditionellen Denkweisen eines typischen Grenzlandes (Niederösterreich verfügt über weite Strecken über Staatsgrenzen zu Tschechien und der Slowakei, nicht weit entfernt ist Ungarn).
- Aufgrund hoher Auspendlerrate und strukturschwacher Industriegebiete existieren kaum berufliche Entwicklungsmöglichkeiten.
- Es erfolgt eine hohe Abwanderung von kreativem Potenzial in die nahe gelegene Bundeshauptstadt Wien, die inmitten von Niederösterreich liegt.

Neue Chancen und Wege schaffen

Das Regionale Mentoring Programm zielte auf drei entscheidende Faktoren der möglichen Verbesserung der Fördermöglichkeiten von Frauen im regionalen Zusammenhang ab:

1. Vorbereitung von Frauen auf künftige kommunale Führungs- und Entscheidungspositionen:
   Dafür wurde ein speziell für den regionalen Zusammenhang entwickeltes und begleitetes Mentoringprogramm als Pilotmodell installiert und erprobt.
2. Aufbau von nachhaltigen Kontaktnetzen in den Regionen:
   Frauen und Mitarbeiterinnen von Informationsstellen, die bereits in bestehenden Netzwerken integriert sind, wurde die Möglichkeit geboten, sich kennen zu lernen, untereinander zu vernetzen, im Internet vorzustellen und sich gegenseitig als Ressourcen zu verstehen.
3. Strategische Planung durch Lernen am Vorbild:
   Bei Veranstaltungen und im Rahmen der Mentorschaften hatten die beteiligten Frauen Gelegenheit anhand von Vorträgen und persönlichen Statements von Mentorinnen Einblick in verschiedenste Frauen-Karrieren zu bekommen. Dass Frauen-Karrieren nicht einfach passieren, sondern geplant und hartnäckig verfolgt werden müssen, war in dem Zusammenhang eine wichtige Aussage und oftmals eine gemeinsame Erfahrung, die den Frauen Mut geben und Modelle der Be-

wältigung von Karriereplanung und -verfolgung aufzeigen sollte. Als Rahmenprogramm waren zudem begleitende Seminare vorgesehen.

Ergebnisse im Überblick

In der Laufzeit von nur einem Jahr

- wurden 60 Mentorschaften mit einem strategischen Seminar-Rahmenprogramm zur Unterstützung von Frauen in Politik, Wirtschaft und Öffentlichkeit vermittelt, begleitet und evaluiert;
- wurde das Pilotmodell auf eine breitere, transnationale und europäische Dimension gestellt, und zwar
  - durch die Vorstellung und Nutzung bereits bestehender regionaler und internationaler Expertinnen-Datenbanken;
  - durch den Verweis auf entsprechende Initiativen und die Vernetzung mit europäischen Good-Practice-Modellen, wie dem EU-Projekt „Preparing Women to Lead“[3];
  - durch das Initiieren und die Einbindung von aktuellen regionalen Mentoring-Initiativen v.a. in Niederösterreich;
- wurde ein nachhaltig tätiges Netzwerk von Akteurinnen gebildet:
  - durch die Fortführung des Regionalen Mentoring Programms in Niederösterreich und Betreuung einer regionalen Website[4]; durch den weit fassenden WebRing[5] zum Thema Mentoring.

Nutzen

Die Regionalisierung des Mentoring-Konzepts erschloss eine völlig neue Zielgruppe von Frauen für Mentoring- und Weiterbildungsmaßnahmen. Die Folgewirkungen dieser regionalen Differenzierung sind auch nach Ende des Projekts wirksam. Das Thema Frauenförderung wurde verstärkt in das Bewusstsein der regionalen Öffentlichkeit transportiert. Der innovative Charakter des ganzen Projekts förderte die Aufmerksamkeit der regionalen und nationalen Medien – und dabei v.a. das Interesse einzelner Redakteurinnen, die ihrerseits in Netzwerken tätig sind, während die internationale Presse das Programm in der Regel zwar mit Interesse zur Kenntnis genommen hat, dies aber kaum Eingang in die mediale Berichterstattung gefunden hat.

Wurden tatsächlich Synergien geschaffen?

Interessanterweise gelang die Vernetzung bestehender Strukturen in der Frauenarbeit und Weiterbildung mit kommunalen Strukturen besser als erwartet. Die Integration bewährter Modelle in neue Projekte führte auf regionaler Ebene zu einigen Folgeprojekten, z.B. einem Mentoring-Café, einer Frauenakademie oder einem regionalen Politik-Stammtisch. Auf Landesebene führte die Beschäftigung mit regionalen Aspekten zu einem innovativen neuen Projekt, das die Vernetzung von Frauen zum Ziel hatte, die auf dem Lande leben, arbeiten, wohnen, sich weiterbilden und v.a. sich über die Grenzen hinweg mit der ganzen Welt vernetzen wollen. Aus diesen Überlegungen und Initiativen entstand das niederösterreichische Landfrauen-Portal[6].

Aber auch für neue EU-Projekte waren grundlegende Strukturen geschaffen worden, denn die Zusammenarbeit und Vernetzung auf regionaler Ebene ermöglichte einen breiten Wirkungsgrad in der Zielgruppe der Frauen, die in den verschiedenen Regionen Niederösterreichs leben.

Auf transnationaler Ebene bewirkten die Partnerschaften trotz zeitlich begrenzter Dauer einen intensiven Erfahrungsaustausch, der v.a. auf einzelne engagierte Frauen zurückzuführen war, die ihr Know-How einbrachten. Dieser Kontakt der Teilnehmerinnen des Regionalen Mentoring Programms zu den PartnerInnen besteht erfreulicherweise heute noch.

Projektstruktur und -partnerInnen

Als Projekt im Rahmen des 4. mittelfristigen Aktionsprogramms der Gemeinschaft zur Chancengleichheit von Frauen und Männern wurde das Regionale Mentoring Programm von der Europäischen Kommission, Generaldirektion Arbeit und Soziales und vom österreichischen Bundesministerium für Arbeit, Gesundheit und Soziales (jetzt Bundesministerium für soziale Sicherheit und Generationen) gefördert.

Die Struktur des Programms wurde auf einer Kooperationsbasis von Organisationen und Einrichtungen, die bereits über Erfahrungen in der Abwicklung transnationaler europäischer Projekte verfügten, mit regional verankerten Institutionen aufgebaut:

1. Zentrale Partnerin des Projekts war das Frauenreferat des Amtes der niederösterreichischen Landesregierung, mit der Aufgabe, die vielfältigen Informations-Ressourcen des Referates sowie Kenntnis über die Frauenszene in Niederösterreich zur Verfügung zu stellen: Information der Zielgruppen, Umsetzung von Maßnahmen der Öffentlichkeitsarbeit sowie Förderung der Beteiligung hochrangiger Mentorinnen am Programm.
2. Regionale Partnerin war die niederösterreichische Dorf- und Stadterneuerung, die bei der Koordination von regionalen Veranstaltungen behilflich war, zu Zielgruppen in entlegenen Landesteilen Zugang hatte und für die Verteilung von Informationsmaterialien für ihre Zielgruppen verantwortlich war. Alleine dadurch gelang es, den Wirkungsbereich des Projekts wirklich breit anzulegen und zu sehr unterschiedlichen Zielgruppen zu gelangen.
3. Die Niederösterreichische Landesakademie, Trägerin von Bildungsveranstaltungen und -projekten für die Landesregierung, stand dem Projekt strategisch zur Seite und brachte darüber hinaus eine eigene, internetzugängliche Datenbank für Frauen in Niederösterreich als Ressource mit ein.
4. Mit der Abwicklung des Projekts wurde ein Planungsbüro beauftragt, das auch Träger des ersten MentoringCenters in Österreich ist, und für die Entwicklung der Leitmaterialien und des Konzeptes sorgte. Das Planungsbüro regelte die europäischen Partnerschaften mit Organisationen in Spanien, Deutschland und den Niederlanden.

Auf europäischer Ebene waren einerseits als Know-How-Träger das deutsche EU-Erfolgsprojekt „Preparing Women to Lead“ eingebunden sowie der Träger des europäischen Großprojekts „MELLOW“[7] in den Niederlanden, während mit einem spanischen Projekt, das gerade mit einem ersten Mentoring Programm begonnen hatte, v.a. Erfahrungen betreffend Erschließung der Zielgruppen ausgetauscht wurden.

Im Laufe des Projekts wurden drei weitere Einrichtungen zu unterstützenden PartnerInnen des Regionalen Mentoring Programms: zum einen eine politische Weiterbildungseinrichtung und ein regionaler Frauenbildungsverein in der Zusammenarbeit für die begleitenden Seminare, zum anderen das erste Frauen-Onlinemagazin Österreichs[8] zur Aufbereitung der Informationen im Webring und auf einer eigens gestalteten Website[9].

Besondere Anforderungen und Lösungen

Als Pilotprojekt mit ambitionierten Zielsetzungen entstand die Notwendigkeit, ein neues Konzept für Mentoring zu entwickeln, das sich den besonderen Anforderungen anpasste, die sich v.a. aus der heterogenen Zielgruppe und den regionalen und kommunalen Strukturen ergaben.

Aspekte	Umsetzung im Projekt
• **Mentoring meist unbekannt, Karriere ein Tabu**	• Mentoring musste zuerst als Weiterbildungskonzept vorgestellt und die individuelle Umsetzung mit praktischen Beispielen erläutert werden. Im Rahmen von Diskussionen zum Begriff „Karriere“ wurde deutlich, dass der zielgruppengerechten Auswahl von Begriffen im regionalen Kontext eine entscheidende Bedeutung zukommt. „Weiterbildung“ und „persönliche, berufliche Weiterentwicklung von Frauen“ werden im nicht-städtischen Umfeld als „ungefährlicher“, „unverfänglicher“ und „nicht so aggressiv“ eingestuft und daher besser aufgenommen als der Begriff „Karriere“. Auch das Synonym „berufliche Laufbahnplanung“ ist positiver besetzt. • Breite Zustimmung brachten die Forderungen nach „Öffentlichkeit für die Leistungen von Frauen“ und nach „frauengerechten Vermittlungsmethoden“, die sich in ländlichen Strukturen erst etablieren müssen.

• **Zielgruppe sehr divergent**	• Frauen in ländlichen Regionen sind untereinander erfahrungsgemäß nur wenig vernetzt, daher mussten die Informationen und Einladungen durch die ProjektpartnerInnen sehr breit gestreut werden. Dies auch vor allem deshalb, weil im Projekt keine fachlich oder gesellschaftlich spezifischen Zielgruppen angesprochen wurden, sondern alle Frauen, die sich aktiv um ihre berufliche Weiterentwicklung (Karriere) bemühen wollten. • Großer Wert wurde dabei auch auf das Ansprechen von MultiplikatorInnen im regionalen Bereich gelegt.
• **Persönliche Kommunikation als Schlüssel**	• Die Motivation zur Teilnahme an einer völlig neuen Weiterbildungsform, wie es Mentoring darstellt, wurde in Niederösterreich dadurch erreicht, dass gleich zu Beginn eine Reihe von regionalen Informationsveranstaltungen in Zusammenarbeit mit bestehenden Strukturen organisiert wurden. • Auch die Tatsache, dass auf individuelle Anliegen und Vorteile persönlich von namentlich bekannten Mitarbeiterinnen eingegangen wurde und während des Programms eine telefonische „Hotline“ für Fragen zur Verfügung stand, stellte einen wesentlichen Aspckt für die zahlreiche Teilnahme am Projekt dar.
• **geografische Distanzen überbrücken**	• Den zum Teil erheblichen geografischen Distanzen wurde in dreifacher Weise entgegengewirkt: 1. Informationsveranstaltungen und Seminare fanden in Kooperation mit Multiplikatorinnen vor Ort an regionalen Knotenpunkten statt. 2. Das Internet wurde als Informations- und Kommunikationsmedium für Interessierte und Programm-Teilnehmende eingesetzt. 3. Das Element E-Mail-Mentorschaften als regelmäßiger, begleitender Austausch zu Treffen oder anderen Mentoring-Elementen wurde besonders beworben und initiiert.

• **MentorInnen aus den verschiedensten gesellschaftlichen Bereichen gesucht**	• Die Suche nach MentorInnen wurde sowohl auf der kommunalen, regionalen, nationalen und europäischen Ebene betrieben. • MentorInnen wurden einerseits durch die Informationsveranstaltungen am Projektbeginn angesprochen, andererseits aber auch persönlich brieflich angefragt. • Die vorgefundene überraschend große Bereitschaft zur Unterstützung jüngerer Frauen auf ihrem Weg „nach oben" zeigte, dass erfolgreiche Frauen sich der Notwendigkeit frauenfördernder Maßnahmen sehr stark bewusst und bereit waren, sich auch persönlich dafür zu engagieren.
• **Vorhandene Strukturen einbinden**	• Die Bereitschaft von Organisationen und Vereinen zur Beteiligung und Unterstützung des Programms war sehr groß, wodurch z.B. auch regionale und lokale Strukturen der Regionalentwicklung und Weiterbildung in das Programm eingebunden werden konnten, die bis dahin durchwegs männlich dominiert waren.

Methoden und Elemente

Im Pilotprojekt Regionales Mentoring für Frauen in Politik und Öffentlichkeit wurden vier zentrale Elemente methodisch aufbereitet und verfolgt:

1. Informationsveranstaltungen mit Vorträgen und Präsentationen;
2. fachliche Anleitung und gegebenenfalls individuelle Begleitung;
3. zur Verfügung stellen von Materialien;
   Für die PartnerInnen wurden Overheadfolien und Onlinepräsentation erstellt, so dass diese selbst das Programm auf Veranstaltungen präsentieren konnten sowie Formblätter und Leitfäden zur Adaptierung für Fraueninitiativen und -organisationen, die Interesse daran hatten, eigene Mentoring Programme durchzuführen.
   Eine Anleitung zur Durchführung einer Mentorschaft kann auch im Internet auf der Programmseite für Niederösterreich abgerufen werden.[10]
4. Motivationshilfen durch Erfahrungsberichte:
   - Einladung von ExpertInnen zu Veranstaltungen, um von ihren Erfahrungen als MentorInnen zu berichten; speziell auch zum sogenannten Kamingespräch im Rahmen der Transnationalen Konferenz;

- Gelegenheit zum Erfahrungsaustausch für Mentees, bei Stammtischen und bei den Seminaren;
- Eine gemeinsame Projektabschlussveranstaltung mit der Präsentation der Ergebnisse und Erfolge aus den Mentorschaften;

Mentorschaften initiieren, matchen, vermitteln, begleiten, abschließen

Aspekte	Umsetzung im Projekt
• initiieren	• Mentees und MentorInnen im Rahmen von Informationsveranstaltungen für das Projekt interessieren • MentorInnen bzgl. Beteiligung am regionalen Mentoring Programm persönlich anfragen
• matchen	• Angemeldete MentorInnen und Mentees aufgrund ihrer Angaben auf der Anmeldung „matchen“
• vermitteln	• Vermittlung der „gematchen“ Mentorschaften mittels Kontaktbriefen • Einladung zu gemeinsamer Mentorschafts-Auftaktveranstaltung und der Möglichkeit sich untereinander kennenzulernen
• begleiten	• Erstellen und Versenden von Begleitmaterialien zur Unterstützung und Durchführung der Mentorschaftspaare • Erläuterungen zur Durchführung der Mentorschaft auch auf der Auftaktveranstaltung • Einrichtung einer Hotline für individuelle Fragen • Durchführung von vier thematischen Weiterbildungs-Workshops
• abschließen	• Erstellen und Versenden von Evaluierungsunterlagen • Auswertung der Evaluierungsbögen • Durchführung einer gemeinsamen Abschlussveranstaltung

Begleitende Seminare und Workshops

Begleitend zum Projektverlauf fanden Seminare zu den Themenbereichen Kommunikation, Präsentation, Argumentation sowie strategische Vernetzung von Frauen statt. Zusätzlich wurde ein Workshop angeboten, um die Dienste des Internets zur effizienten Vernetzung von Fraueninteressen zu nutzen.

Evaluierung

Das Projekt wurde durch begleitende Selbstbewertung evaluiert.

- Ein Fragebogen maß die Ergebnisse und die individuelle Erfolgszufriedenheit der Teilnehmenden an den Mentoring-Maßnahmen.
- Protokolle und unterstützende Befragungen der Beteiligten von Workshops, Konferenzen und transnationalen Meetings ergänzten das Evaluierungsmaterial.

Ergebnisse und Produkte des Regionalen Mentoring Programms

Erwartungen	Ergebnisse im Projekt
• Umsetzung professionell begleiteter Mentoringprogramme auf regionaler Ebene in Österreich und Spanien	• Modellhafte Durchführung von 15 geplanten Mentorschaften in Niederösterreich. Aufgrund der großen Anzahl an angemeldeten MentorInnen, 43 Frauen und 4 Männern, konnten für insgesamt 48 angemeldete Mentees 52 Mentorschaftskontakte vermittelt werden (einige Mentees erhielten eine „Zweit-Mentorin", wenn z.B. eine Mentorin sehr wenig Zeit hatte oder der Fokus der Mentee sich verlagerte). • Ergebnis: Elf Mentorschaften wurden mit schriftlicher Vereinbarung geschlossen, 22 Mentorschaften ohne, 19 Vermittlungen ohne Rückmeldungen über Vereinbarung. Für zwei Mentees konnte in der Projektlaufzeit keine Mentorin gefunden werden. • Modellhafte Durchführung von zehn Mentorschaften in Spanien (Katalonien).

• Leitfaden mit Checklisten für Mentees und MentorInnen	• Der Projekt-Leitfaden für MentorInnen und Mentees in NÖ wurde von den spanischen PartnerInnen auf ihre Zielgruppe und ihre Projektbedingungen adaptiert und an die Teilnehmerinnen ausgegeben. • Checklisten zur Durchführung eigener Mentoringprogramme bzw. zur eigenständigen Mentorinnen-Suche sind im Internet auf der Programmwebseite[11] abrufbar. • In Niederösterreich wurde aufgrund des großen Erfolgs ein eigener Leitfaden zur Fortführung des Programms publiziert.[12]
• WebRing im Internet zu bestehenden Mentoring-Good-Practice-Modellen und Expertinnen Datenbanken	• Der WebRing[13] zum Thema Mentoring für Frauen wurde permanent ausgebaut zur Ressource für die Frauenszene.
• Know-how-Workshops für Mentees zur Vermittlung jener Kenntnisse, die in kommunalen Entscheidungsprozessen in Politik und Öffentlichkeit von Führungspersönlichkeiten erwartet werden	• In Niederösterreich wurde aus den rund 50 Mentorschaftspaaren eine Pilotgruppe ausgewählt, die kostenlos an der Workshopreihe des Regionalen Mentoring Programms teilnehmen konnten. • Die Pilot-Mentees bewerteten zu Projektende ihre Mentorschaften durchschnittlich positiver als jene Mentees, die nicht an den Workshops teilnehmen konnten.
• Gezielte Einbeziehung der Informationstechnologien und Schulung der Teilnehmerinnen zur Nutzung bestehender Ressourcen.	• Einbeziehung durch Initiieren von E-Mail-Mentorschaften, Einrichten, Nutzung bestehender Expertinnen-Datenbanken für die Mentorinnen-Suche, Errichtung einer eigenen Internetplattform für das Projekt in Niederösterreich mit Terminkalender, Vernetzungsforum etc., Abwicklung eines Großteils der Korrespondenz via E-Mail. • Schulung der Pilot-Mentees im Rahmen eines eigenen Workshops, vor allem auch die Einrichtung einer Mailingliste der niederösterreichischen Teilnehmerinnen zur nachhaltigen Vernetzung.
• Medien und Öffentlichkeitsarbeit	• Presseunterlagen; Pressekonferenzen • allgemeine und individualisierte Medienbeiträge

	• Radiointerviews • TV-Auftritt • Inserate zu Veranstaltungen • diverse Artikel für eigene Publikationen • Projektspezifische, nationale Publikationen: Informationsblätter, Einladungen, Broschüre if-Sondernummer[14], Projektbericht print/web, u.a. • Projektspezifische internationale Publikation wie etwa Newsletter zum Abschluss des Regionalen Mentoring Programms

Das Mentoring Programm brachte nicht nur auf Ebene der Organisationen positive Rückmeldungen, sondern auch in den persönlichen Beziehungen der Mentees und MentorInnen, wie die folgenden Erinnerungen einer Mentee und ihrer Mentorin zeigen.

Erfahrungsberichte

Die Mentorin

Ingrid Grün, Leiterin des Frauenreferates der Niederösterreichischen Landesregierung, Initiatorin des Projekts „Regionales Mentoringprogramm für Frauen in Politik und Öffentlichkeit in Niederösterreich" und Mentorin in diesem Programm.

Zu Beginn meines Berufslebens hatte ich einen Mentor. Zugegeben, ich wusste damals nicht, dass es diesen Ausdruck überhaupt gab und ich bezweifle, dass mein Vorgesetzter und gleichzeitiger „Mentor" dies wusste. Ich möchte ihm auch nicht nachsagen, dass er sich jemals vorher mit der Tatsache beschäftigt hätte, wie schwierig es für Frauen ist, sich im Berufsalltag nach oben zu kämpfen, aber das wusste ich damals auch noch nicht. Ich denke, sein Motiv war einfach, dass er eine Tochter in meinem Alter hatte und so fühlte er sich für meinen Werdegang mitverantwortlich. Ich selbst fand es einfach interessant, dass mich mein Chef, der Gott und die Welt kannte, an seinem Netzwerk teilhaben ließ. Ich habe aus dieser Zeit noch immer gute Kontakte. Auch fachlich schaute er mir streng auf die Finger. Ich wurde schließlich die jüngste Gruppenleiterin in unserer Dienststelle.

Seit 1992 arbeite ich im Frauenreferat der NÖ Landesregierung. Längst weiß ich, mit welchen Schwierigkeiten Frauen im Berufsalltag konfrontiert sind und nach meinem Wiedereinstieg nach der Karenzzeit habe ich dies auch selbst erfahren.

Die Gründe für die Benachteiligungen von Frauen haben viele Facetten. Dabei sind Frauen heute de iure völlig gleichgestellt, de facto schaut es noch nicht so rosig aus: Es ist hinlänglich bekannt und oft zitiert, dass Frauen ein Drittel weniger verdienen als Männer, dass Frauen nur zu 3% in Führungsetagen vertreten sind – die Liste der Benachteiligungen ließe sich noch beliebig fortsetzen.

Ich denke, ich hatte damals mit meinen knapp 20 Jahren einfach Glück, denn normalerweise haben Frauen zu den Netzwerken ihrer Kollegen und Vorgesetzten kaum Zugang. Was machen die Männer anders? Sie treffen sich beispielsweise noch nach Büroschluss, sind im Sportclub aktiv, in der Studentenverbindung, um nur einige Beispiele zu nennen. Vielfach werden dort die firmenpolitischen Entscheidungen getroffen, von denen die Kolleginnen immer erst dann erfahren, wenn die Würfel längst gefallen sind. Das ist auch mit ein Grund, warum qualifizierte, karriereorientierte Frauen oftmals auf der Strecke bleiben und dabei muss uns bewusst sein, dass damit auch wichtige Humanressourcen ungenutzt bleiben.

Im Rahmen unserer Arbeit im Frauenreferat ist es mir wichtig Akzente zu setzen. Als ich zum ersten Mal mit dem Prinzip des Mentoring als gezieltes Mittel zur Frauenförderung konfrontiert worden bin, war ich begeistert. Alles klang sehr einfach und das Ergebnis war doch sehr effizient. Ich habe mich damals mit Christiana Weidel[15] in Verbindung gesetzt, weil ich wusste, dass sie Expertin auf dem Gebiet des Mentoring ist. In einem Brainstorming haben wir die Strukturen für ein eigenes niederösterreichisches Programm entwickelt. Die Niederösterreichische Landesakademie wurde als Partnerin gewonnen und das Konzept wurde im „Dritten Mittelfristigen Aktionsprogramm zur Chancengleichheit" eingereicht und genehmigt. Natürlich habe ich mir überlegt, ob ich selbst auch Mentorin im Programm sein sollte oder nicht. Unklar war mir, ob ich genügend Zeit zur Verfügung stellen kann und manchmal blitzten auch Selbstzweifel auf: Kann ich das überhaupt? Schließlich siegte die Neugierde: Ich wollte nicht nur theoretisch an unserem Programm beteiligt sein, sondern auch auf der praktischen Ebene.

In dieser Zeit nahm Karin Geyerhofer Kontakt mit dem Frauenreferat des Landes Niederösterreich auf, eine ehemalige Kindergärtnerin, die nach einer längeren Berufsunterbrechung wieder einsteigen wollte. Sie wandte sich an uns, weil sie im Rahmen eines Berufsorientierungskurses ein kurzes Praktikum beim Frauenreferat absolvieren wollte. Während sie bei uns gearbeitet hat, wurde sie auf die Möglichkeiten des Mentoring aufmerksam und wollte unbedingt an dem Programm teilnehmen. In den ersten Gesprächen hatte ich sofort das Gefühl, dass ich ihr in vielen Belangen weiterhelfen könnte und ich denke, das war auch ihre Meinung. Somit war es klar, Karin wurde meine Mentee und es war ein wunderbares Gefühl, jemanden unterstützen zu können. Wir trafen uns zu einem ausführlichen Erstgespräch. Es ist ganz wichtig zu wissen, in welche Richtung sich die Mentee weiterentwickeln möchte, welche Vorstellungen sie hat und vor allem musste Karin formulieren, was sie von mir als Mentorin erwartete. Karin hatte damals sehr viele Ideen im Kopf. Ich versuchte, ihre Prioritäten zu erkennen und Schritt für Schritt eine gemeinsame Strategie zu entwickeln. Bald war klar, dass sie mit Frauen und Kindern zum Thema Gewalt arbeiten wollte. Dazu gehörte das Thematisieren dieses Tabu-Themas und die aktive Selbstverteidigung von Frauen und Kindern. Wir haben es im Laufe unserer Zusammenarbeit so gehalten, dass sie mich jederzeit anrufen konnte und einmal im Monat haben wir uns persönlich getroffen. Diese Gespräche hatten immer einen gewissen Zeitrahmen, den wir beide vorher festgelegt haben. Bei diesen Zusammentreffen wurde meist eine Strategie besprochen, die bis zum nächsten Mal von Karin angegangen bzw. zumindest überdacht werden sollte. Dadurch war die permanente Weiterentwicklung garantiert. Wir hatten damals im Frauenreferat ein Unternehmensgründerinnenprogramm initiiert. Karin ließ sich beraten und das führte dazu, dass sie ihre Idee, nämlich eine zukünftige Tätigkeit auf selbständiger Basis, verwirklichen wollte. Sie hatte in diesem Programm auch die Gelegenheit, Weiterbildungsmaßnahmen zu absolvieren, um sich für ihre künftige Aufgabe weiter professionalisieren zu können. In unseren weiteren Gesprächen konzentrierten wir uns darauf, wie sie sich bei ihren potentiellen KundInnen effizienter präsentieren könnte. Sie entwarf daraufhin einen informativen Imagefolder, Präsentationsmappen und Visitenkarten. Es wurde schließlich Zeit für eine gezielte Öffentlichkeitsarbeit. Es gelang uns, dass diverse Medien über Karins Angebot berichteten und sie gab zudem Radiointerviews zum Thema Gewalt an Frauen und Kindern.

Unsere Mentoringbeziehung war, so wie es im Projekt vorgesehen war, für ein Jahr anberaumt. In der Zwischenzeit sind zwei Jahre vergangen. Wir haben noch immer Kontakt und sie weiß, dass sie mich jederzeit anrufen kann. Ich kann sagen, dass aus einem rein beruflichen Verhältnis eine Freundschaft entstanden ist, die ich nicht mehr missen möchte.

Künftigen Mentorinnen möchte ich sagen, dass sie davon ausgehen können, dass nicht nur die Mentee von dieser „Patenschaft" profitieren kann. Ich habe jedenfalls die Zeit als Mentorin ebenfalls als persönliche Weiterentwicklung empfunden. Helga Lukoschat, von der Europäischen Akademie für Frauen in Politik und Wirtschaft in Berlin[16], die neben ICT Barcelona[17] und UETP Randstad[18] unsere europäischen Projektpartnerinnen waren, formulierte es beim transnationalen Treffen in Krems sehr treffend: „Im Austausch mit einem jüngeren, fragenden Gegenüber werden neue Impulse und Anregungen gewonnen. Und die Weitergabe von Erfahrungswissen beinhaltet immer auch die Reflexion der eigenen Praxis, die im Alltagsgeschäft notgedrungen oft zu kurz kommen muss. Führungsfrauen als Mentorinnen distanzieren sich nicht von ihren Geschlechtsgenossinnen, sondern setzen öffentlichkeitswirksam Zeichen dafür, dass es wichtig ist, Erfahrungen weiterzugeben und die jüngere Frauengeneration auf ihrem Weg zu unterstützen. Mentoring fördert eigenständige Loyalitäts- und Machtbeziehungen unter Frauen und kann langfristig dazu beitragen, den Einfluss von Frauen auf politischen und wirtschaftlichen Entwicklungen zu stärken."

In diesem Sinne hoffe ich, dass Mentoring als Mittel der individuellen Frauenförderung weiterhin Einzug in möglichst viele Bereiche findet.

Die Mentee

Karin Geyrhofer, Mentee von Ingrid Grün

Drei Monate nach meiner Abschlussprüfung zur Kindergärtnerin kam mein Sohn Lukas zur Welt. Zwei Jahre danach Jakob und ein Jahr später Benjamin. Ich habe mich sehr bewusst für meine Kinder entschieden und habe die Jahre mit und bei meinen Kindern zu Hause sehr genossen, sie nie bereut und sie für sehr wertvoll angesehen.

Ich habe diese Zeit nicht nur für die Erziehung und Begleitung meiner drei Söhne verwendet, sondern auch laufend an Aus- und Weiterbildungen teilgenommen. Die Ratschläge und Befürchtungen aus dem Verwandten- und Bekanntenkreis, ich könnte nach einer langen „Kinderpause" (Was für ein Wort – welche Frau macht in dieser Zeit Pause?) keinen Anschluss ins Berufsleben mehr bekommen, schlug ich in den Wind. Ich wusste genau, dass ich mit Frauen und Kindern und für Frauen und Kinder arbeiten wollte. Ich wusste nur noch nicht in welcher Form. Schwierigkeiten diesbezüglich sah ich zu diesem Zeitpunkt nicht.

Um zu sehen, welche Möglichkeiten mir offen stünden, wollte ich an einem Kurs für Wiedereinsteigerinnen des Arbeitsmarktservices (AMS) teilnehmen, aber ich wurde abgelehnt. Zunächst, da der geplante Kurs bereits besetzt sei, danach, weil ich mit einer absolvierten beruflichen Ausbildung nicht in diesen Kurs passen würde.

Daher wandte ich mich an die niederösterreichischen Landesregierung. Die Anfrage, wie es mit einer Stellung als Kindergärtnerin aussehe, brachte keine Hoffnung auf. Ich wurde auf eine Warteliste gesetzt, aber mit dem Beisatz, dass die Chancen sehr gering seien.

Abermals meldete ich mich beim Arbeitsamt. Die seien für mich als Hausfrau nicht zuständig und als Kindergärtnerin schon gar nicht.

Neuerlich meldete ich mich bei der Landesregierung. Die Anstellung als Kindergärtnerin sei nur mit einem Kurs für „Kindergärtnerin als Wiedereinsteigerin" möglich, aber auch dann nicht viel versprechend. Eine andere Möglichkeit wäre, als Flying Nanny[19] zu arbeiten und danach eventuell in den Landesdienst übernommen zu werden. Flying Nanny erschien mir nicht gerade verlockend, aber wenn der Weg nun einmal so laufen sollte, fügte ich mich in diese Voraussetzung. Da es in meinem Wohnbereich keine Nachfrage gab, kam ein Vertrag auch nicht zustande. Danach erfolgte eine neuerliche Vorsprache bei der Landesregierung. Nun erfuhr ich, dass es einen Wiedereinsteigerinnenkurs für Kindergärtnerinnen aus Kostengründen nicht mehr geben werde. Ein Vertreter der Landesregierung fragte mich in dem Zusammenhang: „Warum sollten wir auch Frauen in ihrem Alter einstellen? Es gibt genug junge Kindergärtnerinnen, die sind billiger."

Zu diesem Zeitpunkt war mein Selbstbewusstsein doch schon leicht angekratzt. Keiner Frau hätte ich zu diesem Zeitpunkt geraten, sich für die Erziehung ihrer Kinder Zeit zu nehmen. Nach wie vor bereute ich meine Zeit zu Hause nicht, aber die Schwierigkeiten, mit denen ich nun konfrontiert war, wollte ich keiner anderen Frau zumuten.

Die Wende schien sich abzuzeichnen, als ich im Herbst 1999 endlich einen Platz in einem Kurs des AMS erhielt. Mein Wunsch für und mit Frauen, für und mit Kindern zu arbeiten war weiterhin sehr präsent. Inzwischen arbeitete ich auch schon für den Verein „Rainbows – Begleitung von Kindern in Trauersituationen", als freie Dienstnehmerin, mit geringfügigem Verdienst und absolvierte zusätzlich die Ausbildung zur Trainerin in Feministischer Selbstverteidigung.

Der Kurs des AMS sah auch ein Praktikum vor und nach wie vor suchte ich ein solches im Frauenbereich. Im Frauenreferat der Landesregierung wollte ich mich zunächst nach geeigneten Institutionen erkundigen. Ingrid Grün gab mir ausreichend Auskünfte und berichtete auch über die Arbeit des Frauenreferates, so dass ich mich spontan entschloss, um einen Praktikumsplatz im Frauenreferat anzusuchen.

Ich erhielt nicht nur den gewünschten Praktikumsplatz, sondern auch die Information über das bevorstehende Projekt „Regionales Mentoring für Frauen". Von diesem Projekt hatte mir auch bereits eine Freundin erzählt, gemeinsam wollten wir den angekündigten Informationsabend besuchen. Jetzt, noch einmal darauf hingewiesen, war natürlich klar, dass wir diesen Termin nicht ungenutzt lassen wollten.

Den Informationsabend in Pöchlarn, einer Nachbargemeinde meines Wohnorts, gestaltete Christiana Weidel. Wir sprachen über unsere Wünsche und Vorstellungen in Bezug auf Mentoring und von Frau Weidel kam die Idee, dass Ingrid Grün eine gute Mentorin für mich sei. Gleich am folgenden Tag in meiner Praktikumsstelle, bat ich Frau Grün meine Mentorin zu sein und sie sagte auch sofort zu.

Das intensive Auseinandersetzen mit den beruflichen Vorstellungen im Kurs des AMS brachte bald zutage, dass ich mich selbstständig machen würde.

Aber das Maßnahmenprogramm „Minerva – Frauen machen sich selbstständig"[20], war für mich zunächst nicht zugänglich. Da half mir bereits meine Mentorin weiter.

Eine sehr hilfreiche und wertvolle Unterstützung begann. Die angebotenen Seminare und begleitenden Einzelgespräche holten jede von uns Frauen genau bei ihren Bedürfnissen ab. Ohne dieses Seminar hätte ich das Ziel der Selbstständigkeit nicht so schnell oder vielleicht gar nicht erreicht. Diese Chance erhielt ich nur durch die Intervention von Frau Grün.

Aber auch das Mentoring Programm bot spannende, lehr- und hilfreiche Seminare an. Im ersten angebotenen Seminar „PowerTalk", erfuhren wir Theoretisches über Rhetorik und Selbstpräsentation, vor allem die praktischen Übungen halfen uns, die gelernten Gesprächsregeln und den Umgang mit Lampenfieber gleich umzusetzen. Wir arbeiteten an unseren Stärken und Schwächen, an der Selbst- und Fremdwahrnehmung und an effizientem Einsatz der Körpersprache. Wir alle waren von Inhalt und Umsetzung so begeistert, dass auch noch ein Nachfolgeseminar angeboten wurde.

Es gab einen interessanten Abend zum Thema „Frau sein ist noch kein Programm!" und einen Vernetzungsworkshop „Netzwerke & Kooperationen unter Frauen".

Auch der angebotene Internetworkshop klang gut und vielversprechend, leider konnte ich diesen Termin nicht wahrnehmen.

Nicht nur die inhaltliche Vermittlung der einzelnen Workshops brachte eine Bereicherung, sondern auch das Kennenlernen und der Austausch mit den Frauen. Auch untereinander halfen wir uns weiter, soweit es unsere Möglichkeiten boten. Als ich beispielsweise einen Bericht über meine Arbeit für den Landesschulrat verfassen sollte, bat ich eine Redakteurin um Hilfestellung und der Artikel wurde sogar in der Presse veröffentlicht. Sowohl dieser Artikel, wie auch das Vorstellen meiner Arbeit im Folder des Frauenreferats brachten mir neue Angebote.

Ein ganz wesentlicher Punkt waren aber auch die Einzelgespräche mit Ingrid Grün, die im Laufe der Zeit wie eine große Schwester für mich wurde. Immer stand sie mir mit ihren Tipps und Ratschlägen zur Seite, nutzte ihr reichhaltiges Kontaktnetz, ihre Erfahrungen und Beziehungen, um mir neue Möglichkeiten aufzuzeigen.

Ich hatte die Chance, an verschiedenen Veranstaltungen teilzunehmen, sowohl als Zuhörende, als auch als Präsentierende. Beide Varianten waren für mich bereichernd und neue Kontakte boten sich an.

Heute bin ich selbstständige Trainerin im Bereich der Prävention von Gewalt und Missbrauch. Ich biete in Schulen und Vereinen meine Kurse mit großem Erfolg an. Zurzeit befinde ich mich wieder in Ausbildung für die Qualifikation als Sexualpädagogin. Ich habe zu meinem Optimismus wieder zurückgefunden. Ich weiß, dass ich noch viel in meinem Leben dazulernen will und ich vertraue darauf, dass es immer wieder so hilfreiche Frauen an meiner Seite geben wird. Auch ich möchte weiterhelfen, wo es meine Möglichkeiten zulassen.

Ich habe gelernt, wie offen und selbstverständlich Frauen ihre Hilfe anbieten, diese Selbstverständlichkeit ist mehr als ein Programm, das ist eine Lebenseinstellung. Diese Erkenntnis möchte ich gerne weitergeben.

Anmerkungen

1 http://www.regionalesmentoring.at/programm.html, [3.10. 2002]

2 Unter „gläserner Decke" versteht man die aus komplexen Strukturen in männerdominierten Organisationen resultierenden, unsichtbaren Schranken, die Frauen am Aufstieg in Führungspositionen hindern. Vgl. 100 Begriffe aus der Gleichstellungspolitik, Europäische Kommission 1998.

3 „Preparing Women to Lead": das bekannteste Mentoring Programm für Frauen in Europa, konzipiert von der Europäischen Akademie für Frauen in Politik und Wirtschaft. http://www.eaf-berlin.de, [3.10.2002] Vgl. den Beitrag von Helga Lukoschat und Janka Thurn in diesem Band. – Nach Ablauf des Pilotprogramms wurde ein Kolleg für zukünftige Politikerinnen als Nachfolgeprogramm gestartet. http://www.eaf-berlin.de/KolleST.htm, [3.10.2002]

4 http://www.regionalesmentoring.at, [3.10.2002]

5 http://www.regionalesmentoring.at/vernetzung/webring.html, [3.10.2002]

6 http://www.landfrauen.at, [3.10.2002]

7 EU-Projekt Mellow: LifeLong Mentoring of Women in and/ or towards technical jobs. http://www.vhto.nl/mellow, [3.10.2002]

8 http://www.CeiberWeiber.at, [3.10. 2002]

9 http://www.regionalesmentoring.at, [3.10.2002]

10 http://www.regionalesmentoring.at/konzept/ablauf.html, [3.10.2002]

11 http://www.regionalesmentoring.at/programm.html, [3.10.2002]

12 Land Niederösterreich, Frauenreferat (mailto:post.f3frauenreferat@noel.gv.at): Mentoring Leitfaden. Wie werde ich MentorIn/Mentee? Mentoring für Frauen in Niederösterreich. Was ist Mentoring? Wertvolle Tipps für die Umsetzung von Mentoring für angehende Nachwuchskräfte und auch für Unternehmen und Organisationen, die Mentoring als gezielte Frauenförderung im eigenen Betrieb einsetzen möchten.

13 http://www.regionalesmentoring.at/vernetzung/webring.html, [3.10.2002]

14 Land Niederösterreich, Frauenreferat: „IF" – Information für die Frau in Niederösterreich, Nr. 4/2001, Juli: Vernetzt.

15 Siehe Beitrag von Christiana Weidel in diesem Band: „Einführung in das Thema Mentoring, Kontaktadressen und weiterführende Links".

16 Ziel der Akademie ist die Förderung der gleichberechtigten Teilhabe von Frauen an politischen und wirtschaftlichen Führungspositionen. Konkret bietet sie eine Reihe von Projekten an, die unter anderen den weiblichen Führungsnachwuchs in der Wirtschaft unterstützen sollen sowie Seminare und Trainings zur Stärkung der Einflussmacht und der Karrierechancen von Frauen. http://www.eaf-berlin.de/, [3.10.2002]

17 Institut Catala de Tecnologia, Barcelona, Spanien.

18 UETP Randstad: University Entreprise Training Partnership Randstad, Niederlande.

19 Das Projekt vermittelt KindergärtnerInnen an Familien, die aus beruflichen Gründen eine Kinderbetreuung benötigen. http://members.magnet.at/jugend.und.arbeit/flyingnannies.htm, [3.10.2002]

20 http://telechance.at/doern/Frauenreferat.htm, [3.10.2003]

Herta Nöbauer, Waltraud Schlögl

„Eigentlich brauche ich ja nichts zu tun, diese tüchtigen Frauen fördern sich ja selbst.“[1]

Zur Notwendigkeit eines Mentoringprogramms an der Universität Wien

When we seek to change academia,
we seek to create a new way of being an academic –
far less comfortable to men.[2]

Mentoring – eine Begriffsbestimmung

Mit dem Begriff Mentoring werden gegenwärtig vielfältige Förderpraktiken und Förderprogramme in Wirtschaft, Politik, Bildung und Wissenschaft, Kunst und Kultur, im öffentlichen Dienst, aber auch im Non-profit-Sektor bezeichnet. So groß die Bandbreite der Bereiche ist, in denen Mentoring betrieben wird, so verschieden sind auch die Formen, Inhalte und Ziele von Mentoring.

Der Ursprung des Begriffs Mentoring liegt in der griechischen Mythologie: Mentor, Freund von Odysseus, steht dessen Sohn Telemach in den Jahren der Irrfahrten von Odysseus als emotionale und intellektuelle Leitfigur, als Erzieher und Vorbild zur Seite und gilt damit als „Vater“ des modernen Mentoring. Im 20. Jahrhundert erlangt der Begriff zunächst Bedeutung in den Erziehungswissenschaften und wird ab den 1970er Jahren als Strategie der Personalentwicklung in der Wirtschaft neu entdeckt.[3]

Mentoring zielt in der traditionellen Form auf eine Optimierung bestehender Verhältnisse ab. Karriereverläufe von Mentees werden auf instrumenteller wie auch psychosozialer Ebene mittels Anleitung, Beratung, Begleitung und Unterstützung durch erfahrene, gut verankerte MentorInnen gefördert. Zugleich wird das im jeweiligen institutionellen Setting relevante Wissen von der erfahrenen älteren an die nachkommende jüngere Generation weitergegeben. Bestehende Strukturen sollen so reproduziert und optimiert werden.

Wie von Eva Schliesselberger und Sabine Strasser herausgearbeitet wird, vernachlässigt dieser Mentoringbegriff jedoch einen wesentlichen, bereits in der Mythologie gründenden Aspekt: Es ist mit Pallas Athene eine Frau, die in der Gestalt des Mentors Telemach als Leitfigur zur Seite steht. Für den Mentoringbegriff bekommt dies insofern symbolische Bedeutung, als Mentoring eben nicht nur ein „Mittel der idealen Einführung in bestehende gesellschaftliche Verhältnisse", sondern ebenso eine „Möglichkeit der Veränderung dieser"[4] sein kann. Mentoring ist somit auch ein Instrument und eine Strategie zur Förderung von benachteiligten, unterrepräsentierten Gruppen mit der Zielsetzung, bestehende Strukturen der Ungleichheit zu benennen und sichtbar zu machen, herauszufordern und längerfristig zu verändern. Diesem Aspekt wird seit den 1980er Jahren – zunächst nur in den USA, später auch in Europa – sowohl in der theoretischen Auseinandersetzung um Mentoring, als auch in Mentoringprogrammen Rechnung getragen. Mentoringprogramme sind spätestens seit den 1990er Jahren ein wichtiger Bestandteil von Maßnahmen zur Frauenförderung, teilweise auch von Förderprogrammen für Angehörige verschiedener Minderheiten.

Im Gegensatz zu gesetzlich verordneten und in der Praxis nur begrenzt wirksamen Fördermaßnahmen – beispielsweise Frauenförderpläne für die bisher im Wirkungsbereich des Bundesministerium für Bildung, Wissenschaft und Kultur (bm:bwk) stehenden Universitäten – setzt Mentoring bei informellen Praktiken und somit im Zentrum herkömmlicher Wissens- und Ressourcenverteilung an. Mentoring in der traditionellen Form erweist sich jedoch gerade durch die Koppelung an herkömmliche paternalistische Strukturen als widersprüchliches Konzept für unterrepräsentierte Gruppen und stößt beispielsweise dort an seine Grenzen, wo Angehörige einer ethnischen oder sozialen Minderheit Schwierigkeiten haben, eine Mentorin oder einen Mentor zu finden, oder wo Differenzen aufgrund des Geschlechts, sexueller Orientierung, ethnischer oder sozialer Zugehörigkeit zum Scheitern von Mentoringbeziehungen führen.[5] Ebenso problematisch kann eine Mentoringbeziehung sein, in der sowohl Mentor/in als auch Mentee strukturell Benachteiligte sind und der gewünschte Fördereffekt nicht eintritt, weil die Position der Mentorin bzw. des Mentors zu wenig einflussreich und gesichert ist. Diesen Aspekt gilt es insbesondere bei Mentoringprogrammen für Frauen zu beachten, die auf same-gender Mentoring aufbauen,[6] ebenso bei Programmen für Angehörige von Minderheiten, die mit MentorInnen aus diesen Gruppen arbeiten.

Der Begriff Mentoring subsumiert in seiner gesamten Bandbreite so unterschiedliche Zielsetzungen wie effektive und kostengünstige Personalentwicklung in Wirtschaftsunternehmen, Elitebildung in Politik und Wissenschaft, Abbau geschlechtsspezifischer Hemmschwellen bei der Berufswahl von Mädchen, Integration von Jugendlichen der zweiten Generation in den Arbeitsmarkt, oder die bereits erwähnte Frauenförderung im universitären Feld. Diesen letzten Aspekt wollen wir im Folgenden detaillierter untersucht.

Formen von universitärem Mentoring

Mentoring findet im universitären Feld mit unterschiedlichen Formen und Zielen und auf verschiedenen Ebenen statt. Zunächst gilt es, hinsichtlich der Rahmenbedingungen zwischen informellem und formalisiertem Mentoring zu differenzieren. Informelles Mentoring kennzeichnet sich durch den individualisierten Rahmen, in dem diese Förderbeziehungen stattfinden und hat insbesondere im universitären Feld eine entscheidende Bedeutung als effektive Karrieremaßnahme. Diese Form der Förderung kann im Einzelfall auch als Beziehung zwischen Statusgleichen auftreten, normalerweise findet sie jedoch zwischen Personen auf unterschiedlichen Hierarchieebenen statt. In einem individuellen Setting agiert eine im Wissenschaftsbetrieb mächtige und einflussreiche Person als Mentor/in, indem er/sie einzelnen Nachwuchswissenschafter/innen Erfahrungen weitergibt, informelle Netzwerke eröffnet, Zugang zu wichtigen Foren verschafft, Bewerbungen unterstützt und allgemein beratend und begleitend zur Seite steht. Je nach Art und Gewichtung der Unterstützung gibt es neben dem Begriff Mentor/in noch eine Reihe von anderen Bezeichnungen für die jeweilige fördernde Person.[7]

Demgegenüber ist der Rahmen beim formalisierten Mentoring ein struktureller: Mittels eines für eine spezifische Zielgruppe geplanten, mit bestimmten Inhalten und einer entsprechenden Organisationsform durchgeführten Mentoringprogramms soll ein bestimmter Struktureffekt erzielt werden. Die einzelnen Mentoringbeziehungen bauen dabei sehr wohl auf Elementen des informellen Mentorings auf, sie sind jedoch auch Teil eines Programms und dessen struktureller Zielsetzungen. Formalisierte Mentoringprogramme sind insbesondere für benachteiligte Gruppen eines Systems von großer Bedeutung und gelten gegenwärtig im universitären Feld als effiziente Form der Frauenförderung.

Ein in Hinblick auf die angestrebten Struktureffekte entscheidendes Merkmal von Mentoringprogrammen ist die Art ihrer Organisation. Mentoringprogramme an Universitäten orientierten sich wie ihre Gegenparts in Wirtschaft und Politik in der Vergangenheit häufig an der traditionellen, unilinearen Form von Paarmentoring und damit an einer paternalistischen, auf die Reproduktion bestehender Ungleichheiten aufbauenden Struktur.[8] Dies gilt nicht nur für Programme, die sich als Eliteförderung verstehen, sondern auch für solche, die für strukturell benachteiligte Gruppen entwickelt wurden. Dieser implizite Widerspruch zwischen Form und Zielsetzung wird in der Diskussion um Mentoring als Instrument zur Förderung von unterrepräsentierten Gruppen zunehmend reflektiert und hat zur Folge, dass gegenwärtig neue, innovativere Formen von Mentoring entwickelt werden. Für das universitäre Feld heißt das, dass die Bedeutung der Peer-Group als Netzwerk zwischen Statusgleichen ebenso in den Vordergrund tritt wie die Kombination verschiedener Fördermaßnahmen oder auch der Einsatz neuer Kommunikationsmedien in der Mentoringbeziehung.

In den letzten Jahren wurden im deutschsprachigen Raum eine Reihe von universitären Mentoringprogrammen entwickelt. Diese fast ausschließlich für Frauen konzipierten Programme richten sich an unterschiedliche Zielgruppen, beginnend von Schülerinnen an der Schwelle zur Universität, über Diplomandinnen und Dissertantinnen, bis hin zu Habilitandinnen auf dem Weg zur Professur. Die Bandbreite reicht von eher traditionell ausgerichteten Mentoringprogrammen bis zu neuartigen, innovativen Formen von Mentoring. Eine Tendenz, die sich speziell bei neueren Mentoringprogrammen abzeichnet, liegt in der Kombination unterschiedlicher Förderebenen und Fördermethoden. Anhand der folgenden Beispiele wollen wir auf die Vielfalt universitärer Mentoringprogramme hinweisen.

Mentoring-Programme für Frauen an Universitäten: Beispiele aus Österreich, Deutschland und der Schweiz

Das derzeit an der Universität Wien laufende und von den Autorinnen durchgeführte *Mentoringprojekt für Nachwuchswissenschafterinnen* ist das erste Mentoringprogramm einer österreichischen Universität, das die universitäre wissenschaftliche Karriere von Frauen ab der Qualifizierungsphase der Dissertation begleitet.

Wesentlich früher, nämlich bereits zu Beginn der 1990er Jahre gab es in Österreich erste Initiativen mit der Zielsetzung, den Zugang von Frauen zu technischen Studienrichtungen zu erhöhen. Das zunächst für die Technische Universität Graz entwickelte Mentoringprogramm *FIT – Frauen in die Technik* erwies sich als erfolgreiche Maßnahme und wird derzeit mittels Finanzierung des bm:bwk und des Europäischen Sozialfonds (ESF) an mehreren österreichischen Universitäten, wie auch an der technisch-naturwissenschaftlichen Fakultät der Johannes Kepler Universität Linz durchgeführt. Studentinnen technischer Studienrichtungen fungieren in diesem Programm als Mentorinnen für Schülerinnen der letzten Klassen an höheren Schulen und versuchen, mittels Information, persönlicher Kontakte und der Weitergabe ihrer Erfahrungen als Frauen in einem traditionell männlichen Umfeld geschlechtsspezifische Hemmschwellen bei der Wahl eines technischen Studiums abzubauen.[9]

Ein hinsichtlich Organisation und Zielen vergleichbares Mentoringprogramm existiert seit 1997 in Deutschland mit dem *Ada-Lovelace-Projekt* an der Universität Koblenz-Landau. Auch dieses Projekt erfuhr eine rasche, seit kurzem auch über die Landesgrenzen hinausgehende Verbreitung auf andere Universitäten und arbeitet mittlerweile mit einem Pool von rund 180 Mentorinnen.[10]

Da die Erhöhung des Frauenanteils in hochqualifizierten technischen Berufen derzeit von gesellschaftspolitischem Interesse ist und auch dem Interesse der jeweiligen Universitäten entspricht, kann mit einer Fortführung bzw. einem weiteren Ausbau von Mentoringprogrammen an der Schnittstelle zwischen höheren Schulen und technischen-naturwissenschaftlichen Universitäten oder im universitären Feld selbst[11] gerechnet werden.

Mit der Zielsetzung, hochqualifizierte Nachwuchswissenschafterinnen zu fördern und in einer universitären Karriere zu unterstützen, ist das Mentoringprogramm *MuT – Mentoring und Training* der Landeskonferenz der Frauenbeauftragten an den wissenschaftlichen Hochschulen Baden-Württembergs[12] dem Mentoringprojekt an der Universität Wien vergleichbar. Die beiden Programme unterscheiden sich jedoch deutlich in Form und Organisation. MuT adressiert in erster Linie Habilitandinnen und will über eine Teilnahme am Programm die Chancen auf eine Professur erhöhen. Die Vermittlung einer Mentorin oder eines Mentors ist ein Aspekt des Gesamtangebots, das darüber hinaus verschiedene Veranstaltungen mit spezifischen Themenschwerpunkten umfasst. Hinsichtlich der Mentoringbeziehung sieht MuT die „Vermittlung von Werten und Normen der *scientific community*"[13] als zentralen Aspekt. Das Programm orientiert sich insgesamt in erster Linie an einer optimalen Nutzung bestehender Strukturen für Frauen und weniger an der Kritik und dem längerfristigen Ziel der Veränderung dieser Strukturen; hier besteht eine klare Differenz zu den Zielen des Wiener Programms.

In der Schweiz gibt es gegenwärtig eine Reihe von Initiativen und Projekten zum Thema Mentoring an der Universität. Hier sollen nur zwei in verschiedener Hinsicht interessante neue Formen von Mentoring erwähnt werden.

Das Projekt *E-Mentoring* der Universität Luzern arbeitet ausschließlich mit elektronischen Kommunikationsformen und baut das Programm auf virtuellen Mentoringbeziehungen auf. Studentinnen, Dissertantinnen und Habilitandinnen können sich als potentielle Mentees via Internet melden und werden von den Projektkoordinatorinnen an die/den gewünschte/n Mentor/in weiter vermittelt.[14] Durch die örtliche und zeitliche Unabhängigkeit eröffnet dieses Programm ein wesentlich weiteres Spektrum an möglichen Mentoringbeziehungen und ist insbesondere für Mentees, die sich MentorInnen aus dem internationalen Raum wünschen, interessant. Bei allen Vorteilen der virtuellen Kommunikation dürfen natürlich auch die Grenzen und Defizite einer solchen Mentoringbeziehung nicht übersehen werden.

Die *MentoringWerkstatt* der Universität Zürich ist Teil des vom Bund geförderten Programms *Chancengleichheit* und wurde im März 2001 eröffnet. In der Ausschreibung wurden Frauen aufgefordert, gemeinsam mit anderen Frauen, aber auch mit Männern, Konzepte geplanter Netzwerkaktivitäten zu entwickeln. Im Zentrum dieses Konzepts von Mentoring steht die Bedeutung der Peer-Group und der Selbstorganisation von Wissenschafterinnen in einem nationalen und/oder internationalen Kontext. Für die im jeweiligen Konzept vorgesehenen Aktivitäten steht den einzelnen Projekten ein bestimmtes Budget zur Verfügung, zudem bietet die Universität eine räumliche Infrastruktur für alle beteiligten Projekte.[15] Die *MentoringWerkstatt* ist innerhalb universitärer Mentoringprojekte im deutschsprachigen Raum insofern eine Ausnahmeerscheinung, als hier der Kern des traditionellen Mentoring, nämlich die auf hierarchisch unterschiedlichen Ebenen aufbauende Beziehung zwischen Mentor/in und Mentee, keine Bedeutung mehr hat und an dessen Stelle Peer-Mentoring mit einer entsprechenden finanziellen und infrastrukturellen Unterstützung tritt.

Formeller Rahmen des Mentoring-Programms an der Universität Wien

Grundlagen

Das Mentoringprogramm für Nachwuchswissenschafterinnen an der Universität Wien ist eine Maßnahme zur Frauenförderung im hochqualifizierten universitären Bereich und wird vom bm:bwk und vom ESF (Der europäische Sozialfonds ist das Finanzierungsinstrument für die beschäftigungspolitischen Ziele der Europäischen Union) finanziert. Wesentliche Grundlage für die Initiierung dieses Pilotprojekts bildete die bereits zitierte, vom bm:wv in Auftrag gegebene und von Eva Schliesselberger und Sabine Strasser durchgeführte Studie über Mentoring an österreichischen Universitäten, die unter dem Titel: *In den Fußstapfen der Pallas Athene? Möglichkeiten und Grenzen des Mentoring von unterrepräsentierten Gruppen im universitären Feld* 1998 veröffentlicht wurde.

Nach ersten Entwürfen und Vorarbeiten durch die damalige Interuniversitäre Koordinationsstelle für Frauenforschung wurde das Mentoring-Programm vom Projektzentrum Frauenförderung unter der Leitung der Vizerektorin für Personalangelegenheiten und Frauenförderung, Ao.Univ.Prof.in Dr.in Gabriele Moser, in die Wege geleitet. Das für die Konzeption, Koordination und Organisation zuständige Projektteam startete im Februar 2001 mit der ersten Projektphase, insgesamt läuft das für knapp drei Jahre konzipierte Projekt bis November 2003.

Vier Fakultäten wurden im Vorfeld auf Grundlage der Zusage der jeweiligen Dekane/Dekanin für die Teilnahme am Pilotprojekt ausgewählt: Die Human- und Sozialwissenschaftliche Fakultät, die Geistes- und Kulturwissenschaftliche Fakultät, die Rechtwissenschaftliche Fakultät und die Fakultät für Naturwissenschaften und Mathematik. Verschiedentlich geäußerte Bedenken aufgrund der heterogenen Organisationsstrukturen dieser Fakultäten, die dem Grundsatz entgegenstehen, Pilotprojekte klar und überschaubar zu organisieren,[16] schienen sich in der Mitte der ersten Projektphase zu bestätigen. Es ist im Sinne eines Pilotprojekts daher auch nicht auszuschließen, dass es im Verlauf des Projekts zu organisatorischen Veränderungen kommen kann.

Allgemeine Zielsetzungen

Das Mentoringprogramm richtet sich an Dissertantinnen, sogenannte Post-docs und Habilitandinnen der vier genannten Fakultäten und will über die Herstellung von Förderbeziehungen die Berufszugänge und die Berufspositionen von hochqualifizierten Wissenschafterinnen verbessern. Die Priorität dieser Zielgruppe entspricht dem Bruch im Frauenanteil zwischen den Qualifizierungsstufen Dissertation und Habilitation und, damit verbunden, der nach wie vor marginalen Repräsentanz von Frauen auf den höchsten Ebenen universitärer Dienstverhältnisse. Vorrangigste Zielsetzung des Projekts ist es demnach, den teilnehmenden Mentees über das Mentoringprogramm Zugänge zu informellen und formellen Netzwerken zu eröffnen, die eine stärkere Verankerung in den Wissenschaftsbetrieb zur Folge haben. Dies soll mittels strategischem und strukturellem Mentoring erreicht werden, beispielsweise über die Vermittlung wichtiger wissenschaftlicher Kontakte, die Eröffnung relevanter Netzwerke und Publikationsforen, die Unterstützung bei Bewerbungen, beim Akquirieren von Drittmitteln oder auch, auf einer allgemeineren Ebene, durch die Weitergabe wichtiger Informationen.

Ebenso gehört es zu den Projektzielen, durch innovative Förderansätze die bestehenden informellen Förderpraktiken herauszufordern und längerfristig Veränderungen der herkömmlichen paternalistischen Strukturen mit zu initiieren. Neben Gruppenmentoring ist es vor allem das fakultäts- und institutsübergreifende Organisationsprinzip der Mentoring-Kleingruppen, mit dem dieses Mentoringprogramm bestehende Strukturen überschreitet.

„Fördernde AkteurInnen“: MentorInnen, Coaches und Supervisorinnen

Zu den fördernden Akteurinnen und Akteuren, die 40 auszuwählende Mentees im Rahmen unseres Programms unterstützen werden, zählen:

1. Ein Pool von elf Mentoren und Mentorinnen, die wir bereits zu Beginn des Projekts angeworben haben. Bei deren Auswahl orientierten wir uns in erster Linie daran, möglichst erfolgversprechende Voraussetzungen für gelungene Mentoringbeziehungen zu schaffen. Prioritäres Kriterium war daher die Bereitschaft zu bzw. Erfahrungen mit Frauenförderung. Wesentlich ist zudem eine gute Verankerung der MentorInnen in nationalen und/oder internationalen wissenschaftlichen Netzwerken sowie eine hierarchische Differenz zur Zielgruppe der Mentee in Hinblick auf die wissenschaftliche Qualifikation. Es wurden daher ausschließlich Habilitierte als MentorInnen angeworben. Entsprechend den Ergebnissen diverser Studien über Vor- und Nachteile von same- und cross-gender Mentoring[17] stehen den Mentees in unserem Mentoringprogramm Mentorinnen und Mentoren zur Auswahl. Zu erwähnen ist an dieser Stelle, dass die Bereitschaft der angefragten Professorinnen und Professoren überraschend groß war und es offensichtlich in stärkerem Maß dem Selbstverständnis potentieller MentorInnen entspricht, diese Förderrolle auch wahrzunehmen, als dies im Vorfeld des Projekts erwartet wurde. Zudem erweist sich das innovative, österreichweit einzigartige Programm als Prestigefaktor und starker Anreiz für eine Teilnahme.
2. Das Coaching- und Supervisionsteam, das personell ident ist. In inhaltlicher Abstimmung mit den Rahmenbedingungen des Programms werden Coaches und Supervisorinnen (ein Frauenteam) das Training für die Mentees sowie für die MentorInnen vor Beginn der tatsächlichen Mentoringbeziehungen durchführen. Ziel der getrennt durchgeführten Trainings ist es, Erwartungen auszutauschen, Zielsetzungen, Verbindlichkeiten und Verantwortlichkeiten festzulegen und eventuell notwendige Korrekturen in den Gruppenzusammensetzungen vorzunehmen.
   Da Förderbeziehungen in Form von Gruppenmentoring eine Novität innerhalb österreichischer Universitäten darstellt, ist die Begleitung der einzelnen Kleingruppen durch ein externes Supervisionsteam und die Betreuung und Beratung der teilnehmenden Mentees und MentorInnen durch das Projektteam während des gesamten Zeitraums von großer Bedeutung. Ein weiteres Element effizienter Förderung von Mentees wird in Form von Coaching in das Mentoringprogramm eingeführt. Dabei sollen spezifische Problembereiche wie Zeitmanagement, Entscheidungsfindung u.ä. thematisiert werden.

Parallel dazu führen die Projektkoordinatorinnen ein begleitendes Informations- und Diskussionsprogramm an den teilnehmenden Fakultäten durch. Damit soll zum einen möglichen Vorbehalten und Widerständen von nicht am Programm beteiligten Universitätsangehörigen begegnet, und zum anderen eine breitere Auseinandersetzung mit und kritische Reflexion von herkömmlichen Förderstrukturen angeregt werden.

Im Rahmen des Mentoringprogramms wollen wir zudem über ein breites virtuelles Diskussionsforum eine theoretische wie auch praktische Auseinandersetzung mit dem Thema universitäres Mentoring in Gang setzen und mögliche zukünftige Initiativen diskutieren.

„Innovativ mehrdimensional“: Das Konzept des Gruppenmentoring

Wie wir skizziert haben, gibt es also eine Reihe von traditionellen sowie innovativen Ansätzen von Mentoring im universitären Feld. Innovative Formen sind dadurch gekennzeichnet, dass sie grundsätzlich von einem kritischen Blick auf bestehende asymmetrische Beziehungen zwischen Statusungleichen ausgehen, sofern sie eindimensional bzw. unilinear sind und meist nur zwischen Männern bestehen. Darüber hinaus zeichnen sie sich dadurch aus, dass sie in mehreren Richtungen und auf unterschiedlichen Ebenen multipersonelle sowie same- und cross-gender Unterstützung herstellen und auch auf die Bildung symmetrischer Beziehungen zwischen Statusgleichen (Peer-Groups) großes Gewicht legen.

Zahlreiche Studien zu Mentoring im universitären Feld versuchen ausgehend von der Kritik an den „geschlossenen“ männlichen Seilschaften und *old boys networks* neue oder alternative Strategien zur Verbesserung der beruflichen Verankerungen von Frauen oder anderen unterrepräsentierten Gruppen zu entwickeln. Desgleichen stellen eine Vielzahl inzwischen neu entstandener Frauennetzwerke sowie staatlich verordnete Maßnahmen zur Förderung von Frauen wichtige Voraussetzungen für neue Möglichkeiten des Zugangs für Frauen zu entscheidenden Informationen und zu verbesserten Berufspositionen dar. Aktuelle Daten[18] zeigen jedoch eine bisher nur marginale Wirkungskraft solcher Maßnahmen.

Wie neuere sozialwissenschaftliche Studien zeigen, sind nämlich auch rund um staatlich verordnete Maßnahmen informelle und persönliche Strukturen von zentraler Bedeutung. Dies gilt sowohl für den Zugang zu Lehre und Forschung in der Universität[19] als auch in der außeruniversitären Wissenschaft. Soziale Praktiken des akademischen Gabentauschs und der Durchsetzung bestimmter Institutsinteressen und persönlicher Strategien dominieren in großem Ausmaß das Feld universitärer Beziehungen und tragen damit zur akademischen Reproduktion bei. Auf diese Weise wird gerade in diesem Kontext offene oder subtile Ausschließung von Frauen im universitären Feld hergestellt und Brüche in den Laufbahnen von Frauen manifestiert.[20] Ausschließung wirkt über diese Praktiken in besonderem Maße, weil hier die für den sogenannten wissenschaftlichen Nachwuchs entscheidenden Unterstützungs- bzw. Förderpolitiken angesiedelt sind. Die Form und das Ausmaß der Unterstützung durch einen Mentor oder eine Mentorin sowie Kollaboration spielen bekanntermaßen für eine akademische Karriere eine zentrale Rolle. Jedoch sind akademische Unterstützungspolitiken in großem Ausmaß an paternalistische Strukturen geknüpft. Selbst Maßnahmen zur Frauenförderung sind häufig daran gekoppelt. Dies hat zur Folge, dass Frauen, die durch Maßnahmen der Förderung von Frauen sowie frauenspezifischen Inhalten unterstützt werden sollen, meistens auch einen Mentor/eine Mentorin brauchen – aber selten haben –, um von solch notwendigen Maßnahmen auch tatsächlich profitieren zu können.[21]

Zu betonen gilt hierbei aber auch, dass unilineare und informelle Förderung durch einen Mentor oder eine Mentorin (meist in Form von Paarmentoring) nicht nur erhebliche Karrierevorteile schaffen, sondern auch große persönliche Abhängigkeit von einem Mentor/einer Mentorin nach sich ziehen kann. Wie Pierre Bourdieu in seinem viel zitierten Werk *Homo academicus* kritisch aufzeigt, sind es gerade auch die „diffusen und verlängerten persönlichen Abhängigkeiten", die die akademische Reproduktion gestalten. Versprechungen an und das Erwecken von Hoffnungen bei Protegées bzw. Mentees seitens „Mächtiger" analysiert Bourdieu als bedeutende Praktiken solcher Abhängigkeitsmechanismen.[22] Im Rahmen jüngst durchgeführter Studien berichteten aber manche der wenigen Frauen, die sich in informellen, cross-gender strukturierten persönlichen Förderbeziehungen bewegten, auch von Erfahrungen der Diskriminierung und persönlichen Beleidigungen.[23]

Ein klarer zeitlicher Rahmen, klare gegenseitige Vereinbarungen und das gegenseitige Einlösen dieser Vereinbarungen in einem mehrdimensionalen Gruppenkontext bilden aus diesen genannten Gründen die wesentlichen Voraussetzungen unseres formalisierten Mentoringprogramms.

Zusammengefasst zielen traditionelle Mentoringbeziehungen auf die Umsetzung institutionalisierter Vorstellungen über den angeblich „richtigen" akademischen Habitus durch fördernde Personen ab. Damit werden Strukturen, die Frauen oder andere marginalisierte Gruppen ausgrenzen, aufrechterhalten und fortgesetzt. Selten steht die Anerkennung und Einschließung differenter akademischer Identitäten und der tatsächlichen beruflichen Bedürfnisse der zu fördernden Personen im Mittelpunkt. Der spezifische akademische Habitus, der am „weißen", heterosexuell orientierten Mittelschichtsmann orientiert ist, leitet in großem Ausmaß die informelle und undurchsichtige Auswahl von geförderten Personen. In dieser Kreisbewegung sind das meist Männer und die Frauen, die als *token* gelten, d.h. Alibifrauen sind.

Ausgehend von den Analysen zum traditionellen informellen Mentoring sowie zum gegenwärtigen, wenig erfreulichen Status Quo von Frauen im universitären Feld, haben Fördermaßnahmen für Frauen, zu denen auch das Mentoringprogramm der Universität Wien zählt, drei grundsätzliche Orientierungsaspekte zu berücksichtigen:

1. Sie sind gleichzeitig horizontal und vertikal auszubauen.
2. Sie sollen auf die Permeabilität zwischen „innen" und „außen" abzielen.
3. Sie sollen auf den gleichzeitigen Ausbau von Strategien, die traditionelle Strukturen nutzen, und in verstärktem Ausmaß auf die Entwicklung neuer Strategien der Frauenförderung abzielen. Der Ausbau eines multipersonellen und multilinearen Informations- und Unterstützungssystems ist in dieser Hinsicht eine vorrangige Aufgabe.[24]

Das Mentoringprogramm als Pilotprojekt ist zunächst ein Versuch, die Inhalte des Programms auf der Grundlage dieser genannten Orientierungen zu gestalten.

Entlang dieser Orientierungslinien sind in unserem Programm als zentrale Aspekte die folgenden entwickelt worden:

1. Gruppenmentoring, das zugleich horizontale wie vertikale Ebenen der Förderung nutzt.
2. Die Einbeziehung von Nachwuchswissenschafterinnen, die in der Universität, am Rande dieser sowie außerhalb dieser verankert bzw. verortet sind.
3. Im Unterschied zu traditionellem informellem Paarmentoring betont unser formalisiertes Programm multipersonelle und multilineare Unterstützung über die Grenzziehungen entlang der unilinearen Paarstruktur und der universitären Institute sowie wissenschaftlichen Disziplinen hinaus.

Der für das österreichische akademische Feld erstmalige Versuch eines formalen Gruppenmentoring ermöglicht nicht nur eine gleichzeitige Förderung auf horizontaler und vertikaler Ebene, sondern muss auch als Explizitmachen verdeckter akademischer Erfolgsmechanismen und deren Widersprüche betrachtet werden. Wie neuere Studien aufzeigen, ist das akademische System von einem grundlegenden Widerspruch durchzogen: Während eine erfolgreiche „männliche" „Standard"-Karriere ausschließlich als individueller Erfolg gilt und als solcher präsentiert und marktgerecht verkauft wird, steht hinter diesem ein förderndes patriarchales System für Männer. Dieses schließt im allgemeinen Frauen nicht nur aus, sondern wertet Frauen, die Förderung beanspruchen, auch häufig als „bedürftig" und „weniger kompetent" ab.[25]

Um eine effektive Förderungskultur für Wissenschafterinnen schaffen zu können, muss ein Mentoringprogramm für Frauen aus einer kritischen Haltung gegenüber den tiefgreifenden offenen und verdeckten Ausschließungsmechanismen und -strukturen der männlich und „weiß" dominierten akademischen „Mehrheitskultur" organisiert sein. Es muss im Unterschied zu den informellen und unsichtbaren Praktiken nicht nur formal und sichtbar angelegt sein, sondern braucht, wie internationale Studien betonen, auch die volle Unterstützung des universitären Establishments. Diese soll nicht nur in Form finanzieller Unterstützung zum Ausdruck kommen, sondern auch durch die Einführung von formalen „Belohnungssystemen" für MentorInnen. So könnten etwa seitens universitärer Entscheidungsgremien Mentoringaktivitäten als Beförderungskriterien anerkannt werden oder Preise für MentorInnen geschaffen werden.

Nachdem wir einen kritischen Blick auf unterschiedliche Formen von Mentoring und auf deren Vorteile und Gefahren geworfen haben, wird im Folgenden die organisatorische Umsetzung des Programms an der Universität Wien näher dargelegt. Da das Programm eine Frauenförderungsmaßnahme ist, stehen die Mentees als Zielgruppe im Mittelpunkt. Darauf soll nun genauer eingegangen werden.

Mentees im Mittelpunkt: Zur Zielgruppe und deren Auswahl

Wie bereits erwähnt, zählen zur Zielgruppe des Mentoringprogramms seitens der Mentees Dissertantinnen, sogenannte Post-docs und Habilitandinnen. Die etwa zehn zu bildenden Mentee-Kleingruppen werden zunächst nach Qualifizierungsphasen und inhaltlicher Sinnhaftigkeit zusammengestellt. Die Zuordnung einer Kleingruppe zu einer Mentorin oder einem Mentor hängt einerseits von den fachlichen Schwerpunkten sowie den Vernetzungen der MentorInnen ab, andererseits aber auch davon, wo Mentees strukturelle und strategische Schwerpunkte der für sie notwendigen Förderung setzen. Die vorläufige Gruppenzusammenstellung und -zuordnung, die die Projektkoordinatorinnen vornehmen, wird mit den MentorInnen abgestimmt. Danach werden in den externen Trainings für Mentees diese spezifischen Gruppenbildungen nochmals überprüft bzw. können korrigiert werden. Ein zentrales organisatorisches Element in der Gruppenstruktur ist die Zusammensetzung der Gruppe über Institutsgrenzen hinaus. Dies soll einerseits auch solchen Mentees den Zugang zu Förderbeziehungen eröffnen, die auf Instituten, denen sie inhaltlich zugeordnet sind, keine Förderung erhalten. Andererseits wird dadurch die Möglichkeit zu inhaltlich interdisziplinärer Kooperation angeboten.

Die Bandbreite an Menteegruppen wird demnach groß sein und die Realität der Qualifizierungsphasen der Bewerberinnen abbilden. Sie reicht von Dissertantinnen, die am Beginn einer wissenschaftlichen Qualifizierung stehen; über Dissertantinnen, die bereits fortgeschritten sind; hin zu Post-docs, die planen, eine Habilitationsschrift zu verfassen; bis zu sehr fortgeschrittenen Wissenschafterinnen, die sich derzeit habilitieren.

Einen wesentlichen Aspekt bildet bei der Auswahl der Mentees auch der, auf ein gleichmäßiges Zahlenverhältnis von Dissertantinnen und Habilitandinnen (inklusive Post-docs) zu achten. Den verschiedenen institutionellen Verortungs- und Anbindungsformen wird dabei ebenfalls Rechnung getragen.

Ebenso soll über das Projekt eine universitäre Anbindungsform für solche Frauen geschaffen werden, die derzeit über keinerlei institutionelle Anbindung verfügen. Dazu zählen karenzierte Frauen (gemeint ist Kinderkarenz) ebenso wie unfreiwillig „freie“ Forscherinnen.

Wenn es die Entscheidungsfindungen zur Auswahl erfordern, werden wir Mentees zu persönlichen Gesprächen einladen.

Evaluation

Ein wesentlicher Bestandteil des Mentoringprogramms an der Universität Wien ist eine begleitende, prozessorientierte Evaluation. Dies ist von zentraler Bedeutung, insofern es zu den Zielsetzungen des Pilotprojekts gehört, den Weg für weitere Mentoringprogramme für Frauen an der Universität Wien und an anderen österreichischen Universitäten zu ebnen, und Mentoring in der Folge als wichtigen Bestandteil universitärer Frauenförderungsmaßnahmen zu etablieren. Die Ergebnisse der Evaluation sollen die Grundlage für die Ausarbeitung weiterer Mentoringprogramme bilden.

Eine prozessorientierte Evaluation ist für dieses Projekt vor allem in Hinblick auf dessen innovativen Charakter und die Institution, innerhalb der es stattfindet, unverzichtbar. Das Mentoringprogramm weist durch die Integration von mehrdimensionalen Beziehungen in der Kleingruppe und durch den instituts- und fächerübergreifenden Charakter der Mentoringbeziehungen eine sehr komplexe Struktur auf, die zudem die traditionellen, über die Jahrhunderte gewachsenen formellen und informellen Organisationsmuster der Universität überschreitet. Es ist daher Aufgabe der Evaluation, die Grundlagen und Rahmenbedingungen, den Verlauf und die Ergebnisse des Projekts zu dokumentieren und unter Miteinbeziehung aller relevanten Akteurinnen und Akteure zu analysieren. Unter Berücksichtigung aller in das Projekt hineinwirkenden Ebenen sollen Erfolge sowie mögliche Probleme und Grenzen des Mentoringprogramms nachgezeichnet und deren Ursachen benannt werden.

Wesentliche Grundlage der Evaluation ist daher neben der quantitativen die qualitative Untersuchungsmethode, in der nicht nur die unmittelbar am Projekt Beteiligten, sondern auch das weitere Umfeld, beispielsweise in Form bestimmter Universitätsangehöriger, miteinbezogen wird.

Eine prozessorientierte Evaluation ist jedoch nicht nur in Hinblick auf die Ergebnisse am Ende des Projekts von Bedeutung, sondern hat auch für den Projektverlauf eine wichtige Funktion. Durch die permanente Rückkoppelung mit dem Evaluationsteam ist es dem Projektteam möglich, flexibel zu reagieren und notwendige organisatorische oder inhaltliche Veränderungen rasch vorzunehmen.

Mentees melden sich:
Aus der Praxis des Bewerbungsprozederes

Nach der Anwerbung der Mentorinnen und Mentoren für das Mentoringprogramm und vor der Gruppenzusammenstellung stellt das Bewerbungsprozedere für Mentees eine der entscheidenden Phasen vor Beginn der realen Mentoringbeziehungen dar.

Um unsere breit ausgesendeten Informationen und Inserate zur laufenden Bewerbung möglichst nachdrücklich wirken lassen zu können, wurde die Bewerbungsphase zunächst für einen Monat angesetzt und dann um zwei weitere Wochen über das Ende des Sommersemesters hinaus verlängert. Knapp eine Woche vor Ende der Bewerbungsfrist und während wir diesen Beitrag verfassen, sind fast 70 Bewerbungen von Mentees bei uns eingelangt. In dieser Phase meldeten sich außerordentlich viele interessierte Mentees bei uns, die wir telefonisch ausführlich informiert und beraten haben. Aus diesen Gesprächen entstand eine Liste der zehn häufigsten Fragen, die wir auch auf unserer Homepage[26] veröffentlicht haben.

Im Schlusskapitel versuchen wir daher anhand einiger Beispiele aus dem fast abgeschlossenen Bewerbungsprozedere eine vorsichtige erste Beschreibung einiger Fragen zu liefern, die auf die wissenschaftlich-strukturelle Situation der Mentees verweisen. Auf Fragestellungen, die die Projektkoordination und -organisation selbst betreffen, gehen wir an dieser Stelle nicht ein. Zuvor wollen wir noch über einige vorläufige statistische Tendenzen informieren. Wir sind uns der Vorläufigkeit dieser Aussagen bewusst, halten sie aber im Sinne der Transparenz einer *work in progress* für verantwortbar und wichtig.

Etwa zwei Drittel aller bisherigen, knapp vor Ablauf der Bewerbungsfrist für Mentees eingelangten 70 Bewerbungen stammen von Dissertantinnen. Auffallend groß, nämlich zirka ein Drittel aller Bewerberinnen, ist die Anzahl von Dissertantinnen[27], die keinerlei Anbindungsform an die Universität haben und ihre Dissertation über nicht-wissenschaftliche Erwerbstätigkeit finanzieren. Sie bilden die größte strukturell unsichtbare Gruppe von Nachwuchswissenschafterinnen. Eine weitere institutionell unsichtbare, aber ebenfalls überraschend große Bewerberinnengruppe bilden externe Habilitandinnen und Post-docs. Die tatsächlich überraschende Tendenz im Bewerbungsprozedere besteht bisher darin, dass die Gruppen, die institutionell eher unsichtbar sind, teilweise über gut organisierte Netzwerke verfügen und folglich mehr oder weniger gut mit Informationen erreichbar zu sein schienen, in Relation zu den strukturell sichtbaren und in der Institution Universität gut und direkt erreichbaren Zielgruppen eine bemerkenswert hohe Bewerbungsaktivität aufweisen.

Die mit Abstand häufigste Frage aller interessierten Frauen war die Frage, ob es für die Bewerbung eine Altersbegrenzung gebe.[28] Meistens beklagten und kritisierten die Frauen sehr heftig oder frustriert, dass sie aufgrund von Erwerbstätigkeit oder (längerer) Kinderkarenz während der wissenschaftlichen Ausbildung bzw. Laufbahn oder schlicht aufgrund einer nicht-standardisierten Biographie von diskriminierenden Altersbegrenzungen von für sie entscheidenden Zugängen zu Forschungsstipendien oder -ressourcen ausgegrenzt wurden bzw. werden. Bei manchen Frauen stellte sich im Laufe der Gespräche allein ihr Gedanke an eine mögliche Altersbegrenzung als Hemmschwelle heraus, was dazu führte, dass sie das Einholen von Informationen über das Mentoringprogramm hinauszögerten. *Ageing*, d.h. Diskriminierung aufgrund des Alters ist in der österreichischen Wissenschaftslandschaft trotz wiederholter Forderungen nach Aufhebung der Altersbegrenzungen und im Unterschied etwa zu den USA nach wie vor kein öffentliches Diskussionsthema. Im Mentoringprogramm hat daher das Alter von Frauen keine Bedeutung als Auswahlkriterium.

Eng im Zusammenhang mit der Frage nach der Altersbegrenzung stand die ebenfalls häufig gestellte Frage nach der direkten Vergabe von Forschungsstipendien über das Mentoringprogramm. Die begrenzten Zugangsmöglichkeiten zum wissenschaftlichen Markt und zu Forschungsressourcen trafen hier mit der bisher nicht bekannten und daher ungewohnten Praxis, sich für den Zugang zu Förderbeziehungen bewerben zu können, aufeinander. An dieser Stelle berichtete auch so manche Frau von den schwierigen Bedingungen, unter denen sie oft jahrelang „privat“, d.h. über nicht-wissenschaftliche Erwerbstätigkeit oder Privatkredite ihre Forschungen finanzieren muss(te). Da im Mentoringprogramm zwar keine direkten Stipendien zu vergeben sind, aber im Rahmen von Förderbeziehungen der Zugang zu weiteren Ressourcen geschaffen werden soll, nahmen Frauen die Möglichkeit einer Bewerbung für das Programm mit großem Interesse auf. Das umso mehr, als sie sich darüber hinaus informelle Tipps und Ratschläge erwarten können, die für die *scientific community* bedeutend sind.

Eines der für uns markantesten Anliegen wurde von einigen interessierten Habilitandinnen formuliert. Trotz institutioneller Verankerung, aber auch trotz mehr oder weniger gut dotierter Stipendien oder Forschungsstellen für externe Habilitandinnen beklagten diese Frauen, die die potentiellen zukünftigen Professorinnen und Mentorinnen sind, nicht nur die mangelnde Unterstützung durch Professorinnen und Professoren, sondern ebenso die starke Isolation – sei es innerhalb oder erst recht außerhalb von Universitätskontexten. Obwohl hier die Unterschiede der jeweiligen Verankerungen bzw. Verortungen der Frauen als „Interne" und „Externe" bedacht werden müssen, verweisen diese Aussagen auf die dringende Notwendigkeit der Unterstützung und Förderung von Habilitandinnen durch eine/n oder mehrere MentorInnen. Auch sehen wir darin die Bestätigung von Ergebnissen bereits zuvor genannter Studien, wonach Frauen, die von Maßnahmen der Frauenförderung (etwa in Form von Habilitationsstipendien) profitieren, unbedingt MentorInnen zur besseren beruflichen Verankerung brauchen.

Diese und andere Fragen der Mentees spiegeln die strukturelle Situation, in der sogenannte Nachwuchswissenschafterinnen tätig sind. Diese strukturellen Bedingungen sind hinlänglich bekannt und stellen daher keine Überraschungseffekte dar. Die Fragen repräsentieren die Unzufriedenheit, aber auch Frustration angesichts mangelnder oder gar fehlender Unterstützung und Förderung. Bis auf einzelne skeptische Frauen, die wir in ihren Bedenken gegenüber Mentoring sehr ernst nehmen, erlebten wir durchwegs ein außerordentlich positives Echo auf das Angebot eines Mentoringprogramms für Frauen. Ausnahmslos alle halten es für längst ausständig und notwendig. Zur Notwendigkeit eines solchen Programms bekannten sich zuvor schon die teilnehmenden MentorInnen.

So gesehen bleiben wir neugierig, aber auch kritisch wachsam über den weiteren Verlauf. Schließlich sind wir noch weit entfernt von einer institutionalisierten Form des Mentoring für Frauen. Nicht zuletzt erfahren Frauen im universitären Feld die tiefgreifende Wirksamkeit der *longue durée*, d.h. der institutionellen Zeit seit langem, und das in ihrer tagtäglichen wissenschaftlichen Arbeit.

Literatur

Bagilhole, Barbara: „Being Different is a Very Difficult Row to Hoe: Survival Strategies of Women Academics". In: Davies, S.; Lubelska, C.; Quinn, J. (eds.): Changing the Subject. Women in Higher Education. London: Taylor & Francis 1994, S. 15-28.

Bagilhole, Barbara; Godde, Jackie: „The Contradiction of the Myth of Individual Merit, and the Reality of a Patriarchal Support System in Academic Careers: A Feminist Investigation". In: The European Journal of Women's Studies Vol. 8/2, 2001, S. 161-180.

Bourdieu, Pierre: Homo academicus. Frankfurt a. M.: Suhrkamp 1998.

Fish, Cheryl: „Someone to Watch Over Me: Politics and Paradoxes in Academic Mentoring". In: Tokarczyk, Michelle M.; Fay, Elizabeth A. (eds.): Working-Class Women in the Academy: Laborers in the Knowledge Factory. Amherst: University of Massachusetts Press 1993, S. 179-186.

Grant, Linda; Ward, Kathryn B.: The stratification of Mentoring in Academia: Gender, Race, and Experiences of Scientists from the Perspective of the Mentor. Unveröffentlichte Vortragsmanuskript 1995.

Höppel, Dagmar; Speck, Agnes: „MuT – Mentoring und Training: Programm zur berufsbegleitenden Unterstützung und Förderung von hochqualifizierten Nachwuchswissenschafterinnen". In: Page, Julie; Leemann Regula Julia (Hg.): Karriere von Akademikerinnen. Bedeutung des Mentoring als Instrument der Nachwuchsförderung. Dokumentation der Fachtagung vom 27. März 1999 an der Universität Zürich.

Nöbauer, Herta; Zuckerhut, Patricia: Differenzen. Einschlüsse und Ausschlüsse - Innen und Außen - Universität und freie Wissenschaft. Wien: Bundesministerium für Bildung, Wiss. und Kultur 2002. (=Materialien zur Förderung von Frauen in der Wissenschaft. 12.)

Nöbauer, Herta: „Between Gifts and Commodities: An Anthropological Approach to the Austrian Academic Field". In: Gerschlager, C.; Mokre, M. (eds.): Women in Exchange Society. (Self-)Deception and Other Imponderables. Kluwer Academic Publishers [in Druck].

Schliesselberger, Eva; Strasser, Sabine: In den Fußstapfen der Pallas Athene? Möglichkeiten und Grenzen des Mentoring von unterrepräsentierten Gruppen im universitären Feld. Wien: Bundesministerium für Wissenschaft und Verkehr 1998. (=Materialien zur Förderung von Frauen in der Wissenschaft. 7.)

Sheldon, Amy: „A Feminist Perspecive on Women as Mentors". In: Mentoring International, Vol.6, Nr.3, 1990, S. 16-20.

Steger, Linda; Schäfer, Hanne: „Das Projekt ‚MentorinnenNetzwerk für Frauen in naturwissenschaftlich-technischen Fächern an hessischen Universitäten und Fachhochschulen'". In: Page, Julie; Leemann, Regula Julia (Hg.): Karriere von Akademikerinnen. Bedeutung des Mentoring als Instrument der Nachwuchsförderung. Dokumentation der Fachtagung vom 27. März 1999 an der Universität Zürich.

Anmerkungen

1 Zitat eines Professors, der als potentieller Mentor angefragt wurde.

2 Barbara Bagilhole, Jackie Godde: „The Contradiction of the Myth of Individual Merit, and the Reality of a Partriachal Support System in Academic Careers: A Feminist Investigastion". In: The European Journal of Women's Studies Vol. 8/2, 2001, S. 161-180, S. 176.

3 Vgl. Eva Schliesselberger, Sabine Strasser: In den Fußstapfen der Pallas Athene? Möglichkeiten und Grenzen des Mentoring von unterrepräsentierten Gruppen im universitären Feld. Wien: Bundesministerium für Wissenschaft und Verkehr 1998. (=Materialien zur Förderung von Frauen in der Wissenschaft. 7.)

4 Ebda, S. 17.

5 Vgl. Linda Grant, Kathryn B. Ward: The stratification of Mentoring in Academia: Gender, Race, and Experiences of Scientists from the Perspective of the Mentor. Unveröffentlichtes Vortragsmanuskript 1995.

6 Vgl. Amy Sheldon: „A Feminist Perspecive on Women as Mentors". In: Mentoring International, Vol.6, Nr.3, 1990, S. 16-20.

7 Zu Bedeutung und Gefahren von informellem Mentoring im universitären Feld, siehe Kap. 2.2. - Vgl. auch Schliesselberger, Strasser, a.a.O.

8 Vgl. Kap. 2.2.

9 Vgl. http://www.cis.tugraz.at/fit, [12.10.2002]

10 Vgl. http://www.uni-koblenz.de/~alp, [12.10.2002]

11 Ein Mentoringprogramm, das sich nicht nur an Schülerinnen, sondern auch an Studentinnen und Nachwuchswissenschafterinnen von technischen Fächern wendet, ist das 1997 initiierte Projekt *MentorinnenNetzwerk für Frauen in naturwissenschaftlich-technischen Fächern an hessischen Universitäten und Fachhochschulen.* Vgl. Linda Steger, Hanne Schäfer: „Das Projekt MentorinnenNetzwerk für Frauen in naturwissenschaftlich-technischen Fächern an hessischen Universitäten und Fachhochschulen". In: Page, Julie; Leemann Regula Julia (Hg.): Karriere von Akademikerinnen. Bedeutung des

Mentoring als Instrument der Nachwuchsförderung. Dokumentation der Fachtagung vom 27. März 1999 an der Universität Zürich.

12 Vgl. http://www.mwk-bw.de/Hochschulen/Frauenfoerderung/MuT_Programm.html, [12.10.2002]

13 Dagmar Höppel, Agnes Speck: „MuT – Mentoring und Training: Programm zur berufsbegleitenden Unterstützung und Förderung von hochqualifizierten Nachwuchswissenschafterinnen“. In: Page, Leemann: Karriere von Akademikerinnen, S. 109.

14 Vgl. http://www.mentornet.ch, [12.10.2002]

15 Vgl. http://www.mentoring.unizh.ch/werkstatt, [12.10.2002]

16 Vgl. The Mentoring Group: http://www.mentoringgroup.com, [12.10.2002]

17 Vgl. Sheldon, a.a.O. Vgl. Cheryl Fish: „Someone to Watch Over Me: Politics and Paradoxes in Academic Mentoring.“ In: Tokarczyk, Michelle M.; Fay, Elizabeth A. (eds.): Working-Class Women in the Academy: Laborers in the Knowledge Factory. Amherst: University of Massachusetts Press 1993, S. 179-186.

18 Vgl. Daten der Universität Wien. Zum Herunterladen unter: http://www.univie.ac.at/rektorenteam/news/frauenbericht.pdf, [12.10.2002]

19 Innerhalb der Universität betrifft dies vor allem die Institutsebene.

20 Vgl. Herta Nöbauer: „Between Gifts and Commodities: An Anthropological Approach to the Austrian Academic Field“. In: Gerschlager, C.; Mokre, M. (eds.): Women in Exchange Society. (Self-)Deception and Other Imponderables. Kluwer Academic Publishers. [in Druck]

21 Vgl. Herta Nöbauer, Patricia Zuckerhut: Differenzen. Einschlüsse und Ausschlüsse – Innen und Außen – Universität und freie Wissenschaft. Wien: Bundesministerium für Bildung, Wiss. und Kultur 2002. (=Materialien zur Förderung von Frauen in der Wissenschaft. 12.)

22 Pierre Bourdieu: Homo academicus. Frankfurt a.M.: Suhrkamp 1998.

23 In der empirischen Studie von Nöbauer, Zuckerhut erfuhren die außerordentlich wenigen Frauen, die in Mentoringbeziehungen standen, nur cross-gender Mentoring. Vgl. Nöbauer, Zuckerhut, a.a.O.

24 Vgl. ebda, S. 129f.

25 Vgl. Barbara Bagilhole: „Being Different is a Very Difficult Row to Hoe: Survival Strategies of Women Academics“. In: Davies, S.; Lubelska, C.; Quinn, J. (eds.): Changing the Subject. Women in Higher Education. London: Taylor Francis 1994, S. 15-28. Vgl. Barbara Bagilhole, Jackie Godde, a.a.O.

26 http://www.univie.ac.at/frauenfoerderung, [12.10.2002]

27 In der ersten Phase des Bewerbungsprozederes langten trotz umfassender Informationsaussendung nur wenige Bewerbungen von Dissertantinnen ein. Zu betonen ist in diesem Zusammenhang, dass die Universitätsinstitute keine offiziellen Institutslisten der Dissertantinnen und Dissertanten führen. Lediglich die jeweiligen Dissertationsbetreuer/innen führen inoffizielle, für uns nicht zugängliche Listen.

28 Mehr als die Hälfte der vielen Anfragen war u.a. dieser Frage gewidmet.

Wilfried Weiß, Doreen Liebenow

Mentoring – als Instrument der Führungskräfteentwicklung der Deutschen Lufthansa AG

Mentoring ist kein neuzeitliches Konzept. Das Programm der Nachwuchsförderung hat seine Wurzel in der griechischen Mythologie. Denn als Odysseus in den trojanischen Krieg zog, vertraute er seinen Sohn Telemachos dem Gelehrten Mentor an. Mentor wurde für Telemachos zur Vaterfigur, zum Vertrauten, Lehrer und Berater. Allgemein bekannt sind heute Mentorschaften, die von KünstlerInnen und Gelehrten für besonders begabte SchülerInnen übernommen wurden.

Mit der Industrialisierung und der Entstehung großer Dienstleistungsunternehmen wurden die Organisations- und Kommunikationsstrukturen in Verwaltungs- und Wirtschaftseinheiten komplexer und unüberschaubarer. Daher wurde in den Unternehmen diese auf informellen und persönlichen Kontakten beruhende Form der Nachwuchsförderung in modernen Mentoring-Programmen wieder aufgegriffen, jetzt aber in formalisierter Form als offizielles Programm eingerichtet. In der Managementpraxis wird der Begriff Mentoring in unterschiedlichen Zusammenhängen gebraucht und mit verschiedenen Zielsetzungen verbunden. Eine allgemein verbindliche Definition gibt es nicht, aber es lassen sich folgende zentrale Aspekte von Mentoring-Beziehungen bei allen Konzepten erkennen.[1]

Der Kern jedes Mentoring ist die sogenannte „one-to-one-Beziehung“.

Der/die MentorIn ist ein allgemein geachteter und gebildeter Mensch, der einer weniger erfahrenen, meist jüngeren Person als Vorbild dient sowie als verantwortungsbewusste/r ErzieherIn und BeraterIn fungiert. MentorInnen stehen in der Regel bereits über einen längeren Zeitraum hinweg im Berufsleben. Außerhalb der normalen Vorgesetzten-Untergebenen-Hierarchie wird der oder die Mentee über einen längeren Zeitraum hinweg in den Karrierebestrebungen und der beruflichen wie persönlichen Entwicklung unterstützt. Es handelt sich um eine geschützte Beziehung, in der Lernen und Experimentieren stattfindet, potentielle Fähigkeiten und neue Kompetenzen entwickelt werden können. Die Beziehung zwischen MentorIn und Mentee wird als gleichberechtigt gesehen. Mentees übernehmen selbst Verantwortung für die Umsetzung und Erfolg des Programms. Sie sind unter Umständen auf ihren Arbeitsgebieten besser ausgebildet als ihre MentorInnen, profitieren aber von deren Insiderwissen, Erfahrungen und Kontakten.[2]

Mentoring beinhaltet neben vertrauensvollem Coaching, Rat und Feedback auch die Chance, einander Zugang zu informellen Netzwerken zu ermöglichen. Grundlagen einer erfolgreichen Umsetzung sind die Freiwilligkeit der Teilnahme und eine ausgeprägte Personalisierung der Projekte. Wichtig sind sowohl freie individuelle Gestaltungsmöglichkeiten als auch ein geringer „schematisierender" Rahmen, angepasst an die jeweiligen Zielgruppen.

Verbreitung und Praxis des Mentoring

In den USA als „Old-Boys-Networks" bekannte traditionelle Beziehungsgeflechte, die ihre Wurzeln zum Teil in Studentenverbindungen haben, funktionieren seit langem hervorragend als Karriereschmieden für den Nachwuchs. Mentoring als Instrument der Personalentwicklung ist in den USA bereits seit den siebziger Jahren bekannt. Heute verwirklicht dort circa jedes dritte Unternehmen dieses Konzept. Erst zehn Jahre später fand das Programm Eingang in Europa, vor allem in den skandinavischen Ländern und in England. In vielen Unternehmen gehört Mentoring inzwischen zum Standard. Darüber hinaus wird von den Führungskräften erwartet, dass sie sich als MentorInnen engagieren.

Erst in den letzten Jahren hat die Mentoringwelle auch Deutschland erfasst. Ländervergleiche innerhalb Europas, Fallstudien über die Wirkung für Unternehmen sowie Untersuchungen der „Forschungsgruppe Mentoring" des Deutschen Jugendinstituts in München[3] förderten eine schnelle Verbreitung dieses erfolgreichen Konzeptes. Durch Veröffentlichungen, Vorträge und Workshops gelang es vielen Unternehmen, Mentoring als formelles Programm zu institutionalisieren.

Nutzen für die Unternehmen

Das Interesse der Unternehmen gilt der optimalen Nutzung, Förderung und Entwicklung von MitarbeiterInnen. Wesentliches Ziel bei der Einrichtung dieser Programme war es, Führungskräfte aus eigenen Reihen aufzubauen, um sich meist teure Rekrutierung von extern zu sparen und um sicher zu stellen, dass die Entwicklung der Programmteilnehmenden so konkret wie möglich auf die Anforderungen des Unternehmens ausgerichtet wird. Damit soll gewährleistet werden, dass dem Unternehmen für weiterführende Aufgaben dauerhaft eine ausreichende Zahl von qualifizierten Fach- und Führungskräften zur Verfügung steht, die höchsten Anforderungen genügen. Das Programm trägt dazu bei, effektives, motiviertes und loyales Personal auszubilden. Die Mentees verfügen über ein hohes Maß an Kooperationsbereitschaft und sind effektiv, weil sie gelernt haben, gezielte Karrierestrategien zu entwerfen.

Um die Unternehmenskultur zu verbessern, wurden viele Programme speziell zur Förderung von Frauen eingerichtet mit dem Ziel, den Anteil von Frauen in Führungspositionen in möglichst kurzer Zeit zu erhöhen. Mentoring fördert den Dialog zwischen Hierarchien, führt zu einer erheblichen Sensibilisierung für das Thema Chancengleichheit und erhöht insbesondere bei den Mentoren das Bewusstsein für die Thematik „Frau & Karriere".

Ein weiterer Nutzen ist der Aufbau formeller und informeller Netzwerke. Die Teilnehmenden können in vernetzten Maßnahmen wie z.B. Projektarbeit nicht nur voneinander lernen, sondern ihr Know-how bündeln und in Ergebnisse umsetzen. Mentoring erhöht somit die Sichtbarkeit von PotentialträgerInnen aus eigenen Bereichen und deren Bindung an das Unternehmen.

Durch die Einrichtung von Mentoring wird außerdem eine positive Imagewirkung erwartet. Unternehmen kommunizieren intern und extern eine eindeutige Botschaft: Eine Personalpolitik der Chancengleichheit ist fest in der Firmenphilosophie verankert.

Ziel und Zielgruppen

Mentoring-Programme sind für Unternehmen ein wichtiges Element ihrer Personal- und Organisationsentwicklung. Oberstes Ziel bei der Einrichtung sollte eine effektive und effiziente Förderung des eigenen Fach- und Führungskräftenachwuchses sein. Mentoring hat zur Aufgabe, den Nachwuchs im Sinne des Unternehmens zu formen, ihre Loyalität zu sichern, sie an die Firma zu binden und das unternehmensspezifische Wissen der „Alten Garde“ an neue LeistungsträgerInnen zu vermitteln. Das zentrale Ziel ist allerdings die Förderung ihrer beruflichen Entwicklung. Statt manchmal transferarmer Aus- und Weiterbildungskurse bietet ein Mentoring-Programm die Gelegenheit für ein effektives Training-on-the-Job. Überdies werden benachteiligte Gruppen durch dieses Konzept stärker gefördert. Bezüglich der Mitarbeiterinnen zielen die Programme darauf ab, deren Führungskompetenzen zu entwickeln und ihre beruflichen Fähigkeiten sichtbar zu machen sowie Karriereplanungshilfen in männerdominierten Bereichen zu geben.

Dass auch MentorInnen beruflich wie persönlich von dem Programm profitieren, ist kein inhärentes Ziel, aber ein oft erreichter positiver Nebeneffekt.

Natürlich können diese Zielsetzungen lediglich Absichtserklärungen sein. Doch stellt die Formulierung des Anspruches durchaus auch einen Anspruch an sich selbst dar. Und damit sind die Unternehmen bzw. die externen TrägerInnen eines Programms, die MentorInnen und die Mentees gefordert.

Anforderungen an die MentorInnen

MentorInnen sollten verschiedene Anforderungen hinsichtlich ihres Status im Unternehmen bzw. ihrer psychosozialen Kompetenzen erfüllen, damit das Programm für alle Beteiligten erfolgreich verläuft.[4] Sie sollten eine Führungsposition wahrnehmen oder wahrgenommen haben, über gute Beziehungen zu EntscheidungsträgerInnen innerhalb und außerhalb eines Unternehmens verfügen sowie fähig und bereit sein, Fehler zu akzeptieren. MentorInnen sollten über Empathie verfügen, um die Situation der Mentees zu verstehen und deren möglicherweise andere Sichtweise zu akzeptieren. Ferner sollten sie dafür offen sein, auch selbst durch die Mentees etwas lernen zu können.

Bezüglich Aufgaben und Funktionen von MentorInnen wird zwischen Karrierefunktionen und psychosozialen Funktionen unterschieden.[5] Karrierefunktionen bezeichnen diejenigen Aufgaben, die dazu beitragen, dass sich die berufliche Stellung der Mentees verbessert. Zu nennen sind die Ermunterung zur Teilnahme an vielversprechenden Projekten, Wahrnehmen von Aufgaben, die die Sichtbarkeit im Unternehmen insbesondere für wichtige EntscheidungsträgerInnen erhöht, Einbezug von Ideen der Mentees in die Entwicklung und Aktivitäten des Unternehmens sowie die Wiedergabe eines kritisch-konstruktiven Feedbacks. Die Mentorin bzw. der Mentor steht beratend zur Seite und hilft, Strategien zur Erreichung der Arbeitsziele bzw. der kurzfristigen oder langfristigen Karriereziele zu entwickeln ohne jedoch sofort eigene Lösungsvorschläge zu präsentieren.

Die Wahrnehmung psychosozialer Funktionen durch die MentorInnen bedeutet, dass die Mentees Anstöße zur persönlichen Weiterentwicklung erhalten sollen, wie z.B. eigene Kompetenzen und Fähigkeiten zu erkennen und weiter zu entwickeln. Auf diese Weise trägt die Beziehung dazu bei, dass die Mentees durch die erfahrene Bestätigung und Akzeptanz offen über ihre Ängste und Erfahrungen berichten und dadurch ihr Selbstvertrauen stärken. Zentrales Ziel ist der Austausch mit dem Vorbild, um die eigenen beruflichen Perspektiven und Ziele klarer formulieren zu lernen.

Gunilla Arhen[6] definiert eine gute Mentorin oder einen guten Mentor als jemanden, der aufrichtig an Menschen interessiert ist, gerne jüngere Talente heranwachsen und sich entwickeln sieht.

Anforderungen an die Mentees

Ebenso wie ein/e MentorIn müssen auch die Mentees gewisse Anforderungen erfüllen, um zu gewährleisten, dass eine derart vertrauliche Beziehung erfolgreich für beide Seiten verläuft. Die Mentees sollten am Geschehen im Unternehmen aktiv teilnehmen und Engagement für die Arbeit zeigen. Ferner sollten sie erfolgsorientiert sein sowie den Willen und die Fähigkeit haben, Macht und Risiko zu akzeptieren, wobei Aufgeschlossenheit gegenüber neuen Strategien und Mut zu Fehlern eine nicht unwesentliche Rolle spielen. Offenheit und eine konstruktive Auseinandersetzung mit Kritik des Mentors oder der Mentorin sind unabdingbare Voraussetzungen für eine förderliche Zusammenarbeit. Allerdings ist es wichtig zu erkennen, wann die Mentoring-Beziehung problematisch wird, z.B. wenn ein Konkurrenzverhältnis oder eine Abhängigkeitsbeziehung zum/zur MentorIn entsteht.[7]

Allgemein umfassen die Aufgaben der Mentees eine Weiterbildung im beruflich/fachlichen aber auch im psychosozialen Bereich. Bevor eine Mentoring-Beziehung funktionieren kann, müssen vom/von der Mentee klare Ziele bezüglich der Arbeit und der Karriere formuliert werden, die sich auch mit dem Privatleben vereinbaren lassen. Auf dieser Grundlage können gemeinsam Entwicklungsperspektiven im Unternehmen erarbeitet werden. Eigene Ideen und Verbesserungsvorschläge von Seiten des Mentors oder der Mentorin sollten aufgegriffen und umgesetzt werden. Für ein berufliches Weiterkommen ist es notwendig, mithilfe des Mentors bzw. der Mentorin eigene Kompetenzen und Qualitäten klar zu erkennen und weiter zu entwickeln sowie Schwächen zu orten und zu kompensieren.

Auswahlprozess

Einer der wichtigsten Punkte bei der Initiierung eines Mentoring-Programms ist die Gestaltung des Auswahlverfahrens zwischen MentorIn und Mentee und die Bildung der sogenannten Tandems. Der Erfolg einer Mentoring-Beziehung ist stark davon abhängig, ob eine gegenseitige Vertrauensbasis entsteht, sich MentorIn und Mentee mit Respekt begegnen und bereit sind, sich im Gespräch zu öffnen.[8]

Wie kann man die richtigen Personen zusammenbringen? Die am häufigsten angewandte Methode ist die Auswahl durch dritte. Anhand aussagekräftiger Kurzbiographien wählen die Programm-ManagerInnen geeignete MentorInnen mit den erforderlichen beruflichen und persönlichen Kompetenzen aus. Die zukünftigen Mentees haben nun Gelegenheit, sich eine Mentorin oder einen Mentor auszusuchen, wobei die verschiedenen Qualifikationen der MentorInnen und ihre eigenen Wünsche sowie Ziele in Betracht gezogen werden sollten. Die Auswahl erfolgt dann in beratender Absprache mit den Programm-Managerinnen. Angewandt zum Beispiel beim unternehmensübergreifend eingesetzten Cross-Mentoring, bedeutet dies, dass die Programm-ManagerInnen eine/n geeignete/n MentorIn für den/die Mentee aussuchen.

Eine weitere Variante bietet etwa das externe Mentoring des „International Women's Management Institute" in Finnland.[9] Zwar erhalten die Mentees auch hier kurze Profile der MentorInnen, doch bevor sie sich entscheiden, erhalten sie die Möglichkeit, die MentorInnen bei einem Treffen persönlich kennen zu lernen, um heraus zu finden, ob sie sich eine Beziehung mit der betreffenden Person vorstellen können. Neben den Kompetenzen wird hier ein explizit großer Wert auf die „Beziehungschemie" gelegt.

Worauf bei der Auswahl geachtet werden sollte, ist die Festlegung klarer und transparenter Kriterien. Dies kann sich insbesondere dann als wichtig erweisen, wenn mehrere Bewerbungen für ein Programm vorliegen. Außerdem sollten sich die Paare auf keinen Fall in einer direkten hierarchischen Beziehung befinden, da es im Dialog nicht um eine gute Präsentation der Mentee geht, sondern um Möglichkeiten für einen wirklichen Austausch der verschiedenen hierarchischen Ebenen. Somit werden direkte Vorgesetzte als MentorInnen ausgeschlossen.

Entscheidend für eine erfolgreiche Auswahl und Umsetzung der Programme ist eine gute Menschenkenntnis der Programmverantwortlichen sowie fundiertes Wissen über das Unternehmen und dessen Strukturen.

Sollte sich nach Auswahl der Tandems jedoch herausstellen, dass die Mentees und die MentorInnen nicht zueinander passen, beinhalten alle Programme die Möglichkeit, die Beziehung frühzeitig zu beenden. In der Praxis geschieht dies aufgrund des gründlichen Auswahlprozesses jedoch äußerst selten.[10]

Formen der Mentoring-Programme

Mentoring-Beziehungen können nach ganz unterschiedlichen Konzepten organisiert sein. Sie unterscheiden sich nach ihren Zielgruppen und ihrer Organisationsform. Während es Konzepte gibt, die die berufliche Entwicklung von Frauen und Männern gleichermaßen fördern, berücksichtigen andere Programme ausschließlich Frauen.

Mentoring-Programme lassen sich in informelles und formelles Mentoring differenzieren. Der Unterschied liegt zum einen im Zustandekommen des Kontakts und zum anderen im Verlauf bzw. in der Einbettung der Beziehung. So kommt bei informellen Mentoring-Beziehungen der Kontakt zwischen Mentee und MentorIn auf die Eigeninitiative der Beteiligten zustande. Bei formellen Beziehungen wird die Verbindung durch Dritte hergestellt.

Mentoring-Programme für Frauen

Anders als bei vielen Frauenförderungsmaßnahmen geht es hier nicht nur darum, die Fähigkeiten der Frauen zu stärken, sondern die vorhandenen Kompetenzen der Frauen sichtbar und für das Unternehmen nutzbar zu machen.

Frauen sollen im Unternehmen wichtige Positionen einnehmen können und (neben bereits vorhandenen männlichen Netzwerken) gleichzeitig Netzwerke für weibliche Mitarbeiterinnen aufbauen. Dabei stellt das Programm unterstützende Strukturen zur Verfügung und fördert somit eine bessere Steuerung der beruflichen Entwicklung. Es ist notwendig, dass Frauen erkennen, dass es häufig nicht an ihnen liegt, wenn sie beruflich nicht vorankommen, sondern dass es sich hierbei um ein strukturelles Problem handeln kann.

Ein wichtiger Aspekt von Mentoring-Programmen für Frauen ist die Verbesserung des Kontakts und des Austausches zwischen Männern und Frauen in Führungspositionen, so dass sich Frauen nicht als Einzelkämpferinnen wahrnehmen müssen. Im direkten Austausch mit männlichem Führungspersonal und durch den Vergleich der unterschiedlichen Führungsstile von Männern und Frauen können Aspekte beider Führungskonzepte herausgearbeitet und reflektiert werden.

Für diese Mentoring-Programme können sich ausschließlich Frauen als Mentees bewerben. Die Mentorschaft können jedoch Frauen wie Männer übernehmen. Die Auswahl ist jeweils von den Wünschen der Mentees und der Bereitschaft der MentorInnen abhängig, aber auch davon, ob die Anzahl von Frauen in Führungspositionen ausreichend ist, um diese Aufgabe zu übernehmen.[11]

Mentoring-Programme für Frauen und Männer

Zahlreiche Mentoring-Programme wenden sich an Frauen wie Männer gleichermaßen. Diese Form wird dann gewählt, wenn entweder befürchtet wird, dass die Akzeptanz eines reinen Frauenprogramms im Unternehmen sehr gering wäre, wenn das Unternehmen eine spezielle Frauenförderung nicht als notwendig erachtet oder wenn eine zusätzliche Maßnahme zu einem frauenspezifischen Programm gewünscht wird. Häufig sprechen sich die Frauen selbst für gemischte Mentoring-Programme aus und betonen, dass sie aufgrund ihrer Qualifikationen und Kompetenzen gefördert werden möchten, nicht aber aufgrund ihres Geschlechts. Dabei wird oft außer Acht gelassen, dass Frauen im Gegensatz zu ihren männlichen Kollegen trotz gleicher Qualifikationen in ihrer Karriereentwicklung aufgrund verschiedenster Ursachen häufig benachteiligt sind.

Dennoch kann die Einführung eines gemischten Mentoring-Programms die Akzeptanz und das Interesse bei den MitarbeiterInnen und der Firmenleitung fördern. Ein Nachteil könnte jedoch sein, dass sich Frauen auch in den gemischten Programmen in derselben Situation wiederfinden wie im Berufsalltag, d.h. die männlichen Kollegen finden bei der Besetzung von Führungspositionen aufgrund vorhandener informeller Netzwerke und deren noch stärkeren Verankerung wiederum eher Berücksichtigung. Dieses Problem könnte durch spezielle Angebote im Rahmenprogramm, die die besondere Situation der Frauen zum Thema haben, umgangen werden.[12]

Formelles und informelles Mentoring

Formelle Mentoring-Programme sind als funktionale Partnerschaften auf Zeit angelegt, meistens dauern sie neun bis fünfzehn Monate, einige sogar zwei Jahre. Ob die Beziehung danach auf informellem Wege weitergeführt wird, bleibt den Beteiligten überlassen. Die Begrenzung auf einen festgelegten Zeitraum soll unter anderem gewährleisten, dass auch andere Beschäftigte die Gelegenheit wahrnehmen können, an einem dieser Programme teilzunehmen. Ferner erhoffen sich die Verantwortlichen durch eine zeitliche Begrenzung mehr MentorInnen gewinnen zu können.

Im Gegensatz zu informellen Konzepten werden die Beteiligten in formellen Mentoring-Programmen innerhalb eines Rahmenprogramms in ihre Rollen eingeführt und erhalten professionelle Unterstützung. Begleitende Seminarangebote ermöglichen den Mentees, ein Kontaktnetzwerk auf- oder auszubauen. Durch die Formalisierung unterstreichen die Unternehmen, dass die gezielte Förderung ausgewählter Personen und Personengruppen einen hohen Stellenwert besitzt und berufliche Erfolge von Frauen als ihre Leistung anerkannt werden.

Interne und externe Mentoring-Programme

Bei internen Programmen kommen sowohl die Mentees als auch die MentorInnen aus demselben Unternehmen, ohne jedoch in einer direkten Arbeitsbeziehung zueinander zu stehen. Die Beteiligten können je nach Wunsch der Mentees unter Berücksichtigung der Möglichkeiten des jeweiligen Unternehmens entweder aus dem gleichen Arbeitsgebiet oder einem völlig fremden Arbeitsbereich kommen.

Im Programm des „Brent Women Mentoring Scheme“ ist festgehalten, dass MentorInnen nicht aus dem gleichen Dienstleistungsbereich kommen dürfen, und dass der Mentor mindestens zwei Rangstufen über dem/der Mentee sein sollte.[13]

Insbesondere größere Unternehmen, Verwaltungen, Organisationen, etc. sind dazu geeignet, interne Mentoring-Programme zu verwirklichen, da sie über die notwendigen personellen und finanziellen Kapazitäten verfügen. In jedem Fall ist es besonders wichtig, die Führungsebene und die Belegschaft in die Konzeption des Programms einzubeziehen, da Auswirkungen auf das gesamte Unternehmen zu erwarten sind.

Anders als bei internen Programmen arbeiten MentorIn und Mentee bei externem Mentoring nicht im selben Unternehmen. Externe Organisationen bringen

MentorInnen und Mentees zusammen und bieten ein Rahmenprogramm an, welches zum Teil andere Schwerpunkte als das interne Konzept setzt. Bei internem Mentoring geht es in erster Linie um Führungskräfteentwicklung innerhalb des Unternehmens und die Vermittlung unternehmensspezifischen Wissens. Die externen Programme stellen die Karriereförderung und die persönliche Entwicklung der Mentees in den Vordergrund. Wegen des geringeren Kostenaufwands eignet sich das externe Mentoring besonders für kleinere und mittlere Unternehmen.

Eine Sonderform des externen Mentoring ist das Cross-Mentoring. Hierbei schließen sich verschiedene Unternehmen zusammen und organisieren ein gemeinsames Rahmenprogramm. Mentees werden immer einem/einer MentorIn aus einer anderen Firma zugeordnet, damit Einblicke in andere Unternehmensstrukturen und -kulturen möglich sind.

Mit Mentoring an die Spitze?

Frauen in Führungspositionen sind nach wie vor selten. Zahlreiche Barrieren hindern Frauen an einem Aufstieg in die Chefetagen. Unterstützung auf ihrem Karriereweg finden sie im Gegensatz zu Förderung von Männerkarrieren bislang kaum. Neben formellen Programmen bieten informelle Netzwerke Männern diejenigen Hilfen, die sie für ihr berufliches Weiterkommen benötigen. Frauen sind von solchen unterstützenden „Männerrunden" weitgehend ausgeschlossen. Hier sind einige Ursachen dafür zu suchen, warum qualifizierte, karriereorientierte Frauen auf der Strecke bleiben und damit wichtige Humanressourcen vergeudet werden.

Mentoring für Frauen ist eine Möglichkeit, festgefahrene Strukturen aufzubrechen und neue flexiblere Wege zu gehen, um alle Beschäftigten entsprechend ihren Qualifikationen einzubeziehen.[14] Die Frage nach dem Erfolg von Mentoring-Programmen muss man sich stellen, wenn man das Konzept als einen Weg der Frauenförderung in der Berufswelt sehen möchte. Kurzfristig kann der Erfolg eines Programms nur über die Einschätzung und die Beurteilung der beteiligten Personen gemessen werden. Statistisch messbare Veränderungen, so z.B. die Erhöhung der Quote von Frauen in Führungspositionen, finden zumeist nur langsam statt. Diese können oft nicht auf das Mentoring allein zurückgeführt werden, da eine Vielzahl von Faktoren für die Situation von Frauen auf dem Arbeitsmarkt verantwortlich ist. Da die wissenschaftlich fundierte Evaluation einzelner Programme noch am Anfang steht, gibt es kaum Erkenntnisse darüber, welches Konzept langfristig Frauen am effektivsten fördert. Erfahrungen müssen daher zu diesem Zeitpunkt methodische Analysen ersetzen.[15]

Vorteile der Frauenförderung

Wie bereits ausgeführt, treffen Frauen in der Arbeitswelt häufig auf Barrieren, die nicht in ihrer Qualifikation oder ihren Erfahrungen begründet liegen. Ohne die Gelegenheit, sich mit anderen Frauen auszutauschen, die ähnliche Erfahrungen gemacht haben, werden diese Barrieren den eigenen Kompetenzen zugeschrieben. Durch die

Teilnahme an frauenspezifischen Programmen wird das Bewusstsein geschaffen, dass viele Probleme unabhängig von der einzelnen Person in verschiedenen Kontexten existieren, somit strukturbedingt sind. Darüber hinaus ermutigen Mentoring-Programme junge Frauen, sich persönliche Karriereziele zu setzen und konsequent anzustreben. Eigene Kompetenzen werden sichtbar. Die daraus resultierende Motivation fördert die Bereitschaft, mit anderen gemeinsam Probleme anzugehen.

Der Dialog, wie er etwa durch eine Mentoring-Beziehung entsteht, soll dazu führen, dass die Teilnehmerinnen zukünftig selbstbewusster handeln, sich positiver darstellen sowie langfristig die Meinung widerlegen, Frauen seien für Führungspositionen nicht geeignet bzw. wollten sie gar nicht erst wahrnehmen.

Vor allem sollten die Mentees aber aus den Erfahrungen ihrer MentorInnen profitieren. Dabei gilt es aber nicht, deren Verhalten und Strategien zu imitieren, sondern die Mentees sollen vielmehr den eigenen Weg zu finden. Das Wesentliche, das durch Mentoring vermittelt werden kann, sind diejenigen Informationen, die es ermöglichen, das eigene Verhalten kompetent auf neue Situationen einzustellen, neue Kompetenzen und das notwendige Selbstvertrauen zu entwickeln.

Das gebildete Netzwerk sollte auch nach Ablauf der Programme die gegenseitige Hilfe und den Erfahrungsaustausch aufrecht erhalten. Auf diese Weise kann ein Verbund zwischen Frauen geschaffen werden, der den „Old-Boys-Networks" ähnlich ist.

In welcher Weise profitieren die MentorInnen von diesem Programm?

Indem MentorInnen den Mentees beratend zur Seite stehen, haben sie selbst die Gelegenheit, ihren eigenen Arbeitsstil noch einmal zu überdenken und gegebenenfalls zu verbessern. Darüber hinaus erhalten sie die Möglichkeit, ihre unterstützenden sowie beratenden Fähigkeiten zu trainieren und erfolgreich anzuwenden. Durch den ständigen Erfahrungs- und Ideenaustausch innerhalb verschiedener Funktionen und Generationen, lernen die Beteiligten andere Sicht- und Denkweisen kennen.

Zum positiven Miterleben der MentorInnen, wie sich die berufliche Situation ihrer Mentees verbessert, gehört die Zusammenarbeit als persönliche Bereicherung. So erhalten MentorInnen häufig ein positives Feedback, da sie sich engagiert jüngeren Menschen annehmen. Die Beteiligung am Programm verhilft den MentorInnen schließlich selbst zu mehr Sichtbarkeit im Unternehmen und gibt ihnen Zeit sowie die Möglichkeit, über ihre eigene Arbeit zu reflektieren, neue Netzwerke zu bilden und im Austausch den eigenen Beruf mit anderen Augen zu sehen. Zu letzterem gehört auch die Gelegenheit, das Unternehmen aus der Perspektive der Frauen und der jüngeren MitarbeiterInnen zu betrachten. [16]

Vorteile für das Unternehmen

Auch direkte Vorgesetzte können durch die vom/von der Mentee im Programm erworbenen neuen Fähigkeiten und Qualifikationen profitieren, denn deren beruflicher Erfolg wird unweigerlich in Verbindung mit dem/der Vorgesetzten gebracht. Erfahrungsgemäß erhöht sich die Arbeitsmotivation des/der Mentee/s und verbessert die Einstellung zur Arbeit, da das Mentoring neue Einblicke ins Unternehmen sowie in Arbeitsstrukturen generell ermöglicht. Durch die positive Einstellung und das vermehrte Wissen fallen die Leistungen der Mentees auch auf die Vorgesetzten zurück. Darüber hinaus kann sich die Kooperation zwischen MitarbeiterInnen und Vorgesetzten verbessern, da der/die Mentee durch den Kontakt zur Mentorin oder zum Mentor mehr Verständnis für die Arbeitssituation der/des Vorgesetzten aufbringt.

Mögliche Probleme

Die ungenügende Unterstützung eines Mentoring-Programms durch die Leitungsebene einer Organisation kann zu einem Akzeptanzproblem des gesamten Konzeptes werden. Dazu gehört die mangelnde finanzielle und infrastrukturelle Ausstattung von Projekten. Aber auch Probleme im zwischenmenschlichen Bereich, die sich aus der „Beziehungschemie" zwischen den PartnerInnen ergeben, können und sollten das Programm beenden.

Mangelndes Engagement von MentorInnen und Mentees, emotionale Distanz zwischen den PartnerInnen – insbesondere bei externen Programmen –, zeitliche Belastung oder unvereinbare Arbeitsplanung der TeilnehmerInnen sind mögliche Schwierigkeiten auf der Interaktionsebene, die eine Mentoring-Beziehung scheitern lassen können. Diese Probleme lassen sich durch ein intensives Rahmenprogramm verhindern, in dem schwierige Punkte erörtert und Lösungsmöglichkeiten entwickelt werden können.[17]

Neben den direkt Betroffenen muss das berufliche Umfeld, das sind die direkten MitarbeiterInnen, Vorgesetzten und KollegInnen, berücksichtigt werden, da sie durch die neue Situation verunsichert werden könnten. Eine ablehnende Haltung gegenüber den Mentees, Neid auf deren individuelle Förderung und Gerüchte der verschiedensten Art sind mögliche Reaktionen, die die Arbeitssituation der Mentees unerträglich machen und das unterstützende Programm ins Gegenteil kehren. Um solche Reaktionen zu vermeiden, stellen ausreichende Informationen über die Zielsetzung, den Inhalt und die TeilnehmerInnen des Mentoring-Programms einen wesentlichen Gesichtspunkt für dessen Erfolg dar. Unabdingbar für die Einführung eines Mentoring-Programms ist also die Unterstützung der Leitungsebene sowie die Betonung des offiziellen Charakters des Konzeptes.

Insbesondere müssen bei der Planung und Durchführung eines reinen Frauenprogramms die Reaktionen aller beteiligten Gruppen durch Programmverantwortliche berücksichtigt werden. Während bei internen Mentoring-Programmen die Firmenleitung oder die Verwaltungsspitze durchaus von reinen Frauenförderprogrammen zu überzeugen sind, stellen oftmals die betroffenen Frauen selbst den größten Widerstand dar. Die Befürchtung, durch die Förderung stigmatisiert zu werden und mit dem Makel einer Quotenfrau durch das Berufsleben gehen zu müssen, hält viele Frauen von einer Teilnahme ab.

Es gibt verschiedene Möglichkeiten diesem Problem entgegen zu wirken. Eine Chance besteht darin, an den Vorurteilen und Ängsten der Betroffenen anzusetzen und ein internes Klima zu schaffen, das solche Ängste überflüssig macht. Dieser Weg erfordert viel Zeit und Geduld, da es kultureller Veränderungen bedarf. Erfahrungen bestätigen aber, dass solche Prozesse möglich sind, wenn sie durch die Leitungsebene unterstützt werden. In einigen Konzernen ist das Mentoring mittlerweile so in die Firmenphilosophie übernommen worden, dass es inzwischen als Ehre gilt, als MentorIn für die weiblichen Mentees ausgewählt zu werden.[18]

Gelingt es Unternehmen, Verwaltungen oder anderen Organisationen, die Bereitschaft zur Förderung von Mitarbeiterinnen in der Unternehmensphilosophie zu verankern, dann können die Ängste und Vorurteile der Frauen überwunden und der Gewinn eines Mentoring-Programms direkt umgesetzt werden.

Mentoring-Programme im Unternehmen Lufthansa

Die Bundesrepublik Deutschland verfügt über ein großes Potential gut ausgebildeter weiblicher Arbeitskräfte. Die schulischen und beruflichen Qualifikationen der Frauen sind zumeist besser als die ihrer männlichen Kollegen. Dieses Leistungs- und Qualifikationspotential spiegelt sich jedoch nicht adäquat in der Beschäftigung wider.

Weibliche Erwerbsbiographien sind auch heute nicht mit der sogenannten männlichen Normalbiographie vergleichbar, ein Umstand, der sich z.B. an der hohen Quote von Frauen in Teilzeitarbeit zeigt. Gesellschaftspolitische Rahmenbedingungen verhindern in etlichen Ländern die gleichberechtigte Partizipation von Frauen und Männern auf dem Arbeitsmarkt.

Darüber hinaus ist die dramatische Unterrepräsentanz von Frauen in Führungspositionen in allen Europäischen Staaten ein Ergebnis der verschiedenen diskriminierenden Strukturen und ist in allen öffentlichen und privaten Wirtschaftsbereichen ähnlich aktuell. Die Ursache von Benachteiligung ist nicht in der formalen Qualifikation von Frauen zu suchen, sondern wird von anderen Faktoren wie traditionellen Rollenerwartungen, kultureller Hegemonie der kontinuierlichen männlichen Vollzeitbeschäftigung, Kindererziehung sowie Diskriminierungsmechanismen in den Organisationen beeinflusst.

Mit Mentoring als Personalentwicklungs- und individuelle Förderungsstrategie will auch die Deutsche Lufthansa AG zu einer direkten Förderung von Frauen beitragen. Die Unternehmensführung hat erkannt, dass der Bedarf an qualifizierten Arbeitskräften durch den raschen wirtschaftlichen Wandel und die demographische Entwicklung weiter ansteigt. Mit einem Beschäftigungsanteil von 42,4 Prozent Frauen insgesamt und 10,6 Prozent Frauen in Führungspositionen hat sich die Situation zwar gegenüber den Vorjahren verbessert, dennoch liegt ein weiterer Handlungsbedarf vor. Das Unternehmen braucht das Potential gut ausgebildeter und motivierter Frauen, um im nationalen ebenso wie im internationalen Wettbewerb bestehen zu können. Die Lufthansa als gewinnorientierter Betrieb kann es sich nicht leisten, in großem Umfang in Bildung und Ausbildung von Frauen zu investieren und das so qualifizierte Potential dann nicht zu nutzen.

Durch Mentoring werden die Kompetenzen der Mitarbeiterinnen sichtbar, deren Fähigkeiten stärker gefördert und somit für das Unternehmen insgesamt bessere Arbeitsergebnisse erzielt.

Das Cross-Mentoring

Die Deutsche Lufthansa AG initiierte im Oktober 1998 gemeinsam mit der Commerzbank AG, der Deutschen Bank AG und der Deutschen Telekom das erste unternehmensübergreifende Cross-Mentoring mit insgesamt zwölf Mentees. Das Programm war so attraktiv und erfolgreich, dass im April 2001 bereits die dritte Generation mit inzwischen 60 Tandems an den Start ging. An der Initiative beteiligen sich inzwischen zusätzlich die Robert Bosch GmbH, die Flughafen Frankfurt Main AG, die Merck KGaA und die Procter & Gamble Deutschland GmbH. Den jungen weiblichen Fach- und Führungskräften aus diesen Unternehmen stehen ein Jahr lang hochrangige, erfahrene Führungskräfte aus einem der beteiligten Unternehmen mit Rat und Tat zur Seite. Im Abstand von vier bis sechs Wochen treffen sich Mentee und MentorIn, um sich über Entwicklungsmöglichkeiten und -strategien auszutauschen.

Diese konzernübergreifende Komponente ermöglicht es sowohl den MentorInnen als auch den Mentees durch den Einblick in andere Unternehmen das eigene Erfahrungsspektrum deutlich zu erweitern und den Blick über den berühmten „Tellerrand" zu vollziehen. Darüber hinaus können Qualifikationen der Teilnehmerinnen sowohl im eigenen Unternehmen als auch im externen Kontakt stärker herausgestellt werden.

Die Mentees verfügen alle über ein Entwicklungspotential, das in einem Assessment Center diagnostiziert wurde. Sie gehören noch nicht zum Management, haben teilweise aber schon erste Führungsaufgaben übernommen. Sie sind alle in ihrem Unternehmen durch ihr Engagement aufgefallen. Die MentorInnen sind z.B. bei Lufthansa alle „direct reports" des Vorstandes oder GeschäftsführerIn. Wenn vor allem die Weitergabe strategischer Tipps und sogenannter „versteckter Spielregeln" auf der Agenda steht, erscheint es sinnvoll, dafür das erfahrene Topmanagement zu gewinnen.

Der Rahmen für ein erfolgreiches Mentoring-Programm kann folgendermaßen skizziert werden:

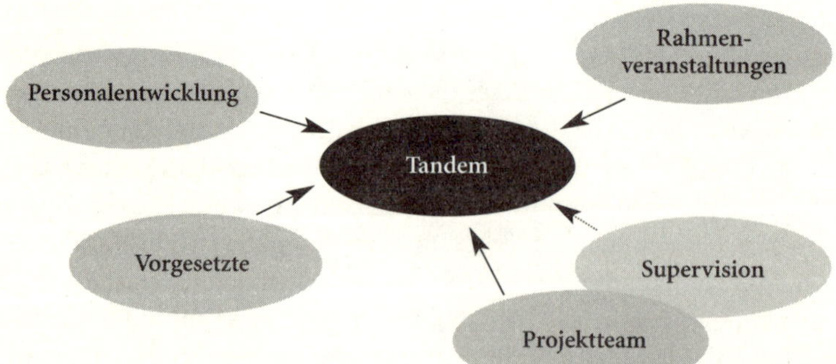

Das Cross-Mentoring-Programm wird durch ein Organisationsteam bestehend aus jeweils einem/einer Projektverantwortlichen der beteiligten Unternehmen organisiert, gesteuert und durchgeführt. Von großer Wichtigkeit ist die Einbindung der Personalentwicklung und des/der Vorgesetzten der Mentee in den Auswahlprozess und in die Begleitung des Programms, denn so wird sichergestellt, dass die Mentee die notwendige Unterstützung erfährt. Eine Supervision wird bei einigen Mentoring-Programmen zusätzlich angeboten; bei dem der Lufthansa hat sich dies jedoch bisher nicht als notwendig erwiesen.

Die einzelnen Phasen des Programms und die Rolle der Beteiligten werden im Folgenden exemplarisch am Beispiel des Cross-Mentoring bei Lufthansa dargestellt:

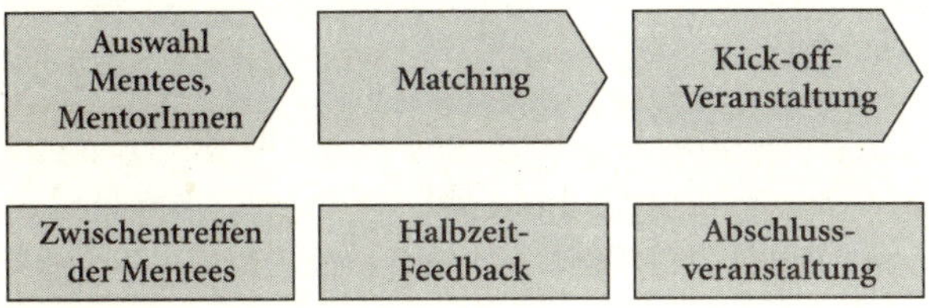

Auswahl und Matching

Der Auswahlprozess der Mentees und MentorInnen liegt in der Verantwortung der beteiligten Unternehmen. Bei Lufthansa werden die Mentees in Zusammenarbeit mit den PersonalentwicklerInnen der einzelnen Unternehmensbereiche ausgewählt. Anschließend wird in einem Workshop des Organisationsteams die Verteilung der Mentees auf die beteiligten Unternehmen vorgenommen. Dabei werden neben den Standorten nach Möglichkeit auch die Wünsche der Mentees berücksichtigt.

Das „Matching" von Mentees und MentorInnen, also das Zusammenbringen der Paare, ist insofern nicht ganz einfach, da niemand alle Personen kennt. Daher bildet das Projektteam anhand der Lebensläufe und des persönlichen Eindrucks die Paare. Als Nebeneffekt soll ein Vergleich der am Projekt beteiligten Unternehmenskulturen entstehen. So muss darauf geachtet werden, dass alle Unternehmen entsprechend abgedeckt sind – bei gleichzeitiger Berücksichtigung der Wettbewerbssituation der beiden Banken. Außerdem verpflichten sich die MentorInnen, die Mentees innerhalb von zwei Jahren nach Beginn des Programms nicht für ihr Unternehmen zu rekrutieren. Die Mentees wiederum verpflichten sich, innerhalb dieser Zeit nicht in das Unternehmen der Mentorin bzw. des Mentors zu wechseln.

Da die Bildung der Tandems mit Risiken behaftet ist, kann die Beziehung innerhalb der ersten drei Monate ohne Angabe von Gründen problemlos beendet werden. In diesem Fall wird durch das Projektteam eine neue Mentorin/ein neuer Mentor oder eine neue Mentee vermittelt.

Begleitende Veranstaltungen

Das Cross-Mentoring-Programm, das in der Regel ein Jahr dauert, beginnt mit einer Auftaktveranstaltung. Im Rahmen der Auftaktveranstaltung wird durch Vorträge und

Workshops die fachliche Basis für eine erfolgreiche Mentoring-Beziehung vermittelt. Einer der Hauptaspekte ist das gegenseitige Kennenlernen von MentorIn und Mentee. Da es sich hierbei um einen sehr sensiblen Prozess handelt, dauert die Auftaktveranstaltung nach Möglichkeit zwei Tage. Das Programm ist so gestaltet, dass Mentees und MentorInnen ausreichend Gelegenheit haben, sich persönlich kennen zu lernen.

Während des Programms finden eine Zwischenevaluation und eine Abschlussveranstaltung mit allen Beteiligten statt. Im Rahmen dieser Veranstaltungen wird das Feedback der Teilnehmenden eingeholt und es werden Vorträge und Workshops zu Themen der Personalführung, der Situation von Frauen im Berufsleben und zur Persönlichkeitsentwicklung angeboten.

Zusätzlich zu diesen Veranstaltungen werden zwei Zwischentreffen ausschließlich für die Mentees durchgeführt, in denen die Mentees sich gegenseitig und auch ihre Unternehmen vorstellen. Darüber hinaus dienen sowohl die Zwischentreffen der Mentees als auch die anderen Veranstaltungen der Vermittlung von Führungswissen und dem Aufbau von Netzwerken unter den Beteiligten.

Erfahrungen

Die Erfahrungen mit dem Cross-Mentoring-Programm sind in den beteiligten Unternehmen durchwegs positiv.

Die MentorInnen konnten eine Weiterentwicklung der Mentees in vielen Bereichen beobachten und strichen folgende Punkte als besondere Bereicherung hervor:

- reflektiertere Art des Vorgehens
- Vorgesetzte besser einschätzen und deren Motivation verstehen
- verbesserte Selbsteinschätzung
- gestärktes Selbstbewusstsein
- verbessertes Führungswissen
- Fokus auf eigene Stärken
- verändertes Auftreten
- bessere Einschätzung von Situationen
- Fähigkeit zur Selbsthilfe in schwierigen Situationen
- zielorientiertes und strukturierteres Handeln
- mehr Souveränität
- Entscheidungen fundierter und selbstbewusster treffen
- berufliche Prioritäten definieren, klare Zielsetzung

Aber auch die Mentees profitieren in vielfältiger Weise von dem Programm:

- Standortbestimmung – Wunschziel und den Weg dahin definieren (beruflich und persönlich)
- Betrachtung der eigenen Situation aus einem anderen Blickwinkel
- es entsteht trotz großer Entfernung (Hierarchie, Unternehmen, Alter) eine vertrauensvolle Beziehung

- Weiterentwicklung der eigenen Persönlichkeit mit Hilfe der Lebenserfahrung des Mentors/der Mentorin.
- Parallelen in anderen Unternehmen entdecken
- erkennen, dass andere in ähnlichen Situationen die gleichen Probleme und Nöte haben
- Bedeutung von Netzwerken
- hinter Türen schauen, die sonst verschlossen geblieben wären
- Wichtigkeit des fachübergreifenden Überblicks erkennen

Und was hat das Unternehmen davon?

Durch Mentoring-Programme werden Humanressourcen optimal genutzt und gefördert. Die (Nachwuchs-)Führungskräfte werden an das Unternehmen gebunden und die Unternehmenskultur wird durch die Erhöhung des Frauenanteils in Führungspositionen, den Dialog zwischen den Hierarchien und nicht zuletzt durch die Sensibilisierung für das Thema Chancengleichheit verbessert. Durch das Kennenlernen verschiedener Lösungsansätze und Arbeitsmethoden wird die Produktivität gesteigert, Netzwerke werden geschaffen oder ausgebaut. Schlussendlich handelt es sich bei dem Cross-Mentoring-Programm um ein effektives und kostengünstiges Förderungsinstrument.

Die unternehmensinternen Anfragen zu dieser in Deutschland bisher einmaligen Personalentwicklungsmaßnahme sind groß. Gleichwohl ist der Erfolg nicht unmittelbar messbar, da die Ursachen für Karriereentwicklungen selten monokausal sind. Dennoch kann festgestellt werden, dass sich Mentoring als Aufbau einer Gesprächsbeziehung zu vertrauensvollen, individuell-berufsbezogenen Fragen bewährt hat. Ob diese Gespräche zu Karriereschritten führen, hängt von der Umsetzung der Mentees ab. Ein garantierter Gewinn liegt jedoch im Bereich der persönlichen Kompetenzerweiterung auf beiden Seiten des Tandems – bei MentorInnen wie bei Mentees.

Die positiven Ergebnisse gerade aus diesem unternehmensübergreifenden Ansatz des Cross-Mentoring könnten durchaus dazu anregen, die öffentliche Verwaltung in ein solches Programm einzubeziehen, denn ein Gewinn ist nach den bisherigen Erfahrungen für alle Beteiligte zu erwarten.

Managerinnen-Mentoring

Das unternehmensinterne Managerinnen-Mentoring der Lufthansa ging 1999 aus einer Initiative des Netzwerks der weiblichen Lufthansa-Führungskräfte („Managerinnentag“) hervor. Weibliche Führungskräfte der unteren Leitungsebene werden dabei mit Top-Führungskräften des Lufthansa-Konzerns zusammengebracht.

Anders als bei dem unternehmensübergreifenden Cross-Mentoring ist die Dauer dieses Programms nicht nominell auf zwölf Monate begrenzt. Es ist den Tandems vorbehalten, das Mentoring nach eigenem Empfinden fortzusetzen oder einzustellen. Entsprechend den freien Gestaltungsmöglichkeiten des individuellen Konzepts sind bislang auch keine Rahmen- oder Abschlussveranstaltungen vorgesehen.

Nachwuchs-Mentoring

Dieses Mentoring bildet konzeptionell die im Beitrag vorgestellten Projekte ab. Das Nachwuchs-Mentoring richtet sich bezüglich der Mentees an männliche und weibliche entwicklungsfähige Junior Professionals unterhalb der Leitungsebenen aus verschiedenen Bereichen des Lufthansa Konzerns. Die Mitglieder des Netzwerks „Managerinnentag" bilden den Pool der freiwilligen Mentorinnen. Auch hier wird derzeit kein Rahmenprogramm angeboten, wie es bei Cross-Mentoring der Fall ist. Die Erfahrung zeigt, dass es unternehmensintern möglich ist, Mentoring-Programme auch ohne Rahmenveranstaltungen durchzuführen; auf unternehmensübergreifender Ebene sind diese allerdings notwendig.

Über die hier vorgestellten Projekte hinaus werden bei Lufthansa in mehreren Konzerngesellschaften eigene Mentoring-Programme durchgeführt.

Literatur

Arhen, Gunilla: Mentoring in Unternehmen. Patenschaften zur erfolgreichen Weiterentwicklung. Landsberg: Moderne Industrie 1992.

Autenrieth, Christine; Chemnitzer, Karin; Domsch, Michel: Personalauswahl und -entwicklung von weiblichen Führungskräften. Frankfurt am Main: Campus 1993.

Autenrieth, Christine: Wandel im Personalmanagement. Differenzierung und Integration im Interesse weiblicher Führungskräfte. Wiesbaden: Gabler 1996.

Bischoff, Sonja: Männer und Frauen in Führungspositionen in der Bundesrepublik Deutschland. Ergebnisse einer schriftlichen Umfrage. Köln: Capital 1986.

Dies.: Männer und Frauen in Führungspositionen der Wirtschaft in Deutschland. Neuer Blick auf alten Streit. Köln: Bachem 1999. (=Schriftenreihe der Deutschen Gesellschaft für Personalführung.60.)

Dienel, Christiane: Frauen in Führungspositionen in Europa. München: Deutsches Jugendinstitut 1996.

Mentoring für Frauen in Europa. Eine Strategie zur beruflichen Förderung von Frauen. 3. Aufl. Hrsg. v. Deutschen Jugendinstitut. München: Presse Druck 1998.

Segerman-Peck, Lily M.: Frauen fördern Frauen. Frankfurt am Main: Campus 1994.

Segerman-Peck, Lily M.: Networking & Mentoring. A Women's Guide. London: Judy Piatkus Ltd. 1991.

Anmerkungen

1 Vgl. dazu Mentoring für Frauen in Europa. Eine Strategie zur beruflichen Förderung von Frauen. 3. Aufl. Hrsg. v. Deutschen Jugendinstitut. München Presse Druck 1998, S.17f.

2 Vgl. ebda, S. 19f.

3 http://www.dji.de, [7. 8. 2002]

4 Vgl. dazu Mentoring für Frauen in Europa, S. 21.

5 Vgl. ebda.

6 Gunilla Arhen: Mentoring in Unternehmen. Patenschaften zur erfolgreichen Weiterentwicklung. Landsberg: Moderne Industrie 1992.

7 Vgl. Mentoring für Frauen in Europa, S. 23f.
8 Vgl. dazu ebda, S. 34.
9 International Women's Management Institute, Mikonkatu 6c, 00100 Helsinki, Finnland. Externes Mentoring-Programm für Frauen verschiedener Berufe und Branchen.
10 Vgl. Mentoring für Frauen in Europa, S. 35f.
11 Vgl. ebda, S. 28.
12 Vgl. ebda, S. 28f.
13 Vgl. ebda, S. 29f.
14 Vgl. ebda, S.5.
15 Vgl. ebda, S. 41.
16 Vgl. ebda, S. 46f.
17 Vgl. ebda, S. 43f.
18 Vgl. ebda.

Helga Lukoschat, Janka Thurn

Mutmacher, Navigationshilfe und Türöffner

Erfahrungen und Ergebnisse des internationalen Mentoring-Projekts für Hochschulabsolventinnen *Preparing Women to Lead*

Preparing Women to Lead – Starthilfen für den weiblichen Führungsnachwuchs, das erste Mentoring-Projekt der „Europäischen Akademie für Frauen in Politik und Wirtschaft Berlin" (EAF)[1], hat sich als ein sehr erfolgreiches Pilotprogramm erwiesen. Es brachte den Absolventinnen vielfältigen persönlichen und beruflichen Gewinn, wie die Ergebnisse unserer soeben durchgeführten Nacherhebung eindrucksvoll zeigen. *Preparing Women to Lead*, das als internationales Projekt mit Partnerinnen aus Österreich, den Niederlanden und Belgien durchgeführt wurde, war aber auch für die Akademie selbst ein Meilenstein, der uns mit Erkenntnissen und Einsichten in Aufbau, Methodik und Anforderungen an Careerbuilding-Programme für (junge) Frauen versorgte. Auf der Grundlage des Projekts hat die EAF zwischenzeitlich für Wirtschaftsunternehmen, für wissenschaftliche Einrichtungen und für politische Institutionen spezifische Mentoring- und Careerbuilding-Programme für weibliche Nachwuchskräfte entwickelt und erfolgreich durchgeführt. Eine besondere Freude ist es uns, dass die Frauenorganisation „Soroptimist International" anlässlich des 50jährigen Bestehens ihrer Deutschen Union *Preparing Women to Lead* als herausragendes Projekt zur Förderung des weiblichen Führungsnachwuchses ausgezeichnet hat. Das mit der Auszeichnung verbundene Preisgeld ermöglichte es, eine Alumni-Feier in Berlin durchzuführen. Ehemalige Teilnehmerinnen, Mentorinnen und Trainerinnen kamen ganz im Sinne der Philosophie des Projekts zum intensiven Networking zusammen.

Bevor wir auf die Ergebnisse der Nacherhebung näher eingehen, soll zunächst die organisatorische Struktur, die Ziele sowie Inhalte und Methoden des Projekts kurz skizziert werden.

Struktur und Ziele

Preparing Women to Lead wurde von der EAF in Kooperation mit der Technischen Universität Berlin entwickelt und von der Europäischen Union im Rahmen des 4. Aktionsprogramms zur Chancengleichheit von Männern und Frauen von 1997 bis 2000 gefördert. Die wissenschaftliche Leitung hatte die TU-Professorin und Akademie-Gründerin Barbara Schaeffer-Hegel inne.

Auf der Grundlage der Forschungen Schaeffer-Hegels zu Karrierewegen von Frauen wie auch unter Einbeziehung nationaler und internationaler Erfahrungen mit Mentoring- und Internship-Programmen wurde das Projektdesign entworfen. Wichtige Impulse wurden u.a. aus den USA aufgenommen. Vorbildfunktion hatte vor allem das „Public Leadership Education Network" (PLEN) in Washington[2], das seit nahezu zwanzig Jahren erfolgreich Programme für Studentinnen und Absolventinnen durchführt, um diese auf Führungsaufgaben in Politik und Öffentlichkeit vorzubereiten.

Methodisch kombinierte das Projekt drei Instrumente der Nachwuchsförderung – Weiterqualifizierung in Seminaren und Trainings, Internships und Mentoring – und richtete diese frauenspezifisch aus.

Als strategische Zielsetzungen verfolgte das Programm:

- die Erhöhung des Frauenanteils an Führungspositionen durch gezielte Förderung weiblicher Nachwuchskräfte
- die Sensibilisierung von Organisationen und Unternehmen für gleichstellungspolitische Ziele und Instrumente
- die Verbreitung des Mentoring-Gedankens unter Frauen und den Aufbau eines Mentorinnen-Netzwerks.

Als Projektpartnerinnen konnten

- Prof.in Dr.in Mieke van Haegendoren und Janneke Jellema von der Universität Limburg aus Belgien,
- Dr.in Monique Leijenaar von der Katholischen Universität Nimwegen aus den Niederlanden
- sowie das österreichische Bundesministerium für Frauenangelegenheiten und Verbraucherschutz – zunächst vertreten durch Prof.in Dr.in Sieglinde Rosenberger, seit 1999 durch Mag.a Christiane Chatzinakis-Bönsch

gewonnen werden.

Mentorinnen, Mentees, Matching

Frauen in Führungspositionen aus Politik, Wirtschaft, öffentlicher Verwaltung und den Medien – häufig gleichstellungspolitisch bereits sehr engagierte Persönlichkeiten – wurden durch die Organisatorinnen in den beteiligten Ländern angesprochen. Die Auswahlkriterien für die Mentorinnen waren

- langjährige Berufs- und Führungserfahrung
- ein weitgespanntes Kontaktnetz
- Offenheit für die grundlegenden Ziele des Programms
- Bereitschaft, eine junge Nachwuchskraft persönlich zu unterstützen.

Als Mentees wurden Hochschulabsolventinnen und Berufsanfängerinnen in einem zweistufigen Bewerbungsverfahren einschließlich eines Assessment Centers ausgewählt. Formale Teilnahmevoraussetzung war ein mit sehr guten bis guten Ergebnissen abgeschlossenes Hochschulstudium. Ebenso wichtig war uns, dass die Bewerberinnen bereits durch politisches, soziales oder kulturelles Engagement gezeigt hatten, dass sie bereit und fähig waren, Verantwortung zu übernehmen. Weitere Auswahlkriterien waren Zielstrebigkeit und Lernfähigkeit, Flexibilität und Kommunikationsfähigkeit der künftigen Mentee sowie ihre Offenheit und Sensibilität für gleichstellungspolitische Fragestellungen.

Zwischen 1997 und 2000 nahmen insgesamt 64 Frauen am Programm teil, knapp die Hälfte der Teilnehmerinnen kam aus Deutschland, die andere Hälfte verteilte sich auf die Partnerländer Österreich, Niederlande und Belgien. Bei den Studienabschlüssen lag der Schwerpunkt auf den sozial- und geisteswissenschaftlichen Disziplinen (zusammen 68 Prozent); Rechts- und Wirtschaftswissenschaften sowie Ingenieur- und Naturwissenschaften waren mit jeweils 16 Prozent vertreten. Da sich das Projekt dezidiert an Absolventinnen wandte, war die Altersstruktur relativ homogen: Die Mehrzahl der Teilnehmerinnen war zwischen 25 und 30 Jahre alt, wobei aufgrund kürzerer Schul- und Studienzeiten die niederländischen und belgischen Teilnehmerinnen in der Regel zwei bis drei Jahre jünger waren als ihre Kolleginnen aus Deutschland und Österreich. Auf eine formelle Altersgrenze wurde bewusst verzichtet, da wir den Umwegen und Verzögerungen in den Lebensläufen von Frauen aufgrund von Kindererziehung oder anderer familiärer Verpflichtungen Rechnung tragen wollten. Daher waren auch Frauen im Alter von Mitte bis Ende 30 Jahren im Programm.

Nach Abschluss des Auswahlverfahrens wurden die Teilnehmerinnen den Mentorinnen zugeordnet (Matching). Diesen für den Erfolg eines Programms sehr wichtigen Prozess gestalteten wir zum einen anhand der Profilbögen, die wir im Assessment Center von den Kandidatinnen erstellt hatten sowie anhand von Präferenz-Listen, in denen die jungen Frauen ihre fachlichen und beruflichen Interessen angeben konnten. Zum anderen hatten wir – in der Regel in einem ausführlichen persönlichen Gespräch – die Erwartungen und Anforderungen der Mentorinnen an das persönliche und fachliche Profil der potentiellen Mentees abgefragt. Auf dieser Grundlage wurden die Mentoring-Paare gebildet. Vor Programm-Start kamen Mentorin und Mentee zu einem ersten Kennenlernen zusammen und um zu klären, ob sie sich die Zusammenarbeit tatsächlich vorstellen konnten. Für das Auswahl- und Matchingverfahren spricht, dass in der gesamten Projektlaufzeit nur drei Mal die Mentoring-Beziehung vorzeitig beendet wurde – zwei Mal von Seiten einer Mentee und ein Mal von Seiten einer Mentorin.

Programmbestandteile und Programmablauf

Der konkrete Programmablauf gliederte sich in drei Phasen. Ein *zweiwöchiges gemeinsames Vorbereitungsseminar* in Berlin bildete den Auftakt. Internationale Expertinnen leiteten die persönliche Standortbestimmung der Teilnehmerinnen an, machten sie mit Managementanforderungen und Führungsmethoden vertraut und trainierten Kommunikations- und Präsentationstechniken. Fachvorträge führten in die Geschlechterproblematik ein und stellten innovative Formen der Gleichstellungspolitik vor. Ein ganztägiger Workshop gab den Mentees die Gelegenheit, ihre Fragen und Erwartungen bezüglich des Internships und der Mentoring-Beziehung zu besprechen, aber auch ihre Befürchtungen und eventuelle Ängste zu thematisieren. Im Sinne der „Visibility" wurde die Vorbereitungsphase mit einem öffentlichen

Abschlussevent beendet, auf dem die Frauen sich dem geladenen Publikum und der Presse präsentierten.

Im anschließenden, *dreimonatigen Internship* begleiteten und beobachteten die Mentees ihre Mentorinnen und lernten durch dieses „Shadowing" deren Tätigkeitsfelder, Arbeitsweise und Führungsstil kennen. Parallel gewannen sie Einblick in die formellen und informellen Strukturen und Entscheidungsprozesse der Organisationen und wurden nach Möglichkeit in bestehende Kontaktnetze eingeführt. Darüber hinaus bearbeiteten die Mentees ein eigenes Projekt, das für die Mentorin von Interesse war und zugleich eine Gelegenheit bot, ihre Kompetenzen unter Beweis zu stellen.

Zur Unterstützung fand ein Begleitseminar statt und die Projektleiterin stand für Gespräche zur Verfügung. Den Mentorinnen wurde ein Leitfaden in die Hand gegeben, der die Funktionen des Mentoring erläuterte und wichtige Anregungen zur Gestaltung der Beziehung gab.

Ein *einwöchiges Nachbereitungsseminar* bildete den Abschluss des Programms und diente der Auswertung der Erfahrungen und der weiteren Berufsweg- und Karriereplanung.

Rückblickend lässt sich sagen, dass der methodische Mix des Programms und die Einbettung des Mentoring in vorbereitende und abschließende Qualifizierungs- und Reflexionsphasen sowie die hohe Qualität der Trainingskräfte entscheidend zur Wirksamkeit des Programms beigetragen haben.

Ergebnisse der Nacherhebung

In der Nacherhebung, die im Sommer 2002 von einer Diplomandin der Technischen Universität Berlin durchgeführt wurde, befragten wir alle Teilnehmerinnen des Programms mittels eines mehrseitigen Fragebogens zu ihrem jetzigen beruflichen Status, ihren Werdegängen und ihren Einschätzungen zu den Wirkungen des Projekts. Der Rücklauf der Fragebögen lag bei etwas über 50 Prozent (33 Frauen).

Berufliche und familiäre Situation

Über 90 Prozent der Befragten üben zur Zeit eine Berufstätigkeit aus, davon überwiegend im Angestelltenverhältnis. Nur zwei Frauen sind freiberuflich tätig, eine von ihnen hat ihre eigene Unternehmensberatung gegründet. Keine der Frauen war zum Zeitpunkt der Befragung erwerbslos, drei waren in Weiterbildung. Die Tätigkeiten sind insgesamt sehr vielfältig. Als Schwerpunkt zeichnet sich der Beratungssektor ab, der Berufseinsteigerinnen offenbar eine gute Startbasis bereitstellt. So sind 24 Prozent der Befragten heute als Referentinnen mit beratender Funktion in Verbänden, Nichtregierungsorganisationen oder Unternehmensberatungen tätig. Ein weiterer Schwerpunkt ist der Wissenschaftsbereich (Forschungsinstitute, Universitäten u.ä.m.).

Als positive Aspekte der Berufstätigkeit nennen die Teilnehmerinnen, dass ihnen ihre Tätigkeit gefalle, es ihnen Freude mache, Verantwortung zu übernehmen und dass ihnen ihre jetzige Position Aufstiegs- und Karrieremöglichkeiten biete.

Wie stellt sich die persönliche und familiäre Situation dar?

Fast die Hälfte der befragten Absolventinnen ist ledig; ein Drittel lebt in fester Partnerschaft, ein Fünftel ist verheiratet. Nur vier Frauen haben Kinder, lediglich eine Teilnehmerin zwei.

Aufstiegs- und Karriereorientierung

Die Absolventinnen von *Preparing Women to Lead* weisen eine hohe Karriereorientierung auf: Die überwiegende Mehrzahl strebt höhere Führungsverantwortung an. Dabei gehen die Absolventinnen im Aufbau ihrer Karriere sehr bewusst und planvoll vor. Zahlreich wurden Arbeitsplatz- und Ortswechsel in Kauf genommen und Auslandsaufenthalte eingeplant; sehr viele haben seit der Teilnahme an *Preparing Women to Lead* weitere Fortbildungsmaßnahmen absolviert.

Berufliche Position und Führungsverantwortung

Zwei Drittel der Befragten haben nach eigener Einschätzung zur Zeit eine Führungsposition inne, davon 24 Prozent auf unterer Ebene und 36 auf mittlerer Ebene. Wie sehen diese Positionen aus? Als Beispiele für die mittlere Ebene werden genannt: die Koordination eines Teams in einer internationalen Unternehmensberatung, die Projektassistenz in der Außenstelle einer großen bundesdeutschen Stiftung oder die Position einer Senior Regional Managerin beim Weltwirtschaftsforum. Als Führungsposition auf unterer Ebene wird zum Beispiel die Assistentin der Geschäftsführung einer Bildungseinrichtung angegeben.

15 Prozent streben keine Führungsverantwortung an. Als Grund dafür geben zwei Frauen an, ihre Familienaufgaben nicht mit einer Karriere vereinbaren zu können. Eine Teilnehmerinnen hat dezidiert andere Lebensvorstellungen und gibt an, Karrieremachen sei ihr zu „stressig“.

Hat sich durch die Teilnahme an *Preparing Women to Lead* in den Einstellungen zu Führung etwas geändert?

Hier geben knapp zwei Drittel der Befragten an, dass sich ihre Einstellung verändert habe, wobei sich deutlich eine bemerkenswerte Tendenz abzeichnet: Die Einstellung sei realistischer geworden, zugleich sei aber auch die Motivation verstärkt worden. 40 Prozent geben an, dass sich in ihrer Einstellung keine Veränderung ergeben habe.

Behinderungen und Barrieren

Wie beurteilen die Absolventinnen nach ihren bisherigen Erfahrungen die Chancen für Frauen in Führungspositionen zu gelangen? Welche Behinderungen sehen sie?

Am häufigsten (mit 68 Prozent aller Nennungen) geben die Teilnehmerinnen an, dass innere Barrieren und psychische Dispositionen sie selbst an der Erreichung einer Führungsposition hinderten. An zweiter Stelle folgen die männlich geprägten Strukturen in der Arbeitswelt und Vorurteile bei männlichen Kollegen und Vorgesetzten, an dritter Stelle werden unzureichende gesellschaftliche Rahmenbedingungen wie die schwierige Vereinbarkeit von Beruf und Familie, genannt. An vierter Stelle stehen betriebliche Strukturen, wie zum Beispiel unzureichende Teilzeitangebote und mangelnde Flexibilitäten der Arbeitszeit und -organisation.

Bei den inneren Barrieren von Frauen nennen die Befragten mangelndes Selbstbewusstsein und Unsicherheit, zu große Bescheidenheit, aber auch eine zu gering ausgeprägte Konfliktfähigkeit und Probleme von Frauen, mit Nähe und Distanz in Arbeitsbeziehungen souverän umzugehen. Viele der Teilnehmerinnen analysieren in ihren Antworten diese Verhaltensweisen als Verinnerlichung traditioneller weiblicher Rollenvorstellungen und als Auswirkungen frauenspezifischer Sozialisation.

Persönlicher und beruflicher Gewinn

Welchen Gewinn hat *Preparing Women to Lead* den Teilnehmerinnen gebracht? Wie beurteilen sie heute – nach zwei, drei und vier Jahren – das Programm?

An erster Stelle steht für die Teilnehmerinnen der persönliche Gewinn. Sie geben an, Ermutigung und Rückenstärkung erhalten und mehr Selbstbewusstsein, innere Motivation oder eine geschärfte Selbstwahrnehmung gewonnnen zu haben.

Preparing Women to Lead wird im nachhinein auch als konkrete Karriereunterstützung bewertet. Das Programm habe zum einen als „Türöffner" gewirkt, zum anderen auf den Berufseinstieg vorbereitet und zum Beispiel professionelles Auftreten in Bewerbungssituationen vermittelt. Bei einer ganzen Reihe von Teilnehmerinnen ist die heutige berufliche Position unmittelbar mit *Preparing Women to Lead* verbunden, da sich der Berufseinstieg entweder über die Kontakte zu den Mentorinnen und den jeweiligen Organisationen oder über die Kontakte zur Akademie ergab.

An dritter Stelle der Gewinne wird von den Teilnehmerinnen der Zuwachs an Erkenntnissen genannt, u.a. zu historischen und soziokulturellen Aspekten des Geschlechterverhältnisses oder zu Strategien und Instrumenten der Gleichstellungspolitik und des Gleichstellungsmanagements in Betrieben und Organisationen.

Schließlich wird als Gewinn des Programms der Zuwachs an beruflichen wie persönlichen Kontakten genannt.

Auf die Frage, welcher der Programmbestandteile besonderen Eindruck hinterlassen hat, werden an erster Stelle die Seminare und die Trainerinnen genannt, dicht gefolgt an zweiter Stelle von der Erfahrung des Internships und dem Austausch mit der Mentorin (mit 42 bzw. 40 Prozent der Nennungen). An dritter Stelle (27 Prozent der Nennungen) folgt der Austausch und das Miteinander der Teilnehmerinnen.

Netzwerke und Kontakte

Es lohnt sich, das Thema Kontakte und Netzwerke etwas näher zu betrachten. Einer der wichtigsten Effekte des Programms besteht u.E. darin, dass es bei den Absolventinnen sowohl die Sensibilität für die Notwendigkeit der Vernetzung und Kooperation unter Frauen als auch das aktive Engagement in Netzwerken gefördert hat.

Zum einen stehen die ehemaligen Teilnehmerinnen von *Preparing Women to Lead* auch heute in ihrer überwiegenden Mehrheit in Kontakt zueinander, wobei der jüngste Jahrgang am intensivsten vernetzt ist. Aber auch mit den Mentorinnen sind immerhin noch die Hälfte der Teilnehmerinnen in Verbindung; teils gestaltet sich der Kontakt auf eher formeller Ebene und sporadisch, teils handelt es sich aber auch um persönlich-freundschaftliche Beziehungen. Die Mehrzahl der Absolventinnen gibt an, dass sich durch die Beziehung zur Mentorin persönlich ermutigt und bereichert fühlen, einige sehen in ihrer Mentorin ein Vorbild.

Aber auch über den Umkreis des Projekts hinaus sind die jungen Frauen gut vernetzt. Knapp die Hälfte ist in Verbänden oder Vereinen engagiert, vier Frauen haben zwischenzeitlich selbst ein Netzwerk ins Leben gerufen.

Insgesamt hält die große Mehrheit der befragten Absolventinnen das Programm für geeignet, den Anteil von Frauen in Führungspositionen zu erhöhen. Nur einige wenige Frauen bezweifeln dies aufgrund äußerer Gründe. So gebe es noch zu viele gesellschaftliche Widerstände und das Programm sei lediglich „ein Tropfen auf dem heißen Stein".

Verbesserungsvorschläge

Welche Veränderungs- und Verbesserungsvorschläge haben die Teilnehmerinnen? In Bezug auf die Seminare und Trainings werden eine Reihe von Themen genannt, die helfen sollen, sich auf schwierige Situationen am Arbeitsplatz einzustellen, wie zum Beispiel Konkurrenz im Team oder Konfrontation mit Mobbing.

Einige der Teilnehmerinnen regten an, die Mentorinnen intensiver auf ihre Aufgabe vorzubereiten und die Auswahl bzw. Zuordnung der Mentorinnen besser mit den Teilnehmerinnen abzustimmen. Schließlich wurde vielfach eine intensivere Nachbetreuung und Netzwerk-Pflege angemahnt.

Ergänzend dazu lässt sich sagen, dass die EAF aufgrund der Erfahrungen mit dem Pilotprojekt einige der Vorschläge bereits aufgegriffen und umgesetzt hat. So ist ein Workshop oder Einführungsgespräch für die beteiligten Mentoren und Mentorinnen mit Anregungen zur Gestaltung der Mentoring-Beziehung inzwischen fester Bestandteil unserer Mentoring-Programme.

Resümee

Die Ergebnisse der Nacherhebung wie auch die zahlreichen persönlichen Gespräche u.a. wie jüngst bei der Alumini-Feier zeigen u.E. sehr deutlich, dass *Preparing Women to Lead* nachhaltige und anhaltende Wirkung entfaltet hat. Eine Teilnehmerin bezeichnete das Programm treffend als „Navigationshilfe", die ihr immer wieder helfe, sich in neuen oder problematischen beruflichen Situationen zurecht zu finden. Bezüglich des pädagogischen Konzepts zeigen die Ergebnisse u.E. vor allem, wie wichtig es ist, den individuellen Mentoring-Prozess mit einem Seminarprogramm zu umrahmen. Trainings, fachlicher Input, gemeinsame Projektarbeit sind nicht nur wichtig, um die Kompetenz- und Erfahrungszuwächse der Teilnehmerinnen zu vertiefen und zu verstetigen, sondern vor allem auch um Teamfähigkeit und die Netzwerk-Kompetenz zu trainieren.

Die Absolventinnen des Programms präsentieren sich heute als selbstbewusste und ambitionierte Frauen, die sich ihrer Verantwortung für ihr eigenes Leben sehr bewusst sind, ohne die politischen und gesellschaftlichen Rahmenbedingungen, welche die Aufstiegs- und Karrieremöglichkeiten von Frauen behindern, aus den Augen zu verlieren. Sie sind keine Einzelkämpferinnen, sondern suchen und schätzen den Austausch mit anderen Frauen, aber dies erfrischend unsentimental und auf professionellem Niveau.

Anmerkungen

1 http://www.eaf-berlin.de, [6.12.2002]
2 http://www.plen.org, [6.12.2002]

Waltraud Frauenhuber

Dornröschen oder Warum Sie den Frosch nicht mehr an die Wand werfen müssen

Weibliches Unternehmerinnentum und Franchising[1]

Noch vor wenigen Jahrzehnten wurden die Begriffe Frauen und Unternehmen fast nur dann gemeinsam erwähnt, wenn von „der Frau hinter dem Unternehmer" oder bestenfalls noch von „der Frau an seiner Seite" gesprochen wurde. Heutzutage ist es bereits selbstverständlich, dass Unternehmen von Frauen gegründet, geführt oder gemanagt werden, auch wenn der Anteil an Unternehmerinnen noch weit hinter dem ihrer männlichen Kollegen zurückliegt.

Im Folgenden werden einige Aspekte des weiblichen Unternehmerinnentums beleuchtet und ein Ausblick gewagt, der die Möglichkeiten des Franchising in Bezug auf die Besonderheiten der Frau als Unternehmerin diskutiert.

Dornröschen musste kämpfen

Der Bezug zu Dornröschen im Titel ist eigentlich nicht ganz korrekt. Dornröschen wurde wach geküsst und vom Prinzen erlöst, die Frau als Unternehmerin musste sich ihre Position selbst hart erkämpfen. Denn so ganz freiwillig hat die von Männern dominierte Wirtschaft den Frauen den Weg in die Führungsetagen der Unternehmen nicht frei gemacht, geschweige denn ihnen den Weg geebnet.

Oft waren es häufig tragische Situationen, die Frauen in die Führungsrolle von Unternehmen brachten, ja sogar zwangen. Der überraschende Tod des Partners etwa, der das Unternehmen gegründet und geführt hatte und nun die Frau vor vollkommen ungeordneten Situationen zurückließ. Als ein Beispiel soll die Geschichte von Martha van den Berg[2] dienen. Ganz nebenbei und beinahe zufällig kommen wir mit ihrer Geschichte auch in den Bereich des Franchising.

Dornröschen schwingt den Kochlöffel

Martha van den Berg wurde 1937 geboren. Als Mutter von sechs Kindern von heute auf morgen Witwe zu werden, ist wohl die härteste Probe, vor die jemand gestellt werden kann. Der Grund für den schmerzlichen Verlust war der Flugzeugabsturz ihres

Lebenspartners und Firmenchefs samt seines Vertriebsleiters. Bald darauf meldete sich der härteste Konkurrent am Markt und damaliger Marktführer mit einem Übernahmeangebot, was sie ablehnte. Dies geschah genau vor 31 Jahren. Das Angebot kam vom Wienerwald-Gründer Friedrich Jahn. Martha van den Berg führte die Geschäfte ihres Mannes weiter und schrieb in Deutschland, wie auch Friedrich Jahn mit seinem Wienerwald, Fast-Food-Geschichte. Schließlich wurde 1961 in Wilhelmshaven das erste Kochlöffel-Restaurant eröffnet. Zu Kochlöffel gehören heute über 100 Restaurants mit einem Umsatz von mehr als 100 Millionen DM, die zum Teil als Filialen und zum größten Teil als Franchise-Betriebe geführt werden.

Am Beginn dieser exzeptionellen Unternehmerinnenkarriere in der Gastronomie war die junge Unternehmerin gerade 24 Jahre alt.

Dornröschen führt ein Unternehmen anders als der Prinz

Wenn eine Frau an der Spitze das Sagen hat, ist auch der Umgang miteinander anders geprägt. „Frauen nehmen anders wahr und haben auch einen Sinn für die Kleinigkeiten", erläutert Martha van den Berg. Was aber bedeutet diese „andere Wahrnehmung"?

Eine Studie von Karolina Frenzel, einer Kommunikationsberaterin aus München, die Frauen im Vergleich zu Männern beim Übergang in Führungspositionen untersucht hat, zeigt hierzu erstaunliche Ergebnisse: Demzufolge nehmen Frauen die Veränderung von der Mitarbeiterin zur Führungskraft in Bezug zur neuen Herausforderung als einen fließenden Übergang mit großer Kontinuität wahr. Die Inhalte, mit denen sie sich als Mitarbeiterin beschäftigt hat, bleiben im Fokus ihres Denkens. Führen bedeutet demnach, sich mit diesen Inhalten in einer höheren und damit gestärkten Funktion zu beschäftigen. Oft ist mit der neuen Aufgabe eine starke inhaltliche Identifikation verbunden, die das zentrale Motiv für die Übernahme von Führungsverantwortung darstellen kann.[3]

Der Prinz bleibt eben ein Prinz

Im Gegensatz dazu nehmen männliche Führungskräfte den Wechsel in die Führungsetage in der Regel als Bruch wahr. Führung ist für sie ein völlig neuer Job, der nichts oder nur sehr wenig mit den Inhalten, mit denen sie vorher beschäftigt waren, zu tun hat. Die Aufgabe, der sie sich nun stellen, ist das Anleiten von MitarbeiterInnen. Zu welchen konkreten Inhalten man diese MitarbeiterInnen anleitet, ist kein bestimmendes Merkmal des „Führungs-Jobs". Haben sie sich erst in die Führungsrolle eingearbeitet, können sie diese in nahezu jedem beliebigen Kontext erfüllen. Sie übernehmen auch häufig nacheinander Führungsaufgaben in sehr heterogenen inhaltlichen Kontexten: Ein Wechsel vom Anlagenbau zur Mikroelektronik und schließlich zur Telekommunikation macht ihnen keine Probleme – denn die Aufgabe, mit der man sich identifiziert, ist schließlich nicht die Herstellung und Entwicklung von Telefonen, sondern das Führen von Menschen; und das ist in dieser Sichtweise immer gleich, egal, womit sich die Geführten auch immer beschäftigen.

Dornröschen als „Erste unter Gleichen“

Für Frauen ist dagegen Führung keine Rolle, die sie unabhängig von der zu erfüllenden Aufgabe übernehmen, sondern Führung ist eine Funktion der Aufgabe: Es geht darum, diese Aufgabe möglichst optimal zu erfüllen, und die Führung hat ihre Legitimation einzig darin, ob und wie gut sie dies ermöglicht.

Aus dieser Logik entwickelt sich ihr Führungsverhalten, das sie so modulieren, dass es der konkreten Aufgabe und den konkreten Menschen, die sich mit ihr beschäftigen, gerecht wird. Weibliche Führungskräfte stehen „mittendrin statt oben drüber“, sie führen nach dem Prinzip der „prima inter pares“ und kooperieren auf idealtypischer Weise mit kompetenten MitarbeiterInnen.

Männer setzen in der Führungsposition auf Überblick und Verantwortung, grenzen dabei aber MitarbeiterInnen-Potenziale ein.

Diese Sichtweise von Führung spiegelt sich auch in den Führungswerten wider, die die Frauen leben. Die starke Orientierung der weiblichen Führungskräfte an den Inhalten einer Aufgabe ist eine zentrale Qualität ihres Zugangs zum Beruf überhaupt.

Dornröschen ist im Kommen

„Frauen sind auf dem Karrierevormarsch. Frauen dringen in die männliche Welt des Top-Managements vor.“ So oder ähnlich jedenfalls lauten Schlagzeilen der Wirtschaftspresse und Magazine. Tatsache ist, dass immer noch wenige Frauen in den Führungsetagen vertreten sind.

Catalyst, ein angesehenes New Yorker Frauenforschungsinstitut[4], hat in einer aktuellen Untersuchung festgestellt, dass in den 500 größten Unternehmen der USA der Anteil weiblicher Führungskräfte von 8,7 Prozent im Jahr 1995 auf 12,5 Prozent im Jahr 2000 gestiegen ist. Bei den amerikanischen Unternehmerinnen zeigt sich diese Tendenz noch deutlicher: Bereits jede zweite Firma in den USA wird heute von einer Frau gegründet.

In Europa lässt sich Ähnliches beobachten, wenn die Entwicklung auch langsamer verläuft. Im deutschsprachigen Raum sind zwar 42 Prozent der Erwerbstätigen weiblich, aber nur elf Prozent der Führungspositionen entsprechend besetzt. Doch bei den Betriebsgründungen zeigt sich langsam eine Veränderung. Immerhin wird mittlerweile jedes dritte Unternehmen in Deutschland von einer Frau gegründet. Von den 3,6 Millionen Selbstständigen in Deutschland sind 986.000 Frauen – also rund 28 Prozent.[5]

Frauen gründen Unternehmen in fast allen Branchen und Größenordnungen. Die Gründungsaktivitäten der Frauen können nicht auf frauentypische Branchen oder auf Gründungen mit wenig Startkapital, mit geringen Umsätzen und minimalen Gewinnen eingegrenzt werden. Allerdings lassen sich auch Bereiche feststellen, in denen Frauen fast gar nicht vertreten sind:

Betriebsübernahmen, die Bau-Branche, Handwerksbetriebe und verarbeitendes Gewerbe. Bei Betriebsübernahmen und Beteiligungen sind Frauen meistens nicht existent.

Unterschiede zwischen Gründerinnen und Gründern lassen sich vor allem bei der Größe der Gründungsvorhaben feststellen: „Think big" scheint bei der Gründung nicht die Devise der meisten Frauen zu sein. Sie gründen kleiner, gehen weniger Risiken ein, müssen daher aber auch nicht so häufig Konkurs anmelden.

Frauen verfügen über geringere Vermögenswerte und weniger Eigenkapital. Schon darum müssen sie kleiner gründen. Vor allem aber neigen sie dazu, sich ganz andere Finanzierungsquellen zu erschließen: Die meisten Frauen nutzen zunächst ihr informelles Netz, um Fremdkapital zu beschaffen. Erst wenn die finanziellen Ressourcen von PartnerInnen, FreundInnen, Verwandten und Eltern erschöpft sind, werden Banken oder staatliche Förderprogramme in Anspruch genommen.

Die Dornen stechen noch ein wenig

Frauen haben bei der Existenzgründung mit den gleichen Problemen zu kämpfen wie ihre männlichen Pendants und haben zusätzlich bei der Gründung eines eigenen Unternehmens oft mit Vorurteilen zu kämpfen. Sie stoßen auf Akzeptanzprobleme in einer von Männern dominierten Wirtschaftswelt und werden erfahrungsgemäß bei den Kreditinstituten kritischer beurteilt als Männer.

Aber nach der Gründung müssen Frauen bei Kundschaft und MitarbeiterInnen mehr Überzeugungsarbeit leisten. Die Ursachen und Gründe dafür sind vielfältig:

Zum einen liegt dies wohl auch daran, dass Frauen immer noch traditionelle Frauenberufe erlernen, die wiederum nicht das nötige „Handwerkszeug" für die Existenzgründung mitbringen. Erschwerend ist auch die Tatsache, dass es immer noch großteils die Frauen sind, die mit Familie und Kinder eine Doppelbelastung zu tragen haben.

Zum anderen sind Selbstständige in der Gründungsphase, aber auch später, auf Unterstützung aus ihrem persönlichen Umfeld angewiesen. Während männliche Existenzgründer in der Regel auf die Hilfe ihrer Partnerin rechnen können, haben Frauen hier häufig mit Problemen zu kämpfen, vor allem dann, wenn sie Kinder haben: „Ein Mann hat bei der Karriere seine Frau im Rücken, eine Frau hat die Familie im Nacken."

Dornröschen befreit sich selbst

Weibliches Unternehmerinnentum ist nicht nur erfolgreich und schafft neue Arbeitsplätze, sondern es wird auch häufig mit einer qualitativ anderen Lebensgestaltung assoziiert. So individuell die einzelne Biographie auch ist, immer wieder zeigt sich folgendes Grundmuster: Das eigene Unternehmen macht unabhängig und wird für eine ausgeglichenere „Lebenskarriere" genutzt.

Die finanzielle Unabhängigkeit ergibt sich mit dem Erfolg der Firma. Erfolg haben heißt aber nicht, kurzfristig den derzeit so hoch im Kurs stehenden Shareholder value[6] zu maximieren, sondern die Existenz der Firma langfristig zu sichern. Viele Unternehmerinnen betrachten deshalb MitarbeiterInnen nicht als Kostenfaktor, sondern als Investition.

Der individuelle Lebenszyklus von Frauen bestimmt, ob Beruf, Kinder, PartnerInnen, Familie oder persönliche Hobbys und Leidenschaften Priorität haben. Bei vielen Frauen dominiert durchaus der Beruf, aber der beruflichen Laufbahn wird kein ganzes Leben gewidmet. Unternehmerinnen haben sehr viel häufiger als angestellte Managerinnen Kinder, und sie opfern die Familie nicht dem Beruf. Diese Frauen sind deshalb auch auf dem Weg, den Karrieremythos, der in männlich geführten Unternehmen gilt, durch eine ganzheitliche Lebensgestaltung zu ersetzen. In Analogie zum Vermögensaufbau ist dieser dann gut gelungen, wenn die verschiedenen Vermögensanlagen gut diversifiziert sind und die Anlagepolitik der jeweiligen Lebensphase entspricht.

Warum sie den Frosch nicht mehr an die Wand werfen müssen

In den großen, etablierten Unternehmen können Frauen ihr wirtschaftliches Know-how, über das sie dank gleichwertiger Ausbildung verfügen, meist nicht voll ausnützen. Frauen finden nur äußerst selten den Weg durch die gläserne Decke bis ins oberste Management. Es zeugt daher von klugem Einsatz der persönlichen Lebensenergie, wenn sich Frauen nicht in aufreibender Überzeugungsarbeit verbrauchen, sondern ihre Vorstellungen in einem eigenen Unternehmen umsetzen.

Um diesen Weg in die Selbstständigkeit so effizient wie möglich zu beschreiten, bietet sich für „unternehmenslustige" Frauen ein nahezu idealer Weg: das Franchising.

Dornröschen beschreitet den Königsweg

Franchising[7] könnte man als Existenzgründung mit Netz bezeichnen. Die PartnerInnen eines Franchise-Systems kaufen sich als selbstständige UnternehmerInnen in eine erprobte Geschäftsidee ein, erwerben betriebliches Know-how und werden in Marketing, Vertrieb und Organisation unterstützt. Franchising ermöglicht es, die Vorteile eines Großunternehmens mit den Vorteilen eines mittelständischen Unternehmens zu kombinieren. Der/die Franchise-Geber/in stellt dem/der Franchise-Nehmer/in gegen eine Gebühr – die Franchise-Gebühr – ein Bündel an optimierten und zentralisierten Dienstleistungen zur Verfügung. So werden die Stärken einer großen Organisation, die sich beispielsweise unter den Stichworten „Economies of Scale" und „breites Know-how" zusammenfassen lassen, mit den Vorteilen von einem flexiblen, lokalen Unternehmertum in kleineren Einheiten verknüpft. Ein rasches, profitables Wachstum wird bei beschränktem Kapitalersatz erzielt.

Die zeitlichen und finanziellen Aufwendungen der Startphase werden auf ein Minimum reduziert und der gesamte Bereich der äußerst aufwendigen Entwicklungsarbeit in eine selbstständige Existenz entfällt.

In Zeiten, in denen sich Unternehmen verstärkt global engagieren, ist Schnelligkeit ein Erfolgsfaktor. Die Expansion eines Konzepts geht über Franchising um ein

Vielfaches schneller als über Filialisierung. Neben möglichen Investitionsbarrieren spielen für den/die Franchise-Geber/in die unternehmerische Motivation der Franchise-Nehmer/innen und geringere Kosten im Personaleinsatz eine wichtige Rolle. Der/die Franchise-Nehmer/in selbst investiert in ein existierendes Geschäftssystem, das ihm/ihr bei kalkulierbarem Risiko den Weg in die Selbstständigkeit wesentlich erleichtert.

Der Frosch hat endgültig ausgedient

Dass Franchising Zukunft hat, wird von kaum jemandem bestritten. Nach Ansicht des amerikanischen Trendforschers John Naisbitt wird sich das Franchising bis zum Jahr 2010 zur weltweit vorherrschenden Vertriebsform entwickeln.[8] Der Zukunftsforscher Jeremy Rifkin wertet Franchising als folgenreichste Neuorganisation von Geschäfts-beziehungen, die sich seit Ende des 19. Jahrhunderts entwickelt hat.[9] Laut Rifkin wachsen bereits heute die mit Franchising befassten Branchen sechsmal schneller als die Wirtschaft insgesamt. Auch deutsche Wissenschafter/innen stimmen dem zu: „Nach meiner Auffassung sind es die Netzwerkorganisationen mit Systemkopf, die mit einer Hochgeschwindigkeitsexpansion innovative Systemdienstleistungen vermarkten und Hunderttausende von Arbeitsplätzen im Tertiären Sektor schaffen", sagt Dieter Ahlert vom Lehrstuhl für Betriebswirtschaftslehre an der Westfälischen Wilhelms-Universität in Münster.[10]

Der Siegeszug des Franchising wird verständlich, wenn man die Vorteile für den/die Franchise-Nehmer/in betrachtet. Die Kundschaft profitiert von einer erprobten Geschäftsidee, einem einheitlichen Auftritt am Markt und der kontinuierlichen Weiterentwicklung des Systems.

Dass Franchising auch bei den Franchise-Partner/innen beliebt ist, hat eine Studie gezeigt, die am Internationalen Centrum für Franchising und Cooperation (F&C) an der Universität zu Münster[11] durchgeführt wurde. Über 75 Prozent der befragten Franchise-Nehmer/innen planen den Franchise-Vertrag bei Ablauf zu verlängern. Auch die Finanzen stimmen: Immerhin 70 Prozent der Franchise-Nehmer/innen sind mit ihrem wirtschaftlichen Erfolg zufrieden. Drei Viertel der Befragten verzeichnen deutlich bessere Umsätze als durchschnittlich in der jeweiligen Branche erzielt werden.

Die goldene Kugel liegt längst nicht mehr am Grund des Brunnens

Franchising erfreut sich weltweit bei vielen Existenzgründer/innen zunehmender Beliebtheit. Denn der/die rechtlich selbstständige Franchise-Nehmer/in arbeitet einerseits auf eigene Rechnung, andererseits nimmt ihm oder ihr der/die Franchise-Geber/in in seiner/ihrer System-Zentrale vieles von dem ab, was andere Selbstständige noch regelmäßig nach Ladenschluss erledigen müssen – etwa das Marketing. So kann sich der/die Franchise-Existenzgründer/in voll auf den Verkauf der Produkte oder Dienstleistungen konzentrieren.

Franchising ist damit ein Konzept, das sich besonders auch für jene Frauen eignet, die Selbstständigkeit und Familie vereinbaren wollen.

Das erprobte und gesicherte Geschäftskonzept und die ständige Begleitung durch die System-Zentrale ermöglicht die angestrebte Selbstständigkeit mit einem größtmöglichen Potential an Sicherheit ohne den sonst hierzu notwendigen Zeit- und Finanzaufwand.

Die Rechtsanwältin Ruth Dünisch sieht im Franchising eine echte Alternative selbstständig zu werden, um vor allem auch der allgemein geringen Risikobereitschaft von Frauen als Gründerinnen eine entsprechende Lösung entgegenzusetzen.[12]

Es werden immer mehr

Der Anteil der Frauen an der Gesamtzahl der Franchise-Nehmer/innen ist steigend und beläuft sich im deutschsprachigen Raum bereits auf etwa 25 Prozent. In manchen Bereichen wie Fitness, Gesundheit und Touristik beträgt der Frauenanteil sogar bis zu 36 Prozent.

Trotzdem hinkt Europa den USA weit hinterher. Etwa am Beispiel der Immobilienmakler/innen wird dieser Zustand deutlich. In den USA ist diese Branche eine absolute Frauenbranche, in Europa dagegen schreitet die Entwicklung nur langsam voran: Der in Deutschland tätige Maklerverbund Aufina/Era[13], ein 1987 gegründetes Franchise-System, verzeichnet bei 130 Büros derzeit 16 Franchise-Nehmerinnen. Bettina Naumann, Mitbegründerin und geschäftsführende Gesellschafterin der Aufina/Era und Vorstandsmitglied im Deutschen Franchise-Verband meint dazu: „Beim Systemstart und auch in den ersten Jahren hatten wir keine weiblichen Franchise-Partnerinnen. Das hat sich seit Mitte der neunziger Jahre vollkommen gewandelt". Die frauenfreundliche Entwicklung bei Startups führt sie auf eine veränderte Bildungssituation, die gewandelte Frauenrolle in der Gesellschaft und das neu gewonnene Selbstbewusstsein ihrer Geschlechtsgenossinnen zurück. „Es sind nicht immer junge Frauen, die mit uns starten – einige haben eine fundierte Ausbildung, den ersten Beruf, Haus- und Ehefrauen-Dasein hinter sich und starten jetzt mit uns noch einmal durch".[14]

Bei der Franchise-Partner/innensuche vor die Wahl gestellt, würde sie sich bei gleichen Voraussetzungen aller BewerberInnen lieber für eine Frau entscheiden: „Nicht nur im Franchising, sondern in der gesamten Wirtschaft müssen sich Frauen nach wie vor beweisen und ihre Position häufiger behaupten als das männliche Geschlecht. Haben sie es dann aber geschafft, sind sie erfahrungsgemäß beharrlicher, konstanter und diplomatischer in ihrer Arbeitsweise",[15] erläutert Bettina Naumann.

Wenn also die Prognose von John Naisbitt über den Siegeszug des Franchising bis zum Jahr 2010 als weltweit vorherrschende Vertriebsform zutrifft, dann kann man bei dem jetzigen Trend des weiblichen Anteils innerhalb des Franchising davon ausgehen, dass 2010 die Mehrzahl der selbstständigen Unternehmer/innen Frauen sein werden.

Dann hat Dornröschen sich selber erweckt und die Dornen überwunden.

Literatur

Ahlert, Dieter; Hesse, Josef; Wunderlich, Maren: Was Glauben Sie Ist Franchising? Empirisch gestützte Analyse zum Image des Franchising. Institut für Franchising und Kooperation der Universität Münster. Münster 2001. Unveröffentlichte Unterlagen.

Ahlert, Dieter (Hrsg.): Handbuch Franchising und Cooperation. Neuwied und Kriftel: Luchterhand 2001.

Frenzel, Karolina: Frauen und Führung – Bleibt Dornröschen ungeküsst? München: System + Kommunikation 2001.

http://www.system-und-kommunikation.de/dornroeschen.pdf, [7.10.2002]

Naisbitt, John; Aburdene, Patricia: Megatrends 2000 – Ten New Directions for the 1990's. New York: William Morrow & Co 1990.

Naisbitt, John: Global Paradox. The bigger the world economy, the more powerful its smallest players. New York: William Morrow & Co 1994.

Rifkin, Jeremy: Access. Das Verschwinden des Eigentums – Warum wir weniger besitzen und mehr ausgeben werden. Frankfurt, New York: Campus 2000.

Anmerkungen

1 http://www.syncon-international.com/presse_archiv/beitraege.htm, [7.10.2002]

2 http://www.kochloeffel.de, [7.10.2002]

3 Vgl. Karolina Frenzel u.a.: Frauen und Führung – Bleibt Dornröschen ungeküsst? München: System + Kommunikation 2001. http://www.system-und-kommunikation.de/dornroeschen.pdf, [7.10.2002]

4 http://www.catalystwomen.org, [7.10.2002]

5 Juliane Schäuble: „Frauen gründen Firmen klein – aber gründlich". In: Tagesspiegel, 6. 3. 2002.

6 Managementprinzip, das den Nutzen für die AktionärInnen an die erste Stelle setzt. Der/die AnteilseignerIn profitiert im Idealfall von einer hohen Dividende und steigenden Kursen. Um den Gesamtwert eines Unternehmens zu steigern, setzt das Management unter anderem auf eine zielgerichtete Unternehmensstrategie, eine Informationspolitik im Sinne der AktionärInnen und auf überdurchschnittliche Eigenkapitalrenditen.

7 Vertriebsform im Einzelhandel, bei der ein/e UnternehmerIn die Produkte durch eine/n EinzelhändlerIn in Lizenz verkaufen lässt. Franchising ist die Erlaubnis kommerzieller Nutzung von Rechten Dritter. Zu den Pionierunternehmen des modernen Franchising zählt die weltweite Fast-Food-Kette McDonald's.
http://www.franchise.at, [7.10.2002]

8 Vgl. John Naisbitt, Patricia Aburdene: Megatrends 2000 – Ten New Directions for the 1990's. New York: William Morrow & Co 1990. Vgl. auch John Naisbitt: Global Paradox. The bigger the world economy, the more powerful its smallest players. New York: William Morrow & Co 1994.

9 Vgl. Jeremy Rifkin: Access. Das Verschwinden des Eigentums – Warum wir weniger besitzen und mehr ausgeben werden. Frankfurt, New York: Campus 2000.

10 Ahlert, Dieter (Hrsg.): Handbuch Franchising und Cooperation, Neuwied und Kriftel: Luchterhand 2001.

11 Vgl. Dieter Ahlert, Josef Hesse, Maren Wunderlich: Was Glauben Sie Ist Franchising? Empirisch gestützte Analyse zum Image des Franchising. Münster 2001.
http://www.franchising-und-cooperation.de, [7.10.2002]

12 Ruth Dünisch ist stellvertretende Geschäftsführerin des Deutschen Franchise-Verbands.
http://www.dfv-franchise.de/start.html, [7.10.2002]

13 http://www.era-aufina.com, [7.10.2002]

14 Zitat Bettina Naumann am Deutschen Franchisetag 1999, Frankfurt a. Main.

15 Ebda.

Katrin Hansen

Sinnvolle Konzepte zur Herstellung von Chancengleichheit

Ansatzpunkte für Unternehmen[1]

Frauenförderung ist seit vielen Jahren ein eingeführter, doch frauenpolitisch umstrittener Begriff. Heute ist er zugunsten von „Gleichstellung", „Chancengleichheit" oder „Geschlechtergerechtigkeit" etwas in den Hintergrund getreten. In der letzten Zeit rückt im europäischen Raum „Gender Mainstreaming", übersetzt mit „Gleichstellung oder Chancengleichheit als Querschnittsaufgabe", zunehmend in den Fokus der frauenpolitischen Diskussion in Politik und Wissenschaft. In den USA hat das „Diversity Management" Konjunktur, das auch zur Durchsetzung von Chancengleichheit zwischen den Geschlechtern in Unternehmen beiträgt.

In meinem Beitrag gehe ich der Frage nach, inwieweit es sich hier eher um unterschiedliche Bezeichnungen ähnlicher Sachverhalte oder aber um Konzepte handelt, die sich gravierend unterscheiden. Im zweiten Fall wäre dann weiter zu analysieren, ob die Konzepte miteinander zu vereinbaren sind, sich gegenseitig ausschließen oder ob sie einander nicht eher ablösen und dabei wichtige Elemente des Vorgängerkonzeptes bewahren. Dieser Beitrag versteht sich nicht als systematische Literaturanalyse. Eine solche liegt für den deutschsprachigen Raum bereits vor.[2] Ich konzentriere mich vielmehr auf ausgewählte Veröffentlichungen zu Konzepten, die in der (Wirtschafts)Praxis und der betriebswirtschaftlichen Diskussion zur Zeit aktuell sind.

Als Unterscheidungskriterien ziehe ich heran:

- **Bezugsrahmen der Konzepte**, aus dem sich Basisprämissen und intendierte Effekte ableiten lassen; Zu beachten sind hier die Situation der Frauen in der Gesellschaft, die Geschlechterverhältnisse und gesellschaftliche Strukturen, Kulturen und Machtverhältnisse, die Handlungsbedarf generieren und zumindest in Ansätzen durch die Konzepte verändert werden sollen.
- **Primäres Wirkungsfeld**; Hier lassen sich Schwerpunkte jeweils in Organisationen, hier vor allem Unternehmen, oder in der Gesellschaftspolitik festmachen. Die Grenzen sind insofern fließend, als betriebliche Konzepte durch die Politik gefordert oder gefördert werden können und andererseits betriebliche Konzepte als ideengebend für die Politik dienen. Dennoch lassen sich die Ansätze anhand ihrer Paradigmen immer schwerpunktmäßig einem der beiden Bereiche zuordnen.

Systematisiert man die gängigen Konzepte, so ergibt sich das in Abbildung 1 dargestellte Bild.

Abbildung 1: Konzepte in der Übersicht

Frauenförderung bzw. Affirmative Action mit Bezug auf Frauen stellen sich in diesem Konzept als primär gesellschaftspolitische Konzepte dar, die das Ziel verfolgen, Benachteiligungen und Defizite der sozialen Gruppe der Frauen auszugleichen. In der Vergangenheit waren Frauen weniger gut ausgebildet und bis heute sind Familie und Beruf in Deutschland vor allem für Frauen nach wie vor nur unter besonderen Mühen miteinander zu vereinbaren. Da aus diesen Ausbildungsdefiziten und familienbedingten Unterbrechungen der Erwerbsarbeit verminderte berufliche Chancen sowie eine aus Sicht der Unternehmen eingeschränkte Einsatzfähigkeit doppelt belasteter Frauen resultieren, wird an die soziale Verpflichtung von Unternehmen appelliert, Frauenförderung in Unternehmen und Non-Profit-Organisationen zu betreiben. Diesem Argumentationsstrang logisch folgend, liegt der Schwerpunkt solcher Frauenförderprogramme häufig auf der Vereinbarkeit von Familie und Beruf sowie auf dem Abbau von Defiziten, etwa durch Personalentwicklungsangebote speziell für Wiedereinsteigerinnen.

Ein zweiter Argumentationsstrang kommt hinzu: In Organisationen vollzog und vollzieht sich berufliche Diskriminierung von Frauen. Eine Benachteiligung, der durch Regelwerke und den unermüdlichen Einsatz von Frauenbeauftragten zumindest teilweise erfolgreich begegnet wird. Auch hier setzt die Frauenförderung, nun aber im Übergangsfeld zur Gleichstellungspolitik, an. Sie liegt aber zunächst nicht im ureigensten Interesse der Beteiligten, sondern wird von außen angereizt, etwa durch gesetzliche Auflagen, öffentliche Vergabepolitik oder Image-Beeinträchtigungen mit negativen Effekten auf Absatz- bzw. Arbeitsmärkten. Frauenförderung und Frauenbeauftragte werden daher überwiegend als Fremdkörper im Unternehmen empfunden und haben in den letzten Jahren zunehmend männlichen Widerstand hervorgerufen.

Direkt an den Organisationszielen setzen die Konzepte an, die der unternehmenspolitischen Dimension zugeordnet werden. Frauenorientiertes Personalmarketing[3], Chancengleichheit durch Personalpolitik[4], Total E-Quality[5] und das Konzept der Geschlechtergerechtigkeit, wie es beispielhaft im QueR-Projekt[6] an der Universität Dortmund mit Leben erfüllt wird, sind hier für Deutschland bzw. den deutschsprachigen Raum anzuführen und durch das aus den USA stammende Konzept des Diversity Managements zu ergänzen. Diese Konzepte sind an anderer Stelle bereits ausführlich beschrieben worden,[7] so dass ich mich hier auf eine vergleichende Darstellung beschränken kann.

Allen Konzepten gemeinsam ist, dass sie die als sinnvoll erkannten Maßnahmen aus der Frauenförderung aufgreifen. So enthalten Gertraude Krells „Ecksteine" die Forderung nach Neugestaltung und -bewertung herkömmlicher Frauenarbeit, nach Erleichterung der Vereinbarkeit für beide Geschlechter, nach Chancengleichheit beim Zugang zu Fach- und Führungspositionen und die Forderung nach Aufklärung von (männlichen) Führungskräften und (materiellen) Anreizen zur Durchsetzung der Chancengleichheit. Diese Aktionsfelder finden sich, näher konkretisiert und operationalisiert, in den Checklisten im frauenorientierten Personalmarketing und in jenen des Total E-Quality-Konzepts. Im Rahmen des Diversity Managements werden vergleichbare Aktionen ebenfalls vorgeschlagen.

Im Unterschied zu Frauenförderung begreifen sich die unternehmenspolitischen Konzepte als strategische Konzepte, die einen Beitrag zur Verbesserung der Situation von Frauen bzw. zur Geschlechtergerechtigkeit leisten und gleichzeitig zur Veränderung der Organisation im Sinne der Organisationsentwicklung beitragen wollen. Sinnvoll sind frauenfreundliche Aktionen der Organisation, dem paradigmatischen Rahmen der Konzepte folgend, also nur insoweit, als sie dem längerfristigen Organisationsinteresse entsprechen und in Erwerbsorganisationen damit deren betriebswirtschaftliche Ziele stützen.

Die Defizit-Thesen geben diese Ansätze auf bzw. blenden außerbetrieblich verwurzelte und für die Organisation (ökonomisch) irrelevante Benachteiligungen von Frauen aus. Darin liegt einerseits die Stärke dieser Konzepte, die Organisationen nicht mit der Lösung gesellschaftlicher Probleme „belasten", was vor allem in kleineren und mittleren Unternehmen zu einer erhöhten Akzeptanz der Konzepte im Vergleich zu jenen der Frauenförderung führt. Andererseits zeigt der ökonomisch-orientierte Ansatz die Grenzen der Konzepte: Gesellschaftliche Benachteiligung sozialer Gruppen können und wollen sie nur da kompensieren, wo es im Organisationsinteresse liegt. Wo darüber hinausgehende Benachteiligung vorhanden ist, müssen ergänzende politische Programme einsetzen. Frauenförderung wird also nicht ersetzt, sondern muss begleitend erhalten bleiben.

Kritisch zu hinterfragen ist in diesem Zusammenhang, inwieweit Unternehmen oder auch Wissenschaftsorganisationen nicht – direkt oder indirekt – einen Beitrag zur gesellschaftlichen Schlechterstellung von Frauen bzw. zum Aufrechterhalten solcher Unterschiede leisten, die Lösung der damit verbundenen Folgen aber politischen Programmen zuweisen. Denken wir zum Beispiel an die Aufrufe von Schulen, Hochschulen und Politik: „Mädchen in Männerberufe!" oder „Ingenieurinnen erwünscht!", die solange nur begrenzte Wirkung erreichen, wie attraktive Studienplätze und ebenso attraktive Arbeitsplätze für junge Technikerinnen und Ingenieurinnen in großem Umfange von der Wirtschaft eben nicht bereitgestellt werden. Hier müssen öffentliche Programme der Frauenförderung und des frauenorientierten Personalmarketings von Hochschulen und die Gleichstellungsbestrebungen von Unternehmen miteinander verzahnt werden.

Neben Gemeinsamkeiten weisen die genannten Konzepte Unterschiede auf. Das frauenorientierte Personalmarketing bekennt sich zur Zielgruppe „Frauen", lehnt aber eine pauschale Behandlung von Frauen als sozialer Gruppe ab und fordert ein differenziertes Eingehen auf die sehr unterschiedlichen Bedürfnisse von Subsegmenten sowie deren aktive Einbeziehung in die Entwicklung und Steuerung situativ angemessener Konzepte. Chancengleichheit durch Personalpolitik erweitert den Blickwinkel auf die Situation von Männern und Frauen. Ziel ist es hier, die Situation für beide zu verbessern und die Organisation insgesamt produktiver und leistungsfähiger zu machen. Konkurrenzen zwischen Männern und Frauen werden damit vermieden oder zumindest reduziert. Wecken von Widerständen bei AkteurInnen, die nicht zur Zielgruppe gehören, sind ein Aspekt, der das frauenorientierte Personalmarketing in seiner Nachhaltigkeit beeinträchtigen kann, aber durch das Konzept der Chancengleichheit überwunden wird. Die Argumentation im Total E-Quality-Konzept und im Konzept der Geschlechtergerechtigkeit zielt auch auf eine Verbesserung der Situation für die Gesamtorganisation ab, wobei sich meinem Eindruck nach die Maßnahmen in der faktischen Ausprägung vor allem auf Frauen richten. Sie stellen somit eine mittlere Position zwischen den beiden anderen Ansätzen dar.

Anders sieht es beim Management von Diversity aus. Die Genderfrage ist nur eine unter vielen anderen: Ethnische Herkunft/Rasse, Alter, Behinderungen, sexuelle Orientierung, Religion/Glaube gehören ebenso zu den Kerndimensionen von Diversity wie das Geschlecht.[8] Aber auch Ausbildung/Fachdisziplin, die Vielfalt von Organisationseinheiten und deren Kulturen sowie Ideen/Überzeugungen werden in diesem Konzept berücksichtigt.[9]

Wie die anderen unternehmenspolitischen Ansätze verfolgt Diversity Management das Ziel, Organisationen erfolgreicher zu machen. Diversität wird als eine Chance gesehen, Effektivität und Lernfähigkeit von Organisationen zu steigern bzw. als Management-Technik verwendet, um mit bestehender personeller Vielfalt im Unternehmen erfolgreich umzugehen, Reibungsverluste, Demotivation und Fluktuation zu vermeiden. Beide Seiten beinhalten als eine der relevanten Dimensionen die Geschlechterfrage. Diese bildet zwar nicht, wie in allen anderen Konzepten, den Ausgangspunkt von Überlegungen und Maßnahmen. Aber wie ein Schirm spannt sich das „Learning and Effectiveness-Paradigma" des Diversity-Ansatzes auch über die Frauen. Sie sind nicht „die Anderen", sondern durch ihre Geschlechtszugehörigkeit ein Aspekt personeller Vielfalt. Ziel des Ansatzes ist es, Organisationen fähig zur produktiven Aufnahme von Vielfalt zu machen, sie also als erfolgreiche Organisation weiterzuentwickeln: „Building a House for Diversity", wie es Roosevelt R. Thomas und Marjorie I. Woodruff sehr bildhaft ausdrücken.[10]

Im Mittelpunkt des Diversity-Ansatzes steht die Forderung nach der Lernbereitschaft aller Personen im Unternehmen, auch der dominanten Gruppe, welche gleichfalls als Aspekt der Diversität im Unternehmen interpretiert wird und damit ebenso dem Diversity Management unterliegt. Damit geht Diversity über die anderen unternehmenspolitischen Konzepte hinaus, welche die Forderung nach Organisationsentwicklung zwar gleichfalls, allerdings in weicherer Form aufstellen. Diese Konsequenz empfinde ich als konzeptionelle Stärke; gleichzeitig könnte hierin aber auch eine Ursache für die unbefriedigende Akzeptanz des Diversity Managements in der (deutschsprachigen) Unternehmens-Praxis liegen. Interessant an diesem Ansatz finde ich ferner, dass Organisationsmitglieder nicht, wie dies die anderen Ansätze zumindest implizit nahe legen, auf das „Frausein“ oder „Mannsein“ festgelegt, sondern in einem Spannungsfeld unterschiedlicher Dimensionen von Diversity gesehen werden und ihr Verhältnis zueinander damit wesentlich differenzierteren Analysen zugänglich wird. Diversity Management kann somit einen Beitrag zur Dekonstruktion von Weiblichkeit leisten.

Der letzte hier kurz darzustellende Ansatz ist das Gender Mainstreaming, übersetzt als „Gleichstellung als Querschnittsaufgabe“. Dieser Ansatz wurde von der internationalen Frauenbewegung schon vor Jahren auf die Agenda gesetzt, rückt in der deutschen Frauenbewegung und Politik aber erst allmählich ins Bewusstsein und wird dort eher kritisch diskutiert. Gender Mainstreaming wird vor allem als Top-Down-Strategie diskutiert, die mit Quoten, Anreizen und Sanktionen Gleichstellung erreichen will. Ich bin der Überzeugung, dass die Integration der Genderfrage in europäische Programme und Projekte, in Systeme und Strategien ein interessanter und erfolgversprechender Ansatz ist, wenn er tatsächlich mit Leben erfüllt wird. Genau hier aber sehe ich die Gefahr, dass ein Top-Down-Gender-Mainstreaming als „Selbstläufer“ interpretiert oder aber als Ersatz für Programme der Frauenförderung angesehen werden könnte. Beides wäre meines Erachtens nach falsch. Ohne aktive und kompetente Frauen und gendersensible Männer, die das Einfließen von Geschlechtergerechtigkeit in die politische und organisationale Praxis tragen und da vorantreiben, wo der Strom zu stocken droht, werden Fortschritte wohl kaum zu erwarten sein. Ohne national und international vernetzte und organisierte Frauen, die den Prozess begleiten und die sich auftuenden Chancen ebenso konsequent ergreifen wie sie Hindernisse und Widerstände bekämpfen, kann Gender Mainstreaming nicht erfolgreich die Situation der Frauen in Europa verbessern. Vor- und Gegensteuerung aber setzen eine Beobachtung der Prozesse und ihrer Erfolge voraus, etwas, was ich als Betriebswirtin gerne mit dem Begriff des Controlling belegen möchte, ohne dabei ausschließlich auf Kennziffern setzen zu wollen. Hieran wäre noch zu arbeiten, um Gender Mainstreaming zu einem erfolgreichen, frauenförderlichen Konzept zu machen, das zukünftig vielleicht auch den unternehmenspolitischen Ansätzen Anschlussmöglichkeiten bietet.

Den verschiedenen Konzepten lassen sich typische Ziele und Aktivitäten zuordnen. Dies ist in der folgenden Abbildung in einer Auswahl geschehen. Anhand dieser Beispiele wird die Kombinierbarkeit der Konzepte deutlich.

Als Leitlinie für Unternehmen lässt sich zusammenfassend formulieren, dass sie vor allem auf der Ebene der unternehmenspolitischen Konzepte nach sinnvollen Ansätzen suchen sollten und die dargestellten Konzepte in Abhängigkeit von ihren konkreten Zielsetzungen und dem bereits erreichten Stand der Gleichstellung im Unternehmen nutzen sollten:

- Frauenorientiertes Personalmarketing, um ein/e attraktive/r Arbeitgeber/in für Frauen zu werden, um Frauen als Kundinnen und als Mitarbeiterinnen zu gewinnen und zu halten.

- Total E-Quality, um Geschlechtergerechtigkeit und Leistungsfähigkeit durch gezielte Schwerpunkt-Maßnahmen für Männer und Frauen zu erreichen und dies auch nach außen zu dokumentieren.
- Managing Diversity, um einen kulturellen Wandel herbeizuführen, der das Unternehmen offener und innovativer macht, vielfältiger und leistungsfähiger, aber auch komplexer.

Ansatzpunkte für Unternehmen

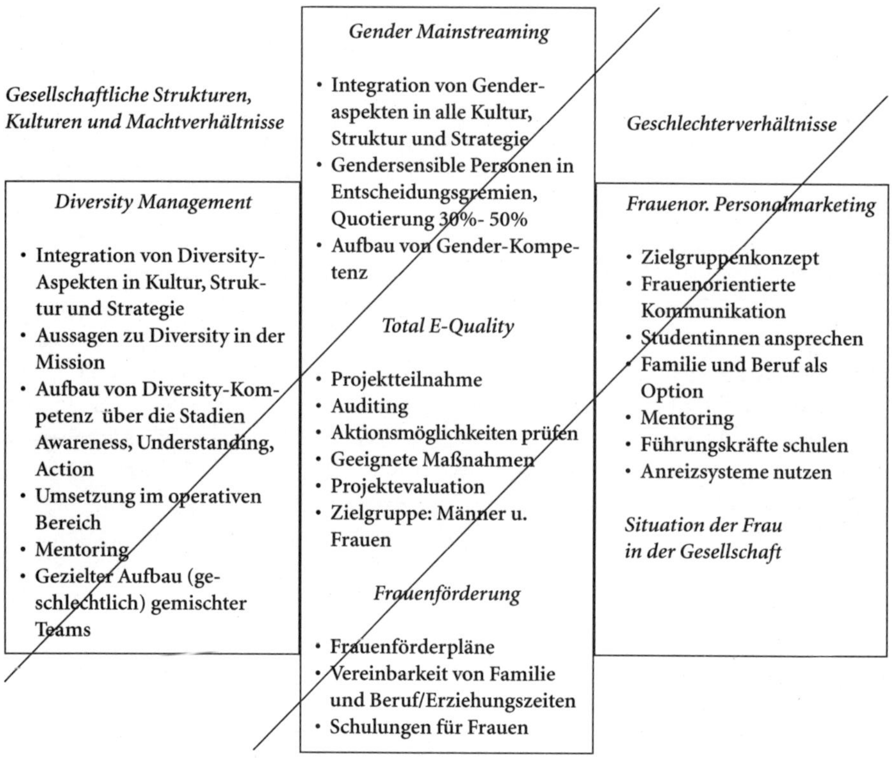

Literatur

Bendl, Regine: „Betriebliche Programme zur Chancengleichheit von Frauen am Arbeitsplatz. Eine Literaturanalyse zum State of the Field". In: Zeitschrift für Betriebswirtschaft 1/1999, S. 133 – 161.

ETAN (2000): ETAN – Expert Working Group on Women and Science (Hrsg.): Science policies in the European Union. Promoting excellence through mainstreaming gender equality. Brussels 2000.

Hansen, Katrin; Dolff, M.: „Von der Frauenförderung zum Management von Diversity". In: Cottmann, Angelika; Kortendieck, Beate; Schildmann, Ulrike (Hrsg.): Das undisziplinierte Geschlecht. Opladen: Leske und Budrich 2000, S. 151 – 173.

Hansen, Katrin; Goos, Gisela: Frauenorientiertes Personalmarketing. Chancen – Wege – Perspektiven. Sternenfels, Berlin: Wissenschaft und Praxis 1997.

Kil, Monika; Uhtes, Regina: „Organisationsdiagnose für eine geschlechtergerechte Hochschulreform". In: Christine Roloff (Hrsg.): Frauen als Akteurinnen in Hochschulreformprozessen. Berlin: Sigma 1998, S. 127 - 151.

Krell, Gertraude: „Chancengleichheit: Von der Entwicklungshilfe zum Erfolgsfaktor". In: Gertraude Krell: Chancengleichheit durch Personalpolitik. Wiesbaden: Gabler 1997, S. 13 - 28.

Dies.: Chancengleichheit durch Personalpolitik. 2. akt. und erw. Aufl. Wiesbaden: Gabler 1998.

Roloff, Christine: „Reform von innen? Erprobung eigenverantwortlicher Gleichstellungspolitik". In: Christine Roloff (Hrsg.): Frauen als Akteurinnen in Hochschulreformprozessen. Berlin: Sigma 1998, S. 239 - 257.

Stuber, M.: Diversity. Vielfalt gestalten: Diversity Management in Europa. Köln 2001 [Unveröffentlichtes Manuskript].

Thomas, Roosevelt R. Jr.; Woodruff, Marjorie I.: Building a House for Diversity. How a Fable About a Giraffe & an Elephant Offers New Strategies for Today's Workforce. New York et. al. 1999.

Thomas, Roosevelt R. Jr.: Redefining Diversity. New York: Amacom 1996.

Total E-Quality Deutschland e. V. (Hrsg.): Total E-Quality. Ein Prädikat für Unternehmen, die Chancengleichheit als Grundsatz ihrer Personalpolitik praktizieren. Köln 1997.

Vollmer, Marianne: Frauen im Unternehmen. Landsberg, Lech: Moderne Industrie 1993.

Anmerkungen

1 Ein Teil des Vortrags ist als Diskussionspapier im Info 4/2000 des Netzwerks Frauenforschung NRW erschienen.

2 Vgl. Regine Bendl: „Betriebliche Programme zur Chancengleichheit von Frauen am Arbeitsplatz. Eine Literaturanalyse zum State of the Field". In: Zeitschrift für Betriebswirtschaft 1/1999, S. 133 - 161.

3 Vgl. Katrin Hansen, Gisela Goos: Frauenorientiertes Personalmarketing. Chancen - Wege - Perspektiven. Sternenfels, Berlin: Wissenschaft und Praxis 1997. Marianne Vollmer: Frauen im Unternehmen. Landsberg, Lech: Moderne Industrie 1993.

4 Gertraude Krell: Chancengleichheit durch Personalpolitik. 2. akt. und erw. Aufl. Wiesbaden: Gabler 1998.

5 Total E-Quality Deutschland e. V. (Hrsg.): Total E-Quality. Ein Prädikat für Unternehmen, die Chancengleichheit als Grundsatz ihrer Personalpolitik praktizieren. Köln 1997.

6 Qualität durch Geschlechtergerechtigkeit - Geschlechtergerechtigkeit als Reformstrategie (QueR), Universität Dortmund. http://www.verwaltung.uni-dortmund.de/quer/index.htm, [3.10.2002], Monika Kil, Regina Uhtes: „Organisationsdiagnose für eine geschlechtergerechte Hochschulreform". In: Christine Roloff (Hrsg.): Frauen als Akteurinnen in Hochschulreformprozessen. Berlin: Sigma 1998, S. 127 - 151. Christine Roloff: „Reform von innen? Erprobung eigenverantwortlicher Gleichstellungspolitik". In: Frauen als Akteurinnen in Hochschulreformprozessen, S. 239 - 257.

7 Vgl. auch Katrin Hansen, M. Dolff: „Von der Frauenförderung zum Management von Diversity". In: Cottmann, Angelika; Kortendieck, Beate; Schildmann, Ulrike (Hrsg.): Das undisziplinierte Geschlecht. Opladen: Leske und Budrich 2000, S. 151 - 173.

8 Vgl. M. Stuber: Diversity. Vielfalt gestalten: Diversity Management in Europa. Köln 2001 [Unveröffentlichtes Manuskript].

9 Vgl. Roosevelt R. Thomas: Redefining Diversity. New York: Amacom 1996.

10 Vgl. Roosevelt R. Thomas, Marjorie I. Woodruff: Building a House for Diversity. How a Fable About a Giraffe & an Elephant Offers New Strategies for Today's Workforce. New York et. al. 1999.

Gerda Klammer

Frauen in die Chefetage – aber wie? Powercurity 2002 – Frauenförderung in der bfi.bbrz-gruppe

Der Titel *Frauen in die Chefetage – aber wie?* ist bezeichnend für die Situation der Frauen in der Arbeitswelt, denn wer hat sich schon die Frage gestellt, ob es nicht eigentlich „ChefInnenetage" heißen müsste.

Wir stehen hier vor einem typischen Beispiel einer Formulierung, bei der wie so oft auf die Frauen (immerhin 52 Prozent der Weltbevölkerung) vergessen wird. Bei näherer Betrachtung legt sich die Verwunderung darüber etwas, schließlich finden sich in den oberen hierarchischen Positionen leider nur sehr vereinzelt Frauen. Erklärungen dafür gibt es viele, die teils auf gesellschaftlichen, wirtschaftlichen oder sozialpolitischen Argumenten beruhen, deren Gültigkeit in der heutigen Zeit allerdings stark angezweifelt werden muss. Das Ausbildungsniveau von Frauen hat in vielen Bereichen das der Männer bereits überholt, alle Bildungswege stehen auch Frauen offen, eine gute wirtschaftliche Situation ermöglicht in Österreich nahezu Vollbeschäftigung – was also hindert Frauen in ihrem beruflichen Vorankommen?

Dieser Frage nahm sich eine Gruppe von Frauen der bfi.bbrz-gruppe an und untersuchte deren Situation im Rahmen des betrieblichen Alltags. Als Grundlagen dienten eine Umfrage zur MitarbeiterInnenzufriedenheit, zahlreiche Gespräche mit Kolleginnen und nicht zuletzt die persönlichen Erfahrungen im Berufsleben. Diese praxisorientierten Überlegungen lieferten eine Reihe von Ergebnissen, die sich zum großen Teil mit jenen bekannter Forschungsarbeiten decken:

1. Frauen sehen sich nicht von vordergründiger Diskriminierung betroffen, vielmehr sind es subtilere Prozesse, die sich in Sprache, Denken und Informationspolitik auswirken und widerspiegeln.
2. Versteckte Diskriminierung ist schwer festzumachen, passiert oft unbewusst und wird unterschiedlich wahrgenommen.
3. Der Frauenanteil verkleinert sich deutlich mit jeder höheren hierarchischen Stufe.
4. Frauen werden im Beruf nicht nur in ihrer Funktion, sondern auch als potenzielle Mütter wahrgenommen, die „Gefahr" einer Berufsunterbrechung zugunsten der Familie ist ständig präsent.
5. Selbstpräsentation und Selbstbewusstsein haben bei Männern und Frauen unterschiedliches Gewicht bzw. werden verschieden ausgelebt.
6. Manche Arbeitsbereiche und zukunftsorientierte Positionen sind nach wie vor traditionell männlich besetzt.
7. Es besteht ein deutlicher Unterschied in der beruflichen Mobilität zwischen den Geschlechtern.

8. Mehr Männer als Frauen haben einen Mentor/eine Mentorin, der/die sie in ihrer beruflichen Karriere unterstützt.

Insgesamt gaben bei der betriebsinternen Befragung 1997 fast 60% der Mitarbeiterinnen an, deutliche Beeinträchtigungen der Chancengleichheit wahrzunehmen. Diese Tatsache und die aktuellen gesellschaftspolitischen Diskussionen rund um Chancengleichheit und Gender Mainstreaming waren Anstoß für die Unternehmensleitung, gemeinsam mit der Personalentwicklung und dem Betriebsrat Aktionen zur Förderung tatsächlicher Chancengleichheit in der Unternehmensgruppe zu setzen.

Powercurity 2002 – das Programm

Basierend auf den oben angeführten Kernaussagen wurde in der Folge ein umfassendes Programm zur Förderung von Frauen entwickelt: *Powercurity 2002*, das seit Dezember 1999 in Kraft ist.

Das Ziel

Powercurity 2002 verfolgt das Ziel, Begabungen, Fähigkeiten und Qualitäten von Frauen in der Unternehmensgruppe zu erkennen, zu fördern, richtig einzusetzen, sie gleichberechtigt und ihren Leistungen entsprechend an der Verantwortung, der Information, an der Honorierung teilhaben zu lassen sowie die Voraussetzungen für die Vereinbarkeit von familiären und beruflichen Verpflichtungen zu verbessern.

Daraus entsteht eine Basis, die es mehr Frauen möglich macht, Führungspositionen einzunehmen.

Diesem Leitgedanken folgend ist der Name des Programms entstanden: *Powercurity 2002* ist ein anglizistisches Kunstwort, das sich aus den Begriffen *power* (steht für Macht und Einfluss) und *security* (steht für Unterstützung und Sicherheit) zusammensetzt. *2002* symbolisiert die Zeitperiode, in der das vorliegende Frauenförderungsprogramm umgesetzt werden soll, für die folgende Periode wird ein neues Konzept erarbeitet, bzw. entsprechend der aktuellen Bedürfnisse der MitarbeiterInnen modifiziert.

Implementierung

Betraut mit der Umsetzung wurde die Equality-Referentin, die für diese Aufgabe vom Dienst freigestellt wurde. Die Equality-Referentin hat keine politische sondern eine der Personalentwicklung zugeordnete Managementfunktion und kooperiert als solche eng mit dem Betriebsrat. Gemeinsam mit Kontaktfrauen in den verschiedenen Unternehmensteilen ist die Equality-Referentin Anlaufstelle für alle Mitarbeiterinnen bei Wünschen, Problemen und Fragen den Arbeitsplatz aber auch den persönlichen Bereich betreffend. Zusätzlich wurde begonnen, ein Frauenforum aufzubauen, in dem gemeinsam mit Frauen aus unterschiedlichen Organisationen und Unternehmen im Bereich Frauenförderung gearbeitet wird.

Die strukturelle Verankerung von *Powercurity 2002* wird durch eine Betriebsvereinbarung bzw. Erklärungen der einzelnen Geschäftsführungen garantiert, die das Programm zu einer verbindlichen Handlungsanleitung machen. Die Kontrolle dieser Vereinbarungen obliegt der Equality-Referentin, ihre Interventionsmöglichkeiten bei Verstößen bzw. Unterlassungen sind allerdings beschränkt. Eine enge Zusammenarbeit mit der Unternehmensleitung ist Voraussetzung für den Erfolg der einzelnen Maßnahmen.

Aufbau und Inhalt

Das Frauenförderungsprogramm besteht aus drei zentralen Aktionsfeldern:

Aktionsfeld 1: Chancengerechte Personalpolitik

Ziele sind, im Bereich der Personalsuche bzw. Personalauswahl größtmögliche Transparenz zu gewährleisten, Frauen und Männer gleichermaßen zu Bewerbungsgesprächen einzuladen und vorrangig internes Personal zu fördern. Speziell bei Führungspositionen wird eine 50%-Frauenquote angestrebt, Teilzeitkräfte dürfen von Führungspositionen nicht von vornherein ausgeschlossen werden.

Entsprechend wird im Bereich der Weiterbildung verstärkt auf die Bedürfnisse von Frauen eingegangen, ein Basisbildungsanspruch wurde beschlossen. Frauenspezifische Seminarangebote, bedarfsorientierte Förderassessments und Einzelcoachings sind weitere wichtige Bestandteile des Frauenförderungsprogramms der bfi.bbrz-gruppe.

Aktionsfeld 2: Vereinbarkeit von Beruf und Betreuungspflichten

Durch die Inanspruchnahme von Elternkarenzurlaub darf kein Nachteil entstehen, besonders soll die Väterkarenz unterstützt werden. Die Teilnahme an innerbetrieblichen Fortbildungsangeboten steht auch den karenzierten MitarbeiterInnen offen, spezielle Seminare für diese Zielgruppe werden zusätzlich eingeführt.

Um die Wiedereingliederung nach der Karenz so reibungslos wie möglich zu gestalten, finden vor Antritt des Mutterschutzes bzw. der Elternkarenz ein Planungsgespräch und bei der Rückkehr ein Wiedereinstiegsgespräch mit dem/der zuständigen Vorgesetzten statt. Ein wichtiges Element dabei ist die Aufrechterhaltung des Kontaktes während der Karenz, der vorrangig über die Equality-Referentin in regelmäßigen Abständen erfolgt.

Den MitarbeiterInnen der Unternehmensgruppe wird Unterstützung bei der individuellen Regelung von Arbeitszeiten aufgrund von Betreuungspflichten geboten. Neben traditionellen Teilzeitmodellen werden neue flexiblere Möglichkeiten der Arbeitszeitgestaltung umgesetzt. Ebenso unterstützt die Equality-Referentin KollegInnen bei der Suche nach geeigneten Kinderbetreuungseinrichtungen.

Aktionsfeld 3: Chancengerechte Organisations- und Informationskultur

In allen Publikationen und im Schriftverkehr werden Personenbezeichnungen in weiblicher und in männlicher Form verwendet. Zudem wurden alle Mitarbeiterinnen und Mitarbeiter über das Frauenförderungsprogramm informiert und sämtliche Aktivitäten werden laufend in der MitarbeiterInnenzeitschrift veröffentlicht. Weiters liegt die Information aller Teilzeitbeschäftigten und in Elternkarenz befindlichen MitarbeiterInnen über wesentliche betriebliche Vorgänge in der Verantwortung der Equality-Referentin.

Förderung der Karriere von Frauen

Nach dieser Kurzbeschreibung des Frauenförderungsprogramms der bfi.bbrz-gruppe wird im Folgenden auf jene Aktivitäten und Vereinbarungen eingegangen, die direkt zur beruflichen Weiterentwicklung von Frauen beitragen, also *Frauen in die Chefetage* bringen.

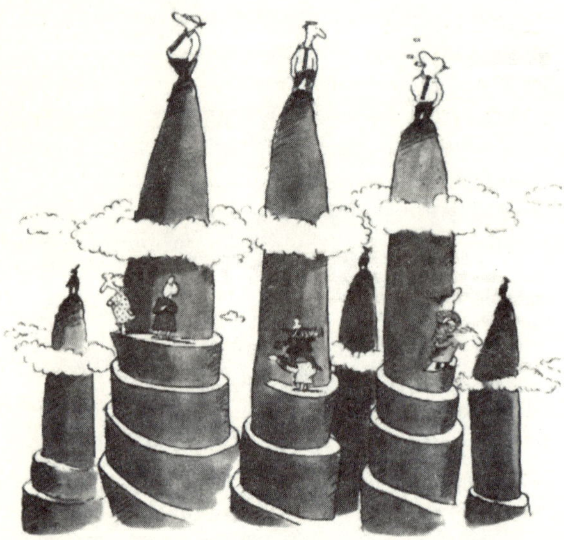

Abbildung: Sylvia Vananderoye. In: Amiet, Baillod, Schär Moser: Chancen für die Chancengleichheit, S. 78.

Personalrekruting

Bei betriebsinternen Personalentscheidungen werden prinzipiell interne KandidatInnen externen vorgezogen. Untersuchungen belegen, dass Männer häufiger als Frauen zugunsten ihrer Karriere die/den ArbeitgeberIn wechseln, weshalb insbesondere Frauen dazu ermutigt werden sollen, innerbetriebliche Entwicklungschancen wahrzunehmen.

In jenen Funktionsbereichen, in denen der Frauenanteil sehr gering ist, ist bei Auswahlverfahren die auf Frauenförderung und Gleichbehandlungsfragen spezialisierte Personalentwicklerin (Equality-Referentin) als beratende Sachverständige beizuziehen. Wird in diesen Fällen trotz geeigneter weiblicher Bewerberin ein Mann vorgezogen, muss seitens der entscheidenden Stelle auf Anfrage eine Begründung an die Equality-Referentin ergehen.

Für die Besetzung von Führungspositionen auf allen Ebenen ist eine Bevorzugung von Frauen bei gleicher fachlicher und persönlicher Qualifikation vorgeschrieben, bis die 50%-Quote erfüllt ist.

Die Erfahrungen der Praxis zeigen, dass gleichzeitig mit der Höhe einer Position die Hindernisse für Frauen zunehmen, in solche verantwortungsvolle Funktionen zu gelangen. Ausschlaggebend ist, wie oben angeführt, die Einstellung der meist männlichen Führungskräfte Frauen gegenüber. Eine potenzielle Mitarbeiterin wird nicht nur in ihrer Profession wahrgenommen, fast immer werden auch mögliche familiäre Verpflichtungen (seien diese nun gegenwärtig oder auch nur zukünftig) als für den Beruf einschränkende Faktoren mitgedacht.

Ausdrücklich im Programm *Powercurity 2002* festgeschrieben ist daher, dass frauendiskriminierende Fragestellungen in Aufnahmegesprächen zu unterbleiben haben, vielmehr werden Brüche in der beruflichen Biografie als „Familienmanagement-Erfahrungen" positiv bewertet.

Der Bereich der Personalauswahl ist einer der sensibelsten in jeder Organisation, weshalb nur mit klaren Vereinbarungen, die auf objektiv belegbaren Argumenten beruhen, Erfolge für die Gleichbehandlung der Geschlechter erzielt werden können. Unerlässlich ist es daher, klassische Frauenförderung im Sinne von „positve actions" zu betreiben.

Weiterbildung

Weiterbildung ist wohl eines der wichtigsten Stichworte im Zusammenhang mit Karriere, also auch für Frauen, die eine verantwortungsvolle Position anstreben. Vor diesem Hintergrund sind folgende Maßnahmen einzuschätzen, die in der bfi.bbrz-gruppe umgesetzt werden.

Der oben angeführte Basisbildungsanspruch für Frauen gewährleistet eine Freistellung für mindestens zwei Tage pro Arbeitsjahr, wobei die Frauen autonom über den Inhalt dieser Weiterbildung entscheiden. Als Rahmen ist lediglich vorgegeben, dass eine Relevanz der Bildungsmaßnahme für den eigenen Arbeitsbereich besteht und dass die Dienstfreistellung mit dem Arbeitsablauf abgestimmt sein muss. Diese Regelung ermöglicht den Mitarbeiterinnen, eigenverantwortlich über Zusatzausbildungen und in weiterer Folge über den beruflichen Werdegang zu entscheiden – ein wesentlicher Bestandteil jeder seriösen Karriereplanung.

Im unternehmensinternen Weiterbildungsangebot sind spezielle Seminare zu frauenspezifischen Themen enthalten, deren Inhalte sich an den Bedürfnissen der Mitarbeiterinnen orientieren. Schwerpunkte werden in den Bereichen Karriereplanung, Kommunikation und Selbstmarketing gesetzt, wobei von defizitorientierten

Ansätzen Abstand genommen wird und die Nutzung der eigenen Ressourcen den zentralen Angelpunkt dieser Fortbildungen darstellt.

Nach Bedarf wird für alle internen Veranstaltungen Kinderbetreuung angeboten, um auch Eltern von Kleinkindern die Teilnahme zu ermöglichen und um mittels Qualifizierung für Frauen den Nachteil einer Berufsunterbrechung vorzubeugen.

Für MitarbeiterInnen in Elternkarenz werden Seminare organisiert, die sich vor allem mit der persönlichen Orientierung, dem Austausch untereinander und dem Schließen möglicher Qualifikationslücken auseinandersetzen. Dadurch wird der Kontakt zum Unternehmen aufrecht gehalten, Informationen über neue Entwicklungen werden weitergegeben und entsprechende Planungen können rechtzeitig erfolgen. Weitere Maßnahmen, die dem „Karriereknick“ entgegenwirken, werden nachstehend erläutert.

Coaching

Frauen stellen in allen Lebensbereichen einen sehr hohen Anspruch an sich selber, sei es nun in der Rolle als Berufstätige, als Partnerin, als Managerin der Familie oder als Pflegerin von Angehörigen. Dieser Wunsch nach Perfektion löst auf die Dauer Stress aus und kann zu einer enormen Belastung werden. In dieser Situation kann externe Beratung und Unterstützung eine wichtige Hilfe darstellen, weshalb im Frauenförderungsprogramm *Powercurity 2002* auch dazu ein Punkt aufgenommen wurde.

Frauen im ersten Jahr ihrer Führungslaufbahn bzw. solche, die in diesem Zeitraum in eine höherwertige Führungsposition aufgestiegen sind oder aktuell durch die Vergrößerung des Verantwortungsrahmens, Umorganisationsprobleme, Markteinbrüche, Erweiterung der Führungsspanne und Personalprobleme unter einem besondern Druck stehen, haben die Möglichkeit, Einzelcoaching im Ausmaß von max. fünf Arbeitsstunden pro Jahr in Anspruch zu nehmen. Für die administrative Abwicklung konnte eine unbürokratische Lösung gefunden werden, die der Equality-Referentin ermöglicht, autonom und somit diskret zu handeln. Die Auswahl der/des Coach obliegt jeder einzelnen Mitarbeiterin selbst, da diese Form der Unterstützung entsprechendes Vertrauen voraussetzt. Dieses Angebot der Unternehmensgruppe wird sehr gut angenommen, hilft in ganz konkreten Situationen und unterstützt auf dem Weg nach oben.

Dazu ein Beispiel aus der Praxis:

Für den Posten von Frau F. war eigentlich ein Kollege vorgesehen gewesen. Das mehrheitlich aus Frauen bestehende Team wehrte sich jedoch gegen diese Besetzung. Gedrängt von ihren Kolleginnen bewarb sich Frau F. schließlich um diese Führungsposition und erhielt sie. Schon bald aber kam es zu massiven Konflikten. Das Team warf Frau F. Intransparenz und autoritäres Verhalten vor; insbesondere einige Frauen lehnten Frau F. ab. In dieser Situation fragte Frau F. wegen eines Coachings an. Sie war enttäuscht und fühlte sich alleingelassen, hatte sie doch stark auf die Frauensolidarität gebaut.

Im Coaching ging es zuerst darum, Frau F. mit dem Gedanken vertraut zu machen, dass es auch zwischen Frauen Konkurrenz gibt. Dann wurden Erwartungen bearbeitet: Erwartungen der MitarbeiterInnen an sie, aber auch Erwartungen, die sie an die MitarbeiterInnen hatte und die ihr bisher nicht bewusst waren. Sie wurde ermutigt, diese Erwartungen mit den MitarbeiterInnen zu verhandeln, aber auch für sich zu klären, auf was sie eingehen und wo sie sich abgrenzen wollte. Es kam zu heftigen Auseinandersetzungen im Team, wobei Frau F. zunehmend eine klare Position bezog und sich nicht einfach für alles mögliche vereinnahmen ließ. Die nächsten Monate waren schwierig, und Frau F. brauchte viel Ermutigung und kritisches Feedback im Coaching, um durchzuhalten. Nach einem personellen Wechsel beruhigte sich die Lage. Frau F. beendete das Coaching, zog aber einige Zeit später für die Begleitung eines Teamentwicklungsprozesses wieder Beratung (Coach) bei.[1]

Mentoring

Die Unterstützung durch den/die Vorgesetzte ist neben aller formalen Qualifikation ausschlaggebend für den beruflichen Aufstieg.[2] Mentoring ist eine Methode, die genau hier ansetzt. Im Mittelpunkt steht das regelmäßige persönliche Gespräch zwischen MentorIn und Mentee, die Erarbeitung einer persönlichen Entwicklungsstrategie und Karriereplanung, der Austausch von Erfahrungen und der Dialog über berufliche Gestaltungsmöglichkeiten.

Ein offiziell in den Betrieb eingeführtes MentorInnenprojekt erleichtert es den Frauen, diese Form der Unterstützung anzunehmen, gleichzeitig kann sich aus diesem System ein Netzwerk entwickeln, also ein Pedant zu den vielzitierten „Old-Boys-Networks". Dadurch wiederum sollte die Benachteiligung der Frauen in Hinblick auf Informationsweitergabe ausgeglichen werden.

Förderassessment

Das Instrument des Assessments wird besonders bei Personalauswahlverfahren immer häufiger angewendet. Dabei ist es in seinem Aufbau in erster Linie eine gute Methode zur Erstellung eines Stärken-Schwächen-Profils, zur Sichtbarmachung der eigenen Ressourcen und zur objektiven Bewertung persönlicher (und beruflicher) Fähigkeiten. Mit diesem Grundgedanken wurde im Rahmen von *Powercurity 2002* ein Förderassessment für Frauen entwickelt, das es den Mitarbeiterinnen ermöglicht, sich einerseits in der Situation eines Assessments zu erproben und andererseits das eigene Können besser einzuschätzen.

Studien und Erhebungen sprechen eine deutliche Sprache, was den „Mut zur Bewerbung" im Vergleich zwischen den Geschlechtern anbelangt. Anforderungen in Stellenbeschreibungen, die häufig unrealistisch hoch angesetzt sind, erschrecken Männer kaum, weibliche Bewerberinnnen hingegen neigen dazu, sich nur für jene Stellen zu bewerben, für die sie sämtliche Qualifikationen erfüllen. Diese Tatsache erklärt auch, warum sich nur wenige Frauen für Führungspositionen bewerben, Männer tun dies mit Selbstverständlichkeit und Selbstsicherheit, was oft den entscheidenden Vorteil bedeutet.

Förderassessments können zur Verbesserung dieser Situation beitragen, Frauen können ihre (falsche) Bescheidenheit ablegen und neue Möglichkeiten tun sich auf – ein Schritt auf dem Weg in die Chefetage.

Laufbahnplanung

Bei einer Laufbahnplanung geht es darum, dass Frauen angeregt werden, sich mit ihrer aktuellen und zukünftigen beruflichen Realität auseinander zu setzen und sich damit zu befassen, wie das Berufliche in das allgemeine Lebenskonzept passt. Im optimalen Fall werden aus dieser konstruktiven Standortbestimmung Ziele formuliert, die möglicherweise Veränderungen bewirken. Planbarkeit ist allerdings immer relativ zu sehen, ein fixer Zeitplan, der einzelne Schritte bis zur Pension festlegt, ist nicht nur unrealistisch, sondern schreckt auch ab.

Eine Frau meint dazu Folgendes:

> *Ich glaube schon, dass man Laufbahnplanung machen kann, aber dazu muss man auch der Mensch sein. [...] ich muss ehrlich sagen ich bin nicht so ein Mensch, ich kann mich nicht so fixieren, weil ich find' es gibt so viele Möglichkeiten, – also ich hätte das damals nicht können, weil es kommt immer irgendwie was Neues, und dann ist man nicht mehr offen dafür.*[3]

Die meisten Frauen geben heute an, beides, also Familie und Beruf, zu wollen. Um diesen Spagat zur eigenen Zufriedenheit bewältigen zu können, ist, wie die Erfahrung zeigt, Planung eine Grundvoraussetzung. Die Equality-Referentin bietet für Mitarbeiterinnen bei Bedarf Unterstützung bei der Laufbahnplanung an.

> *Ich wollte schon immer beides haben. Das war für mich immer klar, dass ich als Studentin noch kein Kind möchte. Das muss zusammengehen. Ich glaub', nach dem wählt man auch automatisch und unbewusst. Wahrscheinlich hab' ich mir so einen Mann gesucht, wo das geht, wahrscheinlich hätte ich mir keinen anderen genommen. Das wirkt dann so stark. – Dass ich der Organisation treu geblieben bin, weil ich mir gedacht habe, hier kann ich das. Da hab' ich immer geschaut, dass ich soweit vorplane, dass das irgendwie geht mit Kind und Berufstätigkeit. Mit meinem Mann, er ist Lehrer, ist das auch gegangen. Das war sicher auch ein Stück Planung. Es braucht beides, Zufälle und Planung.*[4]

Begleitung während der Elternkarenz

Es gibt zahlreiche Untersuchungen und Statistiken, die eindeutige Zahlen liefern, was die Auswirkung von Berufsunterbrechungen auf den Karriereverlauf von Frauen (und im geringeren Ausmaß von Männern) betrifft. Der vielzitierte *Karriereknick* ist wohl die größte Hürde, die es zu überwinden gibt, wenn eine Frau Familie und Beruf miteinander vereinbaren will. Denn nach der tatsächlichen Abwesenheit durch Elternkarenz kehrt ein Großteil der Frauen zwar in den Beruf zurück, allerdings in einem reduzierten Stundenausmaß. Dadurch bleiben viele Aufstiegsmöglichkeiten für diese Gruppe von vornherein verschlossen, oft sind Teilzeitkräfte sogar weit unter ihren Qualifikationen eingestellt. Diese Situation ist unbefriedigend und wirkt demotivierend, so dass wenig Energie in das Arbeitsleben gesteckt wird und die Familie mehr in den Vordergrund tritt, bis eine Spirale entsteht, welche die Frauen endgültig aus dem Rennen um Positionen in der Chefetage wirft.

Genau hier ist es im Rahmen nachhaltiger Frauenförderung notwendig, Schritte für die Integration der MitarbeiterInnen in Elternkarenz zu setzen. *Powercurity 2002*, das Frauenförderungsprogramm der bfi.bbrz-gruppe, enthält verschiedene Ansätze, die eine reibungslose Wiedereingliederung garantieren sollen.

In einem Planungsgespräch, das bereits vor Antritt des Mutterschutzes bzw. der Elternkarenz gemeinsam mit der/dem Vorgesetzten stattfindet, werden die Vorstellungen beider Seiten erhoben und vor allem die geplante Dauer der Abwesenheit besprochen. Wichtig ist es dabei, Vereinbarungen zu treffen, was den Kontakt während der Familienpause und den Informationsfluss betrifft. Prinzipiell gehört es zu den Aufgaben der Equality-Referentin und ihrer Kontaktfrauen, zumindest telefonisch Kontakt zu halten und bei Anfragen den karenzierten MitarbeiterInnen zur Verfügung zu stehen. Beratungsgespräche und Unterstützung bei Vereinbarungen mit der Unternehmensleitung bzw. der/dem Vorgesetzten, was mögliche Beschäftigungen während der Karenz oder Änderungen der Karenzdauer betrifft, sind selbstverständlich. Trotzdem ist der direkte Kontakt zu ArbeitskollegInnen unerlässlich, will man/frau im gleichen Arbeitsbereich wiedereinsteigen.

Spätestens drei Monate vor dem beruflichen Wiedereinstieg hat ein Einstiegsgespräch mit der/dem zuständigen Vorgesetzten zu erfolgen. Bei Bedarf kann die Equality-Referentin beigezogen werden. Das Gespräch dient der Erstellung eines Einstiegsplans hinsichtlich Arbeitseinsatz, Arbeitsaufgaben, Gestaltung der Arbeitszeit sowie Informations- und Schulungsbedarf. Dem Direktionsbereich „Personal" ist Bericht zu erstatten, ob der Wiedereinstieg problemlos erfolgen kann bzw. Unterstützung notwendig ist. Das Gesprächsergebnis wird protokolliert, im Personalakt festgehalten und durchschriftlich dem Betriebsrat zur Verfügung gestellt. Aufbauend darauf wird die Berufsrückkehr gemeinsam vorbereitet, Überraschungen werden damit vermieden und der große Stressfaktor Unsicherheit wird ausgeschaltet.

Um gegebenenfalls Qualifikationslücken, die durch die Familienpause entstehen, zu schließen, ist Weiterbildung während der Elternkarenz die am besten geeignete Maßnahme.

Den MitarbeiterInnen der bfi.bbrz-gruppe ist während Elternkarenz bzw. Erziehungsfreistellung die Teilnahme an allen Angeboten des internen Fortbildungsprogramms (Schlüsselkompetenzprogramm) möglich. Insbesondere im Bereich der EDV-Kompetenz ist der technologische Fortschritt mit den notwendigen Anpassungen ins Kalkül zu ziehen. Entsprechende Qualifizierungen und Trainings sollten bereits in der Zeit der Elternkarenz stattfinden. Das diesbezügliche Informationsmaterial wird laufend zugesendet. Die erste Zusendung erfolgt erstmalig ein halbes Jahr nach Antritt der Elternkarenz. In besonderen Fällen ist die Teilnahme an Fortbildungsveranstaltungen außerhalb dieses Angebots möglich. Hinsichtlich Kostenübernahme bzw. Selbstbehalt sind frauen- bzw. familienförderliche Regelungen zu treffen. Insbesondere ist der Aspekt der Förderbarkeit von Qualifizierungsschritten in den Entscheidungen zu berücksichtigen. Die zentrale Stelle für Personalentwicklung bietet für alle sich in Elternkarenz befindlichen Mitarbeiterinnen und Mitarbeiter ein praxisorientiertes und individualisiertes EDV-Training an.

Ergänzend dazu werden von der Equality-Referentin spezielle Seminare für Karenzierte angeboten, die sich schwerpunktmäßig mit den Themen beruflicher Wiedereinstieg, Vereinbarkeit von Familie und Beruf und Selbstreflexion sowie mit dem Bereich der neuen Informations- und Kommunikationstechnologien beschäftigen.

Ein anderes Mittel, das die Erhaltung der Qualifikation und die Verkürzung der Einschulungsphase bei Wiedereintritt zum Ziel hat, ist jenes der fallweisen Mitarbeit auch während der Familienpause. Das Unternehmen bietet ihren karenzierten MitarbeiterInnen – bei betrieblichem Bedarf und persönlichem Interesse – die Möglichkeit zu Urlaubs- und Krankenstandsvertretungen bzw. die Übernahme und Weiterführung von Projektaufgaben im Rahmen der Geringfügigkeitsgrenze an, um familiär bedingte Berufsunterbrechungen als Teil der Laufbahn zu integrieren. Die Vorteile einer solchen Regelung liegen für beide Seiten klar auf der Hand.

Arbeitszeitmodelle

Frauen und Männer mit Betreuungspflichten, insbesondere für Kinder unter 14 Jahren, werden unter Beachtung organisatorischer und ökonomischer Notwendigkeiten bei individuellen Regelungen ihrer Arbeitszeit, ihrer Arbeitsplanung und Arbeitseinteilung unterstützt. MitarbeiterInnen, die aus Betreuungsgründen Teilzeit in Anspruch nehmen, soll daraus kein beruflicher Nachteil für ihre Weiterentwicklung entstehen.

Und genau hier liegt einer der wichtigsten Punkte, die Frauen in der Arbeitswelt benachteiligen. In den meisten Köpfen hat sich die Idee festgesetzt, dass eine Führungsposition bzw. eine verantwortungsvolle Funktion automatisch bedeutet, dass die dazugehörende Person praktisch rund um die Uhr verfügbar ist. Dadurch werden bereits im Vorfeld MitarbeiterInnen in Teilzeitbeschäftigung vom Aufstieg ausgeschlossen. Ein wirklicher Schritt in Richtung Chancengleichheit ist daher eine geschlechts- und statusneutrale Teilzeitarbeit. Damit ist gemeint, dass auch Männer Teilzeitarbeit verrichten und vor allem (mehr) Verantwortung für Hausarbeit und Kinderbetreuung übernehmen. Gleichzeitig muss teilzeitliche Erwerbstätigkeit auf allen Ebenen der betrieblichen Hierarchie, in allen Berufen und in allen Tätigkeitsfeldern eine gleichwertige Wahlmöglichkeit werden, die weder mit beruflichen noch mit finanziellen Nachteilen verbunden ist. Schließlich gibt es zahlreiche Untersuchungen, die belegen, dass Teilzeitkräfte wesentlich effizienter arbeiten und vollbeschäftigte (männliche) Führungskräfte häufig sehr schwer erreichbar sind. Es gilt also genau zu überprüfen, welche Funktionen auch in einem verringerten Stundenausmaß wahrgenommen werden können. Im Prinzip ist davon auszugehen, dass die meisten Arbeitsplätze bzw. Funktionen teilzeitfähig sind, dass also durchaus auch in qualifizierten Tätigkeiten vermehrt Teilzeitarbeit realisiert werden kann.

Katharina Ley betont in diesem Zusammenhang, dass die regelmäßige Besetzung des Arbeitsplatzes und die Möglichkeit der einheitlichen Aufgabenerfüllung wichtig seien. Überlappende Arbeitszeiten (zur Abstimmung mit den KollegInnen) und die Abgrenzung komplementärer Aufgabenfelder (zur Vermeidung von Abstimmungsproblemen) sind weitere wesentliche Voraussetzungen.[5]

In der bfi.bbrz-gruppe gibt es einen Anspruch auf die Gewährung von Teilzeitbeschäftigung für berufstätige Elternteile, sofern nicht zwingende dienstliche Gründe entgegenstehen. Eine geringfügige Erhöhung der Personalkosten gilt nicht als zwingender dienstlicher Ablehnungsgrund. Die Entscheidungskompetenz steigt mit der Hierarchiestufe, in Unstimmigkeitsfällen liegt die Entscheidungskompetenz in der Personaldirektion. Darüber hinaus ist bei geplanten Personalaufstockungen das Interesse von Teilzeitbeschäftigten nach Ausweitung der Dienstzeit zu berücksichtigen.

Neben den traditionellen Teilzeitmodellen werden flexible Möglichkeiten der Arbeitsgestaltung projektiert und umgesetzt: Vielfältige Teilzeitvarianten, Partnerteilzeit bzw. Jobsharing, Telearbeit sowie räumliche Flexibilisierung durch Betriebsvereinbarung über außerbetriebliche Arbeitsstätten. Außerbetriebliche Arbeitsstätten können von MitarbeiterInnen mit Betreuungspflichten oder aus sozialen Gründen bei geeigneter Arbeitsaufgabe beantragt und von den Vorgesetzten mit disziplinärer Verantwortung genehmigt werden. Die Arbeitszeit kann zwischen Büro und zu Hause aufgeteilt werden. Die Voraussetzung für das Funktionieren ist eine ergebnisorientierte Führung mit Leistungen, Terminen und Gütekriterien, die zwischen Vorgesetzten und MitarbeiterInnen abgesprochen werden.

Neben einer Flexibilisierung und damit verbunden einer Verbesserung der Vereinbarkeit von Beruf und Privatleben bringen Telearbeitsplätze aber auch Nachteile, besonders für Frauen mit Betreuungspflichten. So werden in Untersuchungen die mangelnde interne Kommunikation (Isolation, Einzelkämpferinnendasein), weniger Weiterbildungsmöglichkeiten, verschlechterte Karrieremöglichkeiten, mangelnde Trennung von Berufs- und Privatleben, Gefahr der Selbstausbeutung und das Problem des Datenschutzes genannt.

Daher sollten solche Arbeitsformen kritisch hinterfragt und vor allem als Übergangsregelung für betreuungsintensive Zeiten gesehen werden, denn ebenso wie der Mechanismus des „Aufstiegs durch Präsenz" bis heute häufig verhindert, dass Teilzeitbeschäftigte die Chance erhalten, in Führungspositionen aufzusteigen, ist dies auch für Beschäftigte in Telearbeit zu befürchten. Wenn Frauen unter den Telearbeitenden voraussichtlich die Mehrheit stellen werden, haben sie kaum Aufstiegschancen, die Telearbeit könnte sich als „neue Frauenfalle" erweisen.

Chancengerechte Information und Organisation

43 Prozent aller Frauen in der bfi.bbrz-gruppe arbeiten auf Teilzeitbasis in den unterschiedlichsten Modellen. Dementsprechend ist mit dem Frauenförderungsprogramm eine Regelung in Kraft getreten, die festhält, dass Besprechungen und Sit-

zungen so zu terminisieren sind, dass auch teilzeitbeschäftigte MitarbeiterInnen teilnehmen können. Fehlende Kinderbetreuung macht die Wahrnehmung von Nachmittagsterminen schwierig, das daraus resultierende Informationsdefizit wirkt karrierehemmend. Dies belegen Ergebnisse jener Forschungen, welche die Bedeutung informeller Kontakte und Informationen für den Berufsaufstieg untersuchen.

Grenzen betrieblicher Frauenförderung

Grenze 1: Traditionelle Aufteilung von Familien- und Heimarbeit

Viele der oben angeführten Maßnahmen und Aktionen tragen direkt zur Erhöhung der Karrierechancen von Frauen bei. Konkrete betriebliche Frauenförderung, *positive actions*, objektive, geschlechtsneutrale Bewertung bei Personalauswahlverfahren und unterstützende Strukturen stärken die Position der Frau in der Arbeitswelt. Doch keiner dieser Ansätze bringt nachhaltige Veränderung, solange sich nichts an der traditionellen Rollenzuschreibung der Frau als Verantwortliche für Haushalt, Kinder und pflegebedürftige Angehörige ändert. Ein Glaubenssatz, der Frauen in ihrem Fortkommen behindert, ist der, eine gute Ehefrau und Mutter (und Schwiegertochter, und...) sein zu müssen. Während Frauen es als selbstverständlich ansehen, dass ihr Partner für seine Arbeit und seine Karriere den Rücken freigehalten bekommt, haben sie ein schlechtes Gewissen, wenn sie für die Arbeit die Familie vernachlässigen. Sie haben schnell das Gefühl, eine Rabenmutter zu sein, wenn sie ihre Kinder in eine Kinderkrippe geben oder einem/einer Babysitter/in anvertrauen. Es verträgt sich nicht mit dem – in der Erziehung vermittelten – Selbstbild von Frauen, etwas anderes wichtiger zu nehmen als die eigene Familie. Dies ist sicher mit ein Grund dafür, dass Frauen eher ganz auf Familie und Partnerschaft verzichten, als sich in die Zwickmühle „Karrierefrau und perfekte Mutter“ zu begeben.[6]

Solange sich die grundlegende Haltung der Frauen nicht ändert, und sie nicht eine gerechte Verteilung der außerberuflichen Arbeit einfordern, halten Männer an ihren alten Rollenbildern fest und überlassen den Frauen die Führung des Haushalts und die Kindererziehung. Doch dieses Einfordern partnerschaftlicher Unterstützung bedeutet einen Kraftaufwand und häufig leider auch den Kampf gegen das Unverständnis des gesellschaftlichen Umfeldes. Ein gutes Beispiel dafür ist die versuchte Einführung einer gesetzlichen Regelung für die Aufteilung der Hausarbeit in Österreich. Der Slogan „Halbe-Halbe“ hat zu heftigen Diskussionen geführt, vor allem wurde der Eingriff in die Privatsphäre kritisiert. In der Hoffnung, dass der gesetzliche Zwang nach der ersten Phase verzichtbar geworden wäre, stellt diese Initiative eine (verpasste) Chance und eine Basis für die Verwirklichung von Chancengleichheit in allen Lebensbereichen dar.

Grenze 2: Gesellschaftliche Ungleichheit

Ohne entsprechende institutionelle, politische und rechtliche Maßnahmen, die an die gesamtgesellschaftlichen Zusammenhänge anknüpfen, genauer an der strikten

Arbeitsteilung der Geschlechter, wird sich an der gesellschaftlichen Benachteiligung von Frauen wenig ändern. Dafür bedarf es einer Aufweichung bzw. Aufhebung der traditionellen Rollenmuster, welche den Frauen derzeit keine eigenständige soziale Existenz erlauben. Das verlangt und inkludiert in weiterer Folge die Aufhebung der Segregation am Arbeitsmarkt und demnach die Anerkennung und adäquate Bewertung der bisher unterschätzten weiblichen Arbeitsleistungen.

Wenn die Frauendiskriminierung ihre Ursachen in erster Linie in einem Geschlechterverhältnis auf gesamtgesellschaftlicher Ebene hat, dann wird sie ohne Berücksichtigung dieser Zusammenhänge nicht aufzulösen sein. Dann wird es auch nicht reichen, in den Unternehmen einseitig Frauen zu fördern, sondern dann müssen folgerichtig auch strukturelle Barrieren und der Blickwinkel der Männer berücksichtigt werden. Schließlich geht es um das Verhältnis zwischen Frauen und Männern.

Wenn zwei das gleiche tun...[7]	
Ein Familienfoto auf SEINEM Schreibtisch: Ein treusorgender Mann.	*Ein Familienfoto auf IHREM Schreibtisch: Ihre Familie kommt vor dem Beruf.*
SEIN Schreibtisch ist überladen: Er ist sehr belastbar und fleißig.	*IHR Schreibtisch ist überladen: Sie ist unordentlich und zerfahren.*
ER spricht mit KollegInnen: Er wälzt geschäftliche Probleme.	*SIE spricht mit KollegInnen: Sie klatscht.*
ER ist nicht an seinem Schreibtisch: Er wird in einer Konferenz sein.	*SIE ist nicht an ihrem Schreibtisch: Sie ist wohl auf der Toilette.*
ER ist nicht im Büro: Er trifft sich mit KundInnen.	*SIE ist nicht im Büro: Sie wird beim Einkaufen sein.*
ER ist mit dem Chef zum Essen: Er macht Karriere.	*SIE ist mit dem Chef zum Essen: Die haben was miteinander.*
Der Chef hat IHN kritisiert: Er wird sich zusammennehmen.	*Der Chef hat SIE kritisiert: Das wird ihr zugesetzt haben.*
IHM ist Unrecht geschehen: Ist er wütend geworden?	*IHR ist Unrecht geschehen: Hat sie geweint?*
ER heiratet: Das gibt ihm mehr Beständigkeit.	*SIE heiratet: Dann kommt ein Kind, und sie geht.*

Bei IHM gibt es Nachwuchs: Grund für eine Lohnerhöhung.	*Bei IHR gibt es Nachwuchs: Sie fällt aus – die Firma zahlt.*
ER ist auf Geschäftsreise: Das ist gut für die Laufbahn.	*SIE ist auf Geschäftsreise: Was sagt ihr Mann dazu?*
ER kündigt und verbessert sich: Er weiß eine Chance zu nutzen.	*SIE kündigt und verbessert sich: Frauen sind unzuverlässig.*

Grenze 3: „Männliche Arbeitsfelder“

Der Boom der Informations- und Kommunikationstechnologien und die Beschleunigung der technischen Entwicklungen haben zahlreiche neue Arbeitsfelder und Berufe hervorgebracht. Wie immer in der Geschichte der modernen Gesellschaft sind es die Männer, die auf solche Entwicklungen reagieren und in zukunftsträchtige Sektoren streben. Scheinbar wiederholt sich dieses Muster auch in den IKT-Berufen. Warum nutzen nur wenige Frauen diese Chancen?

Die Gründe dafür liegen in erster Linie in der geschlechtsspezifischen Erziehung und in der fehlenden Unterstützung, wenn Mädchen sich für einen technischen Beruf interessieren. Erschwerend wirkt auch die Kultur in männerdominierten Arbeitsfeldern, die Frauen, die Wert auf ein gutes Betriebsklima und partnerschaftliche Zusammenarbeit legen, abschreckt.

Initiativen rund um das Thema „Frauen in die Technik“ wollen diesem Problem Abhilfe schaffen und Frauen ermutigen, sich nicht durch traditionelle Vorstellungen von der Erlernung und Ausübung technischer Berufe abhalten zu lassen.

Grenze 4: Orientierung an einer „männlichen Normalbiografie“

Die berufliche Benachteiligung von Frauen passiert, wie bereits eingangs erwähnt, auf gewisse Art automatisch und geschieht in den seltensten Fällen bewusst oder in böser Absicht. Die männliche Berufswelt baut jedoch auf einer totalen räumlichen und zeitlichen Verfügbarkeit der Menschen auf, die männliche Normalbiografie ist nach den folgenden Punkten strukturiert:[8]

- Ausbildung
- Berufseinstieg
- jahrelange, kontinuierliche, ganztägige Berufstätigkeit
- Weiterbildung, Wechsel bzw. Aufstieg in andere bzw. höhere Positionen und damit verknüpft höheres Einkommen, Prestige, Einfluss
- Pension

Trotz Strukturänderung der Wirtschaft stellt sich das Leitbild der Berufstätigkeit nach wie vor so dar und dieses Modell muss bei Frauen in den meisten Fällen versagen. Spätestens dann, wenn Kinder oder Angehörige zu betreuen sind, stecken die

Frauen beruflich zurück. Das Resultat daraus ist die Verstärkung der traditionellen Arbeitsteilung.

Fest verankerte Werte und Normen verhindern in diesem Zusammenhang ein breites Umdenken der Männer dahingehend, sich mehr Zeit für die Kinder zu nehmen. Die wenigen Männer, die sich auf das Abenteuer Kind einlassen, sind Grenzüberschreiter und haben ähnliche Probleme wie etwa Frauen in Führungspositionen.[9]

Für Männer existiert demnach kein Druck, Familienarbeit zu übernehmen. Für Frauen dagegen besteht im Interesse ihrer eigenen ökonomischen Absicherung sehr wohl die Notwendigkeit am traditionellen System zu rütteln.

Grenze 5: Arbeitsmarktentwicklung

Frauen sind besonders betroffen von den aktuellen Trends im Erwerbsleben, wie dem Wachsen der Einkommensunterschiede und der Flexibilisierung von Arbeit. Die wirtschaftliche Entwicklung der letzten Jahrzehnte ist gekennzeichnet durch eine zunehmende Reorganisation der Unternehmen. Die Konzentration auf den Kernbereich führte zu Standortverlagerungen, zur Auslagerung von Dienstleistungen an Subunternehmen sowie zu arbeitsorganisatorischen Veränderungen, die auch von einer internen Dezentralisierung begleitet waren. Es ist naheliegend, dass die damit verbundenen personalpolitischen Änderungen – Personalreduktionen, funktionale und zeitliche Flexibilisierung der Beschäftigungsverhältnisse, verstärkte Leistungsorientierung beim Entgelt, Dezentralisierung von Personalverantwortung etc. – die Etablierung und die Erfolgschancen betrieblicher Frauenfördermaßnahmen nicht gerade erhöhen.

Unter gegebenen Rahmenbedingungen hat nichts größeren Einfluss auf die Frauenbeschäftigung als die allgemeine wirtschaftliche Entwicklung. Keine Politik zur Förderung der Beschäftigungschancen von Frauen kann den Entwicklungen des Arbeitsmarktes wesentlich gegensteuern und keine Frauenförderpolitik kann unabhängig von den generellen sozialen und wirtschaftlichen Politikbereichen gesehen werden. Unter diesem Gesichtspunkt ist es besonders wichtig, bei der Förderung von Frauen die Nachhaltigkeit der gesetzten Aktivitäten zu überprüfen.

Tipps von Frauen, die es (trotzdem) geschafft haben:[10]

- Das (mögliche) Misstrauen, das speziell männliche Führungskräfte einer aufstrebenden Frau entgegenbringen, sollte als Herausforderung wahrgenommen werden.
- Gute Vorbereitung auf Termine macht die fachliche Kompetenz sichtbar und macht gleichzeitig Alter und Geschlecht irrelevant.
- Zurückhaltung bringt Frauen meist nicht vorwärts, „toughes“ Auftreten ebnet die Wege.
- Ein Team von Leuten, mit denen frau gut zusammenarbeiten kann, macht zufrieden und leistungsfähiger.

- Den männlichen und scheinbar erfolgreicheren Führungsstil nachzuahmen, führt nicht zum Erfolg; maskuline Frauen in der Chefetage irritieren und schrecken ab.
- Zeit und Ohr zu haben für die Sorgen der MitarbeiterInnen ist die Grundlage für ein gutes Arbeitsklima.
- Partizipation als zentrales Element der Führung schafft Akzeptanz und Unterstützung.
- Kommunikation ist der Schlüssel zur Konfliktlösung und verhindert, dass Energie in Streitereien abfließt.
- Gelungene Projekte sollen mit allen beteiligten MitarbeiterInnen gefeiert werden – das steigert die Motivation und den Teamgeist.
- Bewusst konsumierte Freizeit schafft die nötige Distanz, befreit den Kopf und erhöht die Leistungsfähigkeit.
- Verbissen an der eigenen Karriere zu arbeiten macht Stress, kontinuierliches Vorantreiben bringt mit hoher Wahrscheinlichkeit den gewünschten Erfolg.

Chancen betrieblicher Frauenförderung

Chance 1: Sensibilisierung

Die Grundvoraussetzung für jede Veränderung ist die Problemwahrnehmung.

Damit ein gesellschaftlicher Wandel möglich ist, braucht es Frauen und Männer, die ihn tragen, und dafür wiederum ist eine breit angelegte Sensibilisierung nötig. Fraueninteressen müssen sichtbar und frauenspezifische Themen müssen hörbar gemacht werden. Nur wenn die vielfältigen Zusammenhänge verstanden, wenn Änderungsmöglichkeiten diskutiert und Ängste thematisiert werden, kann die weitreichende Bedeutung der Gleichstellung erkannt und zum persönlichen Anliegen werden. Gleichzeitig müssen Männer, Frauen und Führungskräfte dahingehend sensibilisiert werden, was eigentlich Diskriminierung ist, wie sie entsteht und vor allem wie sie wirkt. Versteckte Diskriminierung wird häufig nicht wahrgenommen und daher wird keine Notwendigkeit für chancengleichheitsfördernde Maßnahmen gesehen. Erfolgreiche Sensibilisierung bringt Verständnis und Engagement und eröffnet so der Chancengleichheit viele Chancen.[11]

Mit einer breiten Sensibilisierung soll auch erreicht werden, dass das Abschieben der Verantwortung (auf „die Leute", „die betrieblichen Strukturen", die „Sachzwänge" etc.) ein Ende hat. Angesichts der Ängste, die im Zusammenhang mit Chancengleichheit bestehen und der Unsicherheiten, die auf Individuen, Betriebe und die Gesellschaft zukommen, scheint das Festhalten an vertrauten Werten und Strukturen eine verlockende Alternative – sogar um den Preis der Diskriminierung und der verpassten Möglichkeiten.

Gründe, die eine Veränderung unmöglich machen, gibt es viele:

Ich würde gerne meine Arbeitszeit reduzieren, aber in unserem Betrieb geht das nicht. Mein Mann würde gerne daheim bleiben, aber von meinem Lohn können wir nicht leben. Wir hätten gerne mehr Frauen im Kader, aber unsere Frauen wollen das nicht.[12]

Sobald sich also Frauen und Männer mit diesem Thema befassen, können auch wirkliche Erfolge und Veränderungen erzielt werden. Führungskräfte sind sensibler im Umgang mit den MitarbeiterInnen, die Vorteile einer partnerschaftlichen Kultur im Betrieb werden erkannt und Frauen erkennen ihre eigene Verantwortung für die Karriere – alles Grundvoraussetzungen dafür, dass sich die Zahl der Frauen in Führungspositionen erhöht.

Chance 2: Überbetriebliche und staatliche Maßnahmen

Eine verbindliche Regelung der Frauenförderung mit Ausschöpfung aller gesetzlichen und wirtschaftlichen Mitteln scheint angesichts der bisherigen Erfahrungen der einzig erfolgversprechende Weg, Gleichstellung zu erreichen. Staatliche Strategien können von direkten gesetzlichen Reglementierungen über indirekte Steuerung durch verbindliche Auflagen bei der Vergabe öffentlicher Mittel bis zur unmittelbaren Subventionierung von Maßnahmen für Frauen reichen. Auch die Förderung privater Initiativen gehört zu diesen Möglichkeiten.

Gesetze allein werden aber nicht ausreichen. Kontrollinstanzen und deren Besetzung mit Personen, welche die Umsetzung vorantreiben und nicht blockieren, sind ebenso notwendig wie das Nutzen aller Handlungsspielräume in Verwaltung, Wirtschaft und Medien. Die Aufklärungsarbeit, das Schaffen von Problembewusstsein, was die gesellschaftliche Benachteiligung von Frauen betrifft, und damit die Sensibilisierung der betrieblichen AkteurInnen sind von zentraler Bedeutung.

Vorteile von Frauen in der Chefetage

Entwicklungschance – wirtschaftliches Argument

Das Fundament jeder kompetenten Organisation bilden kompetente MitarbeiterInnen.[13] Von diesem Grundsatz ausgehend ist unverständlich, wie viel Potenzial in Betrieben ungenutzt bleibt. Es stellt sich die Frage, ob wir es uns heute noch leisten können, Menschen auszubilden, um ihnen dann aufgrund der Geburt von Kindern ihre Karriere- und Entwicklungsmöglichkeiten zu nehmen. Das ist zu verneinen, wenn davon ausgegangen wird, dass eine Zukunftssicherung und eine erfolgreiche Unternehmensentwicklung nur bei optimaler Ressourcennutzung möglich ist.[14]

Das Vordringen der Frauen in (auch höhere) Führungspositionen eröffnet für alle Beteiligten völlig neue Chancen. Auf Grund der gesellschaftlichen Irritation, die die Bedrohung einer bisher fast ausschließlich männlichen Bastion auslöst, geraten Selbstverständlichkeiten in Zweifel. Darin liegt die Entwicklungschance – für Frauen wie auch für Männer, für Führende wie auch für Geführte.[15]

Frauen handeln sehr verantwortungsvoll und gehen mit einem hohen Leistungsanspruch an sich selber an Aufgaben heran. Dies bedeutet natürlich einen wirtschaftlichen Nutzen, der für Unternehmen entsteht, in denen Frauen – in Führungsfunktionen – beschäftigt sind.

Weiblicher Führungsstil – Soziale Kompetenz

Frauen in Führungspositionen beschreiben ihren Führungsstil als teamorientiert und kooperativ. Sie bemühen sich um eine offene, freundliche Atmosphäre, übertragen ihren MitarbeiterInnen Verantwortung und binden sie in Entscheidungen mit ein. Die meisten Managerinnen lehnen starre Hierarchien ab und es widerstrebt ihnen, Macht auszuüben. Stattdessen legen sie Wert auf eine gleichberechtigte, positive Beziehung zu den MitarbeiterInnen. Sie fühlen sich nicht gestört, wenn MitarbeiterInnen mit Problemen zu ihnen kommen, sondern sehen dies als Teil ihrer Arbeit an. Weibliche Führungskräfte setzten ihre Persönlichkeit, ihr Einfühlungsvermögen und ihre Intuition ein, um MitarbeiterInnen zu motivieren. Kommunikation als Mittel zur Informationsweitergabe und zur Problemlösung ist für sie ein wichtiges Führungsmittel. Diese Art von Beziehungsmanagement ist es in der Regel auch, die Frauen in der Führung auszeichnet, die Motivation der Belegschaft erhöht und Unternehmenserfolg bringt.

Für mich ist es wichtig, dass die Leute gerne für mich arbeiten, und dass sie auch keine Angst haben, ihre Meinung zu sagen, meint beispielsweise eine dreißigjährige weibliche Führungskraft. Sie findet *es auch wichtig, den Leuten das Gefühl zu geben, dass sie mich ansprechen können, wenn sie ein Problem haben – und das nehmen die MitarbeiterInnen auch an.*

Ihren Zugang zu den MitarbeiterInnen beschreibt sie so:

> *Am besten ist es immer, zunächst eine persönliche Ebene aufzubauen. Gerne gehe ich erst einmal mit den Leuten essen. Nicht, weil ich das so gerne tue, sondern damit sie wissen, ich höre ihnen zu. Und damit sie das Gefühl haben, dass ich an ihnen als Person interessiert bin.*[16]

Integrität

Die persönliche Integrität ist ein bestimmendes Charakteristikum weiblicher Führungskräfte. Männlichen Managern fehlt es häufig an Authentizität, sie spielen ihre Managerrolle, was enorm anstrengend ist und als Grund für die klassischen „Managerkrankheiten" angeführt wird.[17]

Frauen dagegen bringen meist ihre Persönlichkeit ein. Sie integrieren ihre Führungsrolle in ihr natürliches Verhalten und identifizieren sich mit ihrer Arbeit. Dadurch wirken sie glaubwürdiger, lebendiger und erreichen eine hohe Akzeptanz bei ihren MitarbeiterInnen. So sichern sie sich ihre innere Ausgeglichenheit, was sich positiv auf Arbeitsleistung und Arbeitsklima auswirkt. Burnout-Syndrom und Herzinfarkt sind Krankheiten, die Frauen deutlich seltener als Männer betreffen, denn ausreichendes Abschalten und Freizeit verschafft die nötige Distanz zum beruflichen Geschehen.

Weibliche Führungskräfte legen auch viel Wert auf die Welt außerhalb des Büros. Sie sind aktiv in ihrer Freizeit, betreiben Sport und suchen gezielt den Ausgleich zum beruflichen Stress. Männer hingegen leben häufig nur für den Beruf und nehmen sich zu wenig Zeit für die Familie.

Loyalität

Häufig wird eine mögliche Berufsunterbrechung im Rahmen der Familiengründung als stärkstes Argument gegen die Beschäftigung von Frauen genannt. Dabei ist, wie viele Studien belegen, die Fluktuation der männlichen Beschäftigten eine deutlich höhere als die der Frauen. Fühlen sich Frauen in einem Betrieb akzeptiert, gefordert und gefördert, so wechseln sie seltener ihren Arbeitsplatz. Diese Loyalität sichert Know-how, rechtfertigt Investitionen in die Fortbildung der Mitarbeiterinnen und stellt einen weiteren Anreiz dar, mehr Frauen in verantwortungsvollere Positionen zu bringen.

Abschluss und Ausblick

Trotz aller Einschränkungen, Grenzen und Stolpersteine sind Frauen nicht von ihrem Weg in die Chefetagen abzubringen. Zum Glück - denn die Entwicklung und Förderung des Potenzials aller MitarbeiterInnen bilden die Grundvoraussetzungen für den Erfolg einer modernen Organisation. Noch immer werden dabei jedoch die Ressourcen und Fähigkeiten der Frauen zu wenig berücksichtigt. Frauenförderung stellt hier eine beträchtliche Herausforderung dar, da ständige Aufmerksamkeit, Anpassung und Erfolgskontrolle erforderlich ist.

Die Herausforderung für Frauen besteht darin, die Angebote der Frauenförderung anzunehmen und ihre eigenen Interessen und Kompetenzen ins Unternehmen einzubringen. Männer sind gefordert, Frauen als gleichberechtigt zu verstehen und auch danach zu handeln. Organisationen hingegen werden herausgefordert, einerseits Begabungen und Fähigkeiten von Frauen zu erkennen bzw. zu fördern und andererseits die Strukturen, Normen und Verhaltensmuster zu ändern und Chancengerechtigkeit so erlebbar zu machen. Dabei muss darauf geachtet werden, dass Frauen nicht in männliche Strukturen und Arbeitsweisen gedrängt werden, sondern dass die Basis für ein partnerschaftliches Arbeiten geschaffen wird.

Unumstritten ist die grundsätzliche Bedeutung betrieblicher Frauenförderung besonders wenn es um die Erhöhung der Zahl von weiblichen Führungskräften geht. Qualitative Personalentwicklung ist der entscheidende Wegweiser für die Zukunft, und qualitativ ist sie nur, wenn sie die Ressourcen und Kompetenzen von Frauen zu nutzen versteht. Für zukünftige Bestrebungen, mehr Frauen in Führungspositionen zu bringen, scheinen drei Ansätze vordringlich: Mehr Verbindlichkeit, mehr Einsatz für Frauen am unteren Ende der Hierarchie sowie bessere Nutzung von Restrukturierungsprozesssen.[18]

Literatur

Amiet, Barbara; Baillod, Jürg; Schär Moser, Marianne: Chancen für die Chancengleichheit. Kursbuch zur Gleichstellung von Frau und Mann im Erwerbsleben. Zürich: vdf Hochschulverlag 2000. (=Arbeitswelt. 17.)

Bierbaumer, Sylvia; Stockhammer, Hilde; Hoffmann, Helga; Walther, Ingrid; Papouschek, Ulrike; Pastner, Ulli: Laufbahnplanung für Frauen. Wien: Arbeitsmarktservice Österreich 1998.

Frei, Felix; Hugentobler, Margrit; Alioth, Andreas; Duell, Werner; Ruch, Luzian: Die kompetente Organisation. Qualifizierende Arbeitsgestaltung – die europäische Alternative. Zürich: vdf Hochschulverlag 1993.

Frei, Felix: Voodoo-Management. Die Frauenfrage aufbringen... heißt die Machtfrage stellen. Von mündigen Menschen und vom Zauber im Management. CD-ROM (11pp) 1998.

Ley, Katharina: „Zur Teilbarkeit von Arbeitsplätzen". In: Jürg Baillod, Toni Holenweger, Katharina Ley und Peter Saxenhofer (Hrsg.): Handbuch Arbeitszeit: Perspektiven. Probleme. Praxisbeispiele. 2. Aufl. Zürich: vdf Hochschulverlag 1993. (=Arbeitswelt. 7.)

Papouschek, Ulrike; Pastner, Ulli: Im Dornröschenschlaf. Betriebliche Frauenförderung in Österreich. Eine Studie der Forschungs- und Beratungsstelle Arbeitswelt. Wien: Wissenschaftsverlag 1997.

Riegraf, Birgit: Frauenförderung – Alibi oder Aufbruch zur Chancengleichheit? Eine empirische Untersuchung über Aufstiegsbarrieren von Frauen im Einzelhandel. Berlin: Berlin-Verlag 1993. (=Berlin-Forschung. 29.)

Stalder, Béatrice: Frauenförderung Konkret. Handbuch zur Weiterbildung im Betrieb. Zürich: vdf Hochschulverlag 1997. (=Arbeitwelt. 14.)

Westerholt, Birgit: Frauen können führen. Mut zur Karriere: Fähigkeiten erkennen, Barrieren überwinden, Kompetenzen erweitern. Weinheim [u.a.]: Beltz 1998.

Anmerkungen

1 Béatrice Stalder: Frauenförderung Konkret. Handbuch zur Weiterbildung im Betrieb. Zürich: vdf Hochschulverlag 1997. (=Arbeitswelt.14.), S. 78.

2 Vgl. Birgit Riegraf: Frauenförderung – Alibi oder Aufbruch zur Chancengleichheit? Eine empirische Untersuchung über Aufstiegsbarrieren von Frauen im Einzelhandel. Berlin: Berlin-Verlag 1993. (=Berlin-Forschung. 29.), S. 59.

3 Ulrike Bierbaumer, Ulrike Papouschek [u.a.]: Laufbahnplanung für Frauen. Wien: Arbeitsmarktservice Österreich 1998, S. 9.

4 Ebda.

5 Vgl. Katharina Ley: „Zur Teilbarkeit von Arbeitsplätzen". In: Jürg Baillod, Toni Holenweger, Katharina Ley und Peter Saxenhofer (Hrsg.): Handbuch Arbeitszeit: Perspektiven. Probleme. Praxisbeispiele. 2. Aufl. Zürich: Verlag der Fachvereine 1993. (=Arbeitswelt.7.), S. 120.

6 Vgl. Birgit Westerholt: Frauen können führen. Mut zur Karriere: Fähigkeiten erkennen, Barrieren überwinden, Kompetenzen erweitern. Weinheim [u.a.]: Beltz 1998, S. 36.

7 Ebda, S. 32.

8 Vgl. Bierbaumer, Papouschek, Laufbahnplanung für Frauen, S. 20.

9 Vgl. ebda.

10 Vgl. Westerholt: Frauen können führen, S. 82 ff.

11 Vgl. Barbara Amiet, Jürg Baillod, Marianne Schär Moser: Chancen für die Chancengleichheit. Kursbuch zur Gleichstellung von Frau und Mann im Erwerbsleben. Zürich: vdf Hochschulverlag 2000. (=Arbeitswelt.17.), 169-171.

12 Ebda, S. 170.

13 Vgl. Felix Frei, Margrit Hugentobler, Andreas Alioth, Werner Duell, Luzian Ruch: Die kompetente Organisation. Qualifizierende Arbeitsgestaltung – die europäische Alternative. Zürich: vdf Hochschulverlag 1993.

14 Vgl. Stalder, Frauenförderung Konkret, S.19ff.

15 Felix Frei: Voodoo-Management. Die Frauenfrage aufbringen... heißt die Machtfrage stellen. Von mündigen Menschen und vom Zauber im Management. CD-ROM (11pp) 1998.

16 Vgl. Westerholt, Frauen können führen, S. 25ff.

17 Vgl. Ebda.

18 Vgl. Stalder, Frauenförderung Konkret, S. 153.

Melanie Dorner

Powercurity 2002 – Erfolg und Nutzen des betrieblichen Frauenförderprogramms der bfi.bbrz-gruppe

Die bfi.bbrz-gruppe führte mit Ende des Jahres 1999 das betriebliche Frauenförderprogramm Powercurity 2002 ein, um Diskriminierungen von Frauen im Arbeitsalltag zu begegnen. Auf diesem Weg soll Gleichstellung zwischen Frau und Mann innerhalb der Unternehmensgruppe verwirklicht und gewährleistet werden. Das Programm umfasst im Wesentlichen drei große Aktionsfelder: „Chancengerechte Personalpolitik", „Vereinbarkeit von Beruf und Betreuungspflichten" und „Chancengerechte Organisations- und Informationskultur".[1]

Dieser Beitrag fasst die Ergebnisse der Auftragsstudie der bfi.bbrz-gruppe zusammen, die den Erfolg bzw. Nutzen des betrieblichen Frauenförderprogramms Powercurity 2002 evaluieren bzw. die derzeitige betriebliche Situation speziell von Mitarbeiterinnen einschätzen sollte.[2] Die zentrale Fragestellung dieser Untersuchung bezieht sich auf die Auswirkungen von Powercurity 2002 seit seiner Installierung 1999. Das Ziel bestand nicht in der Ausarbeitung eines Maßnahmenkatalogs, sondern herausgefunden werden sollte, welche Folgen durch die Einführung des betrieblichen Frauenförderprogramms feststellbar sind.

Die Zielgruppe dieser Untersuchung stellen in erster Linie die in der bfi.bbrz-gruppe beschäftigten Frauen dar. Es sollten alle Mitarbeiterinnen (N=842)[3] und zusätzlich – um die Sichtweise der Männer nicht auszuklammern – 106 Mitarbeiter (N=556) der bfi.bbrz-gruppe befragt werden. Für die Ergebnisse bezüglich der Stichprobe der Mitarbeiter wird keinerlei Anspruch auf Repräsentativität erhoben – sie sollten bei gewissen Fragestellungen lediglich als Vergleichs- bzw. Richtwerte gelten. Die Befragung erfolgte postalisch in den Monaten Juni und Juli 2002. Zusätzlich zu der Befragung mit Hilfe eines standardisierten Fragebogens wurden mit ExpertInnen Interviews geführt. Tatsächlich beteiligten sich an der Untersuchung 207 Frauen und 21 Männer.

In einem ersten Schritt thematisiert dieser Beitrag wie die Situation der Gleichstellung zwischen Frau und Mann innerhalb der bfi.bbrz-gruppe von den Befragten eingeschätzt wird. Zu diesem Zweck wird auf verschiedene Teilbereiche dieses Themenkomplexes eingegangen. Die Vergleichbarkeit mit der Situation vor Einführung des betrieblichen Frauenförderprogramms ist für einige Punkte durch eine betriebsinterne Befragung aus dem Jahr 1997 gewährleistet. In anderen Bereichen kann lediglich von einer Bestandsaufnahme die Rede sein.

Der zweite Schritt fragt nach den Angeboten und Regelungen rund um das Aktionsfeld „Chancengerechte Personalpolitik". Hier wird überprüft, ob die Regelungen des Programms eingehalten wurden, wie einerseits die Meinung aller befragten MitarbeiterInnen zu vorhandenen Angeboten einzustufen ist und wie andererseits die Angebote von jenen, die sie auch in Anspruch genommen haben, bewertet werden.

Der dritte Abschnitt beschäftigt sich mit dem Bereich „Vereinbarkeit von Beruf und Betreuungspflichten". Neben dem Gebiet der Arbeitszeitmodelle wird auf Angebote rund um die Elternkarenz eingegangen. Hier soll neben der Einstellung aller befragten MitarbeiterInnen zu verschiedenen Themenbereichen der Karenzierung die Situation der karenzierten Frauen und ihre Beurteilung der vorhandenen Angebote für diese Zielgruppe aufgezeigt werden.

Bei dem Aktionsfeld „Chancengerechte Organisations- und Informationskultur" steht vor allem die Frage der Information und Akzeptanz des betrieblichen Frauenförderprogramms Powercurity 2002 im Vordergrund. Wie gut sind die befragten MitarbeiterInnen informiert bzw. wie sinnvoll schätzen sie das Programm ein. Abschließend werden noch einige Hinweise für ein zukünftiges, überarbeitetes Frauenförderprogramm skizziert.

Die Antworten der befragten Männer spielen nur bei speziellen Fragestellungen dieses Beitrags eine Rolle. Es sei an dieser Stelle nochmals erwähnt, dass der Stichprobenumfang sehr gering ist und die Ergebnisse lediglich als Richtwerte gelten.

Zur Frage der Gleichstellung zwischen Frau und Mann in der bfi.bbrz-gruppe

Im Jahr 1997 wurde in der bfi.bbrz-gruppe eine betriebsinterne Befragung durchgeführt, die unter anderem das Thema Chancengleichheit (= gleiche Chancen bei gleicher Qualifikation) behandelte. Zu diesem Zeitpunkt beurteilten 60% der Mitarbeiterinnen ihre Chancengleichheit als deutlich beeinträchtigt.[4]

Durch die Konzeption und Verwirklichung eines betrieblichen Frauenförderprogramms signalisierte die bfi.bbrz-gruppe bewusst, dass vorhandene geschlechtsspezifische Ungleichheiten und die Verantwortung, diese zu beseitigen, erkannt wurden. Dies spiegelt sich auch in der Einschätzung der befragten MitarbeiterInnen im Jahr 2002 wider. Zwei Drittel der befragten Frauen (n=202) empfinden heute, dass betriebliche Frauenförderung in der bfi.bbrz-gruppe durchaus ein Thema ist und ernst genommen wird. Im Vergleich dazu sind 19 der 21 befragten männlichen Angestellten der Meinung, dass die bfi.bbrz-gruppe betriebliche Frauenförderung vollkommen ernst bzw. eher ernst nimmt. Im Jahr 1997 waren noch drei Viertel der Befragten der Meinung, dass es innerhalb der bfi.bbrz-gruppe weder frauenfreundliche Aktivitäten gibt, noch betriebliche Frauenförderung existiert. Dieses Bild hat sich im Laufe der Zeit, wie die zuvor präsentierten Ergebnisse bestätigen, zum Positiven verändert.

Doch wie sieht die Verwirklichung der Gleichstellung im Betrieb aus? Die Hälfte der befragten Frauen (n=202) sieht die Gleichstellung zwischen Frau und Mann in der bfi.bbrz-gruppe realisiert. Im Vergleich dazu sehen 71,5% der befragten Männer (n=21) die Gleichstellung im Betrieb voll bzw. eher verwirklicht. Es ist zu bedenken, dass Männer in dieser Frage nicht die Position der Betroffenen innehaben, sondern lediglich als Beobachter bzw. Außenstehende Diskriminierungen oder Ungleichbehandlungen wahrnehmen, was zu einer positiveren Einschätzung der Situation führen kann.

In welchen Bereichen sehen nun die befragten MitarbeiterInnen die Gleichstellung zwischen Frau und Mann erreicht und in welchen nicht?

Der Begriff der Gleichstellung ist weiter gefasst als der Begriff der Chancengleichheit. Chancengleichheit bedeutet gleiche Chancen bei gleicher Qualifikation, das heißt, die Kategorie Geschlecht darf die Karriere einer Mitarbeiterin bzw. eines Mitarbeiters nicht negativ oder positiv beeinflussen. Ziel des betrieblichen Frauenförderprogramms ist unter anderem, dass 60% der Mitarbeiterinnen im Jahr 2002 die Chancengerechtigkeit im Unternehmen verwirklicht sehen.[5] Hinsichtlich der Gleichberechtigung beim beruflichen Aufstieg zeigt sich, dass die befragten Frauen Gleichberechtigung, die man in diesem Zusammenhang als Chancengleichheit definieren kann, zum Großteil jedoch nicht verwirklicht sehen. 72,3% der befragten Frauen (n=202) geben an, dass der berufliche Aufstieg für Männer leichter ist und 56% der Frauen (n=200) sehen eine Benachteiligung von Frauen bei der Besetzung von Führungspositionen.

Die Einschätzung der befragten Männer fällt in beiden Fällen wiederum positiver aus: in ihren Augen scheint Chancengleichheit eher verwirklicht. Die negative Einschätzung der befragten Mitarbeiterinnen kann als Hinweis auf das Phänomen der „gläsernen Decke" gedeutet werden. Die Gründe für den erschwerten beruflichen Aufstieg für Frauen sind vielfältig. Durch die traditionellen Rollenvorstellungen existieren typisierte Bilder von Weiblichkeit bzw. Männlichkeit. Viele Eigenschaften, die als Führungskompetenzen bezeichnet werden können, gelten nach den traditionellen Rollenvorstellungen als typisch männlich, was sich auf die Karriere von Frauen hemmend auswirken kann.[6] Durch die geschlechtsspezifische Sozialisation entwickeln Männer häufig mehr Selbstbewusstsein als Frauen, was für eine leitende Funktion durchaus von Bedeutung ist.[7] Weitere mögliche Ursachen für Chancenungleichheit sind Probleme der Vereinbarkeit von Karriere und Familie und das Fehlen von Vorbildern[8] bzw. von Beziehungsnetzwerken[9].

Ein zentraler Parameter in punkto Gleichstellung zwischen Frau und Mann ist die Frage der Lohngleichheit. Das Gleichbehandlungsgesetz verbietet geschlechtsspezifische Diskriminierungen bei der Festsetzung des Entgeltes.[10] 46,2% der befragten Frauen (n=186) sind der Meinung, dass Männer in der gleichen Position mehr verdienen als Frauen. 44,1% glauben jedoch, dass dies nicht zutrifft. Hingegen gibt etwas mehr als die Hälfte der befragten Männer (n=20) an, dass sie in der gleichen Position nicht mehr verdienen als Frauen. Der Vergleich mit der betriebsinternen Mitarbeiterinnenbefragung aus dem Jahr 1997 zeigt, dass die meisten Mitarbeiterinnen fast nie persönliche Benachteiligung gegenüber ihren männlichen Kollegen registrierten. Wenn sie doch Diskriminierung erlebten, dann meist in Bezug auf ihr Gehalt. Auch heute, fünf Jahre später, sieht noch beinahe die Hälfte der befragten Frauen in diesem Bereich eine Benachteiligung.

Wie in einem ExpertInneninterview erörtert, besteht das Problem bei der Verwirklichung der Gleichstellung hinsichtlich Entlohnung u.a. in erfolgreicheren Lohnverhandlungen von Männern. Weitere Gründe für die Lohnungleichheit könnten die geringere Anzahl von Dienstjahren von Frauen aufgrund familienbedingter Brüche im Erwerbsleben oder das Ausbleiben von Zulagen, Spezialaufgaben und Sondergratifikationen aufgrund der Teilzeitbeschäftigung vieler Frauen sein.[11]

Die bfi.bbrz-gruppe hat in ihrem betrieblichen Frauenförderprogramm festgeschrieben, dass durch die Inanspruchnahme der Elternkarenz keine andauernden beruflichen Nachteile entstehen dürfen.[12] Die Hälfte der befragten Frauen (n=195) und etwas mehr als ein Drittel der befragten Männer (n=20) sehen die Elternkarenz sehr wohl mit beruflichen Nachteilen verbunden. Ein möglicher Grund für die nicht allzu positive Beurteilung der befragten Frauen könnte in eigenen Erfahrungen bzw. der intensiven und bewussten Auseinandersetzung mit dem Thema liegen. Im Gegensatz zu Männern stellen sie die Gruppe der Betroffenen dar.

Ein nicht zu vernachlässigender Punkt in der Diskussion rund um die Gleichstellung zwischen Frau und Mann ist die vorherrschende Umgangsform innerhalb des Unternehmens. Der Begriff Umgangsform benennt, wie sich Frauen und Männer im Arbeitsalltag begegnen. 57,4% der befragten Frauen (n=202) bestätigen die Aussage, dass in der bfi.bbrz-gruppe Männer für kompetenter gehalten werden als Frauen. Dies kann in Zusammenhang mit den zuvor präsentierten Ergebnissen zum Thema Chancengleichheit gesetzt werden. Die Ursache für die Konnotation von höherer Kompetenz mit Männern könnte in traditionellen Rollenvorstellungen begründet sein, was sich auch in einem leichteren beruflichen Aufstieg für Männer widerzuspiegeln scheint. 36,2% der befragten Frauen (n=199) geben an, dass Vorgesetzte der bfi.bbrz-gruppe Mitarbeitern mehr Anerkennung entgegenbringen als Mitarbeiterinnen und 33,7% der befragten Frauen (n=205) bestätigen die Aussage, dass oft abfällige Bemerkungen von Männern über Frauen zu hören sind. Auch in dieser Frage schätzen die befragten Männer – in der Position der privilegierten Beobachter – die Gleichstellung eher als verwirklicht ein als die betroffenen Frauen.

Das betriebliche Frauenförderprogramm Powercurity 2002 enthält weiters den Passus, dass alle MitarbeiterInnen ausreichend und vor allem im gleichen Ausmaß über betriebliche Vorgänge informiert werden.[13] 60,9% der befragten Frauen (n=197) sind der Meinung, dass Frauen über betriebliche Vorgänge nicht schlechter informiert werden als Männer. Wiederum: Im Vergleich dazu sind 90% der befragten Männer (n=20) dieser Auffassung. Anzunehmen ist, dass das Antwortverhalten der Frauen durch bereits erfahrene Diskriminierung bzw. Benachteiligung in der innerbetrieblichen Kommunikation geprägt ist.

Ein nicht unwesentlicher Schritt in Richtung Gleichstellung ist die Verwirklichung des geschlechtergerechten Sprachgebrauchs. Die Anwendung der geschlechtergerechten Sprache wurde auch im betrieblichen Frauenförderprogramm geregelt. Die Untersuchung zeigt, dass der Großteil sowohl der befragten Frauen als auch der befragten Männer hier keine Benachteiligung der Frauen sehen. 87,3% der befragten Frauen (n=204) geben an, dass in betriebsinternen und -externen Texten geschlechtergerechte Formulierungen verwendet werden. 77,3% der weiblichen Befragten (n=203) haben den Eindruck, dass in der bfi.bbrz-gruppe Personalbezeichnungen immer in weiblicher und in männlicher Form verwendet werden. Diese Ergebnisse zeigen, dass die Sensibilisierung der MitarbeiterInnen für den geschlechtergerechten Sprachgebrauch bereits fortgeschritten ist und dieser auch in weiten Teilen angewendet wird.

Allein durch die Einführung des betrieblichen Frauenförderprogramms Powercurity 2002 wurde ein wesentlicher Schritt in Richtung Gleichstellung unternommen. Auch wenn der Großteil der befragten Frauen der Meinung ist, dass Frauenförderung innerhalb der bfi.bbrz-gruppe ernst genommen wird, gibt es in manchen Bereichen Handlungsbedarf. Die größten Diskriminierungen werden von den befragten Frauen im Bereich der Chancengleichheit geortet, die geringsten im Bereich des geschlechtergerechten Sprachgebrauchs. Obwohl der Stichprobenumfang der Männer im Vergleich zu der Gruppe der Frauen sehr klein ist, scheint es bemerkenswert, dass die befragten Männer die Gleichstellung zwischen Frau und Mann eher verwirklicht sehen als die befragten Frauen. Die positivere Sichtweise könnte sich durch ihre Beobachterrolle ergeben: Männer sind meist nicht direkt von Ungleichbehandlungen betroffen, was sie für deren Wahrnehmung weniger, jedoch für die der Gegenmaßnahmen um vieles mehr sensibel macht.

Um Diskriminierung aufgrund der Kategorie Geschlecht zu vermeiden bzw. zu beseitigen, enthält Powercurity 2002 Regelungen, die sich in die Bereiche „Chancengerechte Personalpolitik", „Vereinbarkeit von Beruf und Betreuungspflichten" und „Frauenförderliche Organisations- und Informationskultur" gliedern lassen. Auf die Verwirklichung und die Auswirkungen der Regelungen soll im Folgenden eingegangen werden.

Chancengerechte Personalpolitik

Das Aktionsfeld der chancengerechten Personalpolitik umfasst neben dem Bereich der Personalsuche und Personalauswahl, den Bereich der Weiterbildung und Karriereförderung. Dabei sollen Frauen und Männern die gleichen Chancen eingeräumt, das heißt, Chancengleichheit hergestellt werden, auch durch teilweise bewusste Bevorzugung von Frauen.

Personalsuche

Der Bereich der Personalsuche beschäftigt sich mit den Formulierungen von Ausschreibungstexten, der Stellenausschreibung im Allgemeinen, dem Ablauf von Bewerbungsgesprächen sowie mit der Stellenbesetzung innerhalb der bfi.bbrz-gruppe.

Das Gebot der geschlechtsneutralen Stellenausschreibung (vgl. § 2c. Gleichbehandlungsgesetz) besagt, dass Ausschreibungstexte geschlechtergerecht formuliert sein müssen.[14] Im Zuge dieser Studie wurden Stellenausschreibungen der bfi.bbrz-gruppe sowohl für leitende als auch für nichtleitende Funktionen analysiert, die keinerlei Anzeichen auf Ungleichbehandlung aufgrund der Kategorie Geschlecht aufwiesen. Dieses Ergebnis wird durch die Einschätzung des Großteils der befragten MitarbeiterInnen gestützt: Der geschlechtergerechte Sprachgebrauch innerhalb der bfi.bbrz-gruppe scheint verwirklicht. Allerdings geben Ausschreibungstexte keinen Aufschluss darüber, nach welchen Kriterien die Vergabe der Stelle erfolgt.

Powercurity 2002 enthält nicht nur Regelungen, die die Auswahl derer betreffen, die zu einem Bewerbungsgespräch eingeladen werden, sondern es wurden Richtlinien für den Ablauf des Bewerbungsgesprächs, u.a. das Verbot von frauendiskriminierenden Fragestellungen etwa über Familienplanung oder, dass Brüche in der Erwerbsbiographie nicht negativ beurteilt werden dürfen, festgeschrieben. Die Mehrheit der befragten Frauen erlebte in ihrem Bewerbungsgespräch keine Form der Diskriminierung aufgrund des Geschlechts. Das heißt, diese Regelung von Powercurity 2002 könnte eine Sensibilisierung der Führungsebene für Gleichstellung zwischen Frau und Mann gefördert haben.

In der bfi.bbrz-gruppe ist die Regelung existent, dass bei betriebsinternen Personalentscheidungen geeignetes internes Personal externem vorzuziehen ist.[15] Der Großteil der neu zu besetzenden Stellen wurde zwar sowohl im Jahr 2000 als auch im Jahr 2001 extern besetzt, was aber nicht automatisch heißt, dass die Regelung des betrieblichen Frauenförderprogramms missachtet wurde. Für die Besetzung ist in erster Linie die Qualifikation ausschlaggebend. Hinsichtlich der Stellenbesetzung bei Führungspositionen besteht die Forderung, dass offene Stellen bei gleicher persönlicher und fachlicher Eignung vorrangig mit Frauen besetzt werden, so lange bis die 50%-Quote erfüllt ist.[16]

Unter den Beschäftigten der bfi.bbrz-gruppe (N=1398) sind ca. 60% weiblich. Betrachtet man jedoch das Verhältnis zwischen Frauen und Männer bei der Besetzung der Führungskräfte, so zeigt sich ein umgekehrtes Bild. Etwa zwei Drittel der Führungskräfte (N=118) sind männlich. In diesem Zusammenhang sei nochmals das Phänomen der „gläsernen Decke" angesprochen, deren Ursachen bereits dargestellt wurden. Die Führungskräftestatistik der ersten Ebene veränderte sich seit dem Jahr 1999 zugunsten der Frauen, auf der zweiten Führungsebene jedoch trat, auch wenn sich die absolute Zahl der weiblichen Führungskräfte nicht veränderte, eine minimale prozentuelle Verschlechterung ein. Es kann hier nicht mit Bestimmtheit gesagt werden, dass die Regelung des Programms missachtet wurde, da eine Bevorzugung von Frauen bei der Besetzung von Führungspositionen nur bei gleicher Qualifikation gefordert wird. Jedoch stellt sich die Frage, welche Kriterien zum Tragen kamen. Es ist durchaus möglich, dass Männer im Vergleich zu Frauen aufgrund traditioneller Rollenvorstellungen für Führungspositionen als geeigneter angesehen wurden.

Das betriebliche Frauenförderprogramm Powercurity 2002 enthält als weiteren Punkt die Forderung, dass es für eine Teilzeitkraft möglich sein muss, in eine Führungsposition zu gelangen.[17] Durch diese Regelung wird versucht, dem erschwerten beruflichen Aufstieg von Frauen durch dieses Arbeitsverhältnis entgegen zu wirken. In der bfi.bbrz-gruppe gibt es neun teilzeitbeschäftigte Führungskräfte, wobei der Anteil der Frauen (77,8%) höher ist als jener der Männer (22,2%), was wiederum darauf zurückzuführen ist, dass Frauen häufig aufgrund traditioneller Rollenverteilung Betreuungspflichten innerhalb der Familie übernehmen und somit keine Vollzeitbeschäftigung wahrnehmen können.

Weiterbildung und Karriereplanung

Weiterbildung ist heute wichtiger denn je. Um einen beruflichen Aufstieg zu verwirklichen bzw. beruflichen Erfolg zu haben, ist „lebenslanges Lernen" eine notwendige Voraussetzung.[18] Dieser Tatsache begegnet die bfi.bbrz-gruppe in Powercurity 2002 mit einigen Regelungen speziell für Frauen. Eine betrifft den Basisbildungsanspruch von zwei Tagen pro Jahr. Wie die Analyse zeigt, wurde aber nicht bei jeder befragten Frau die Forderung nach zwei Tagen Basisbildung pro Jahr eingehalten. 18,8% der befragten Frauen (n=191) besuchten seit Jänner 2000 keine externe und auch keine interne Weiterbildungsveranstaltung. Es scheint, als ob in diesen Fällen die entsprechende Vereinbarung des Programms nicht eingehalten worden wäre, es sei denn, die Mitarbeiterinnen machten von der Möglichkeit Gebrauch, sich bis zu sechs Basisbildungstage anzusparen. Dieser Annahme ist jedoch entgegenzuhalten, dass ca. die Hälfte der befragten Frauen (n=200) angibt, dass sich ihre Weiterbildungswünsche im Unternehmen eher nicht bzw. überhaupt nicht leicht umsetzen lassen. Auch bei den Mitarbeitern haben zehn der 21 befragten Männer angegeben, die Weiterbildungswünsche seien nicht leicht zu verwirklichen.

Wie groß kann die Zufriedenheit der MitarbeiterInnen mit dem internen Weiterbildungsangebot eingeschätzt werden? 62% der befragten Frauen (n=200) formulierten ihre Zufriedenheit zu diesem Thema, jedoch 16 der 21 befragten Mitarbeiter sind mit dem Weiterbildungsangebot sehr bzw. eher zufrieden. Es zeigte sich, dass der Großteil der befragten Mitarbeiterinnen (79,7%; n=74), die keine Zufriedenheit mit dem Weiterbildungsangebot ausgesprochen haben, auch angeben, dass sich ihre Weiterbildungswünsche nicht leicht umsetzen lassen, was bedeutet, dass diese beiden Faktoren einen Einfluss aufeinander ausüben.

Frauenspezifische Weiterbildung

Die bfi.bbrz-gruppe nahm diese spezielle Form der Weiterbildung in ihr betriebliches Frauenförderprogramm Powercurity 2002 auf. Ziel der Seminarangebote ist eine Stärkung der Frauen bzw. eine Stärkung ihrer Persönlichkeit zu erreichen. Die Seminare wurden für alle Mitarbeiterinnen der Unternehmensgruppe als reine Frauengruppen konzipiert, um den Frauen einen geschützten Rahmen zu bieten.

Die Frage, die sich in diesem Zusammenhang aufdrängt, ist, ob das Angebot an frauenspezifischen Seminaren den Bedürfnissen der Mitarbeiterinnen der bfi.bbrz-gruppe gerecht wird, unabhängig davon ob sie ein ebensolches Seminar besucht haben. Die Zufriedenheit der Frauen kann als relativ hoch angesehen werden. 67,9% der Befragten (n=190) sind mit dem Angebot zufrieden, was aber nicht bedeutet, dass diese auch ein frauenspezifisches Seminar besucht haben. Die Einschätzung des Nutzens dieser Seminare hinsichtlich der Förderung von Gleichberechtigung zwischen Frau und Mann wird von den befragten Mitarbeiterinnen kritisch gesehen. Nur 48% der befragten Frauen (n=196) sind voll bzw. eher der Meinung, dass frauenspezifische Seminare dabei helfen. Obwohl der direkte Nutzen dieser Form der Weiterbildung nicht unmittelbar zu erkennen ist, vertritt mehr als die Hälfte der befragten Frauen (n=197) voll bzw. eher die Meinung, dass frauenspezifische Seminare Frauen beim beruflichen Aufstieg unterstützen. Die Einschätzung der befragten Männer, die auch in diesem Fall die Beobachterrolle innehaben, fällt in beiden Fällen positiver aus.

Seit dem Jahr 2000 wurden sieben frauenspezifische Seminare abgehalten. Die Gründe für die Teilnahme an einem frauenspezifischen Seminar reichen von Interesse bzw. Neugierde über persönliche Entwicklung bzw. Stärkung des eigenen Selbstbewusstseins bis zum expliziten Wunsch nach Arbeiten in reinen Frauengruppen. Die Zufriedenheit der befragten Teilnehmerinnen mit dem von ihnen absolvierten frauenspezifischen Seminar ist sehr hoch. 88% (n=25) sind voll bzw. eher zufrieden. Die Leitung der Seminare und die durch die Seminare vermittelten Fähigkeiten, wie z.B. gestärktes Selbstbewusstsein, werden von den Teilnehmerinnen sehr positiv beurteilt. Das Entstehen von beruflichen Vorteilen durch diese Seminare wird jedoch nur von 29,2% der befragten Frauen (n=24) als verwirklicht betrachtet. Vergleicht man dieses Ergebnis mit der zuvor präsentierten Einschätzung aller befragten Mitarbeiterinnen, so zeigt sich, dass die Erfahrung der Teilnehmerinnen ein negativeres Bild ergibt. Die beruflichen Vorteile bzw. der erwartete Input, den diese Seminare zum einfacheren beruflichen Aufstieg leisten sollen, können vom Großteil der befragten Teilnehmerinnen nicht als verwirklicht angesehen werden. Dies könnte bedeuten, dass die Erwartungen bezüglich der Vorteile, die aus solchen Veranstaltungen resultieren, zu hoch gestellt sind oder aber auch, dass ein direkter Nutzen meist schwierig bzw. nicht unmittelbar nach Absolvierung zu erkennen ist.

Förderassessments

Ziel der Förderassessments der bfi.bbrz-gruppe ist es, eine realistische Selbsteinschätzung der Frauen über eigene Stärken und Schwächen zu erlangen. Seit Einführung des betrieblichen Frauenförderprogramms wurde neben Förderassessments für Frauen und Männer ein spezifisches Frauenassessment konzipiert, um Mitarbeiterinnen einen geschützten Rahmen zu bieten.

Wie beurteilen die MitarbeiterInnen, unabhängig von einer eigenen Teilnahme, den Beitrag, den Förderassessments zu einem erleichterten beruflichen Aufstieg leisten können? Etwa drei Viertel der befragten Mitarbeiterinnen (n=189) schätzen den beruflichen Aufstieg für diejenige Mitarbeiterin einfacher bzw. eher einfacher ein, die an einem Förderassessment teilgenommen hat. Auch hier fällt die Beurteilung der befragten Männer etwas positiver aus.

Die Förderassessments und auch die Leitung wurden hinsichtlich Kompetenz und Einfühlungsvermögen durch die befragten Teilnehmerinnen sehr positiv eingeschätzt. Acht der neun befragten Frauen waren mit dem Assessment sehr bzw. eher zufrieden. Wie schon zuvor erwähnt, schätzt der Großteil der MitarbeiterInnen die Auswirkung der Teilnahme an einem Förderassessment auf das berufliche Fortkommen sehr positiv ein. Aber wie sieht der Erfahrungswert der Teilnehmerinnen aus? Fünf von neun befragten Frauen geben an, dass ihnen die Teilnahme an einem Förderassessment beruflich sehr viel bzw. viel gebracht hat.

Einzelcoaching

Der Sinn des Einzelcoachings liegt darin, dass Frauen in besonders belastenden Situationen Unterstützung von außerhalb erhalten. Das Einzelcoaching wird von externen ProfessionistInnen durchgeführt[19] und wurde seit dem Jahr 2000 von 42 Frauen in Anspruch genommen. Die Gründe für eine Inanspruchnahme dieses Angebots reichen von Doppel- und Dreifachbelastung, von strukturellen Veränderungen am Arbeitsplatz bis hin zu persönlichen Konflikten und Mobbing. Alle befragten Teilnehmerinnen (n=19) waren mit dem in Anspruch genommenen Einzelcoaching sehr bzw. eher zufrieden und beurteilten seine Wirkung durchgehend positiv, das heißt, dass ihnen in ihrer Situation weitergeholfen wurde bzw. eine Verbesserung ihrer Situation eingetreten ist. Da alle Teilnehmerinnen mit dem Einzelcoaching zufrieden waren, ist es nicht allzu überraschend zu erfahren, dass auch alle der befragten Frauen (n=19) das Einzelcoaching weiterempfehlen würden.

Vereinbarkeit von Beruf und Betreuungspflichten

Die weibliche Erwerbsbiographie unterscheidet sich nach wie vor weitgehend von der der männlichen, vor allem in einem wesentlichen Punkt:

Die berufliche Laufbahn von Männern ist in erster Linie kontinuierlich, die von Frauen hingegen in sehr vielen Fällen durch familienbedingte Unterbrechungen gekennzeichnet.[20] Dementsprechend erachtet die bfi.bbrz-gruppe den Bereich der Vereinbarkeit von Beruf und Betreuungspflichten als zentralen Bestandteil der betrieblichen Frauenförderung.

Arbeitszeitmodelle

Bei der Flexibilisierung der Arbeitszeit in der bfi.bbrz-gruppe stehen die Bedürfnisse der ArbeitnehmerInnen im Vordergrund. Es sind vor allem Frauen, die aufgrund der traditionellen Rollenverteilung oft verpflichtet sind, zumindest phasenweise ihre Arbeitszeit einzuschränken.[21] Fast die Hälfte der befragten Arbeitnehmerinnen (n=195) arbeitet Teilzeit, das heißt bis zu 37 Wochenstunden. Im Vergleich dazu sind nur 16,7% der befragten Arbeitnehmer (n=18) teilzeitbeschäftigt.

Die bfi.bbrz-gruppe versucht der Verminderung von beruflichen Chancen durch Teilzeitbeschäftigung mit einer frauenspezifischen Regelung entgegenzuwirken. Diese besagt, dass für teilzeitbeschäftigte MitarbeiterInnen, die aufgrund von Betreuungspflichten dieses Beschäftigungsausmaß gewählt haben, keine beruflichen Nachteile entstehen dürfen.[22] 69,3% der befragten teilzeitbeschäftigten Frauen (n=91) sind voll bzw. eher davon überzeugt, dass ihr Beschäftigungsausmaß einem beruflichen Aufstieg im Weg stehen könnte. Nichtsdestotrotz sind 97,1% der befragten Frauen (n=102) mit ihrem Beschäftigungsausmaß sehr zufrieden bzw. zufrieden. Mögliche Nachteile, die sich unter Umständen aus dem gewählten Beschäftigungsausmaß ergeben, scheinen die Zufriedenheit der befragten Frauen nicht zu schmälern bzw. durch Vorteile anderer Art, wie z.B. mehr Freizeit, kompensiert zu werden.

Elternkarenz

Innerhalb der bfi.bbrz-gruppe nehmen mehr Frauen als Männer die Möglichkeit der Elternkarenz in Anspruch. Die durchgeführte Befragung ergab, dass 44 bzw. 22,2% der befragten Frauen (n=198) in Elternkarenz waren. Die Ansicht, dass Mütter zu ihren Kindern gehören, ist heute noch weit verbreitet. Für die Mehrheit der Befragten der bfi.bbrz-gruppe scheint dies aber nicht im vollem Ausmaß Gültigkeit zu haben. Lediglich 21,4% (n=197) der befragten Mitarbeiterinnen sind voll bzw. eher der Meinung, dass es für alle Beteiligten besser sei, wenn die Frau und nicht der Mann in Karenz gehe. 50,3% der befragten Frauen (n=195) glauben, dass Elternkarenz mit beruflichen Nachteilen verbunden ist, obwohl eine Regelung des betrieblichen Frauenförderprogramms genau diese Nachteile unterbinden sollte.

37,5% der befragten Frauen (n=192) sind der Ansicht, dass sich für Frauen durch die Elternkarenz in beruflicher Hinsicht weniger bzw. eher weniger Nachteile ergeben. Für diese Frauen könnte die traditionelle Rollenverteilung, bei der der Zuständigkeitsbereich des Mannes alleine im Erwerbsleben und der der Frau in erster Linie im Bereich der Familie und erst in zweiter Linie im Beruf zu finden ist, nach wie vor existent sein. Eine andere mögliche Erklärung ist im Bereich der Sensibilisierung dieser Frauen gegenüber den spezifischen Problemen (z.B. Mobbing) von Männern in Väterkarenz zu sehen. Die Prozentwerte der befragten Männer weisen bei allen drei Fragestellungen im Vergleich zu den befragten Frauen auf eine traditionellere Einstellung bezüglich der Rollenverteilung hin.

Geteilte Elternkarenz und Väterkarenz

Die geteilte Elternkarenz und die Väterkarenz bilden zwei Möglichkeiten, Männer vermehrt in die Pflichten und Aufgaben im Bereich der Familie einzubinden. Die bfi.bbrz-gruppe fordert ihre MitarbeiterInnen in ihrem betrieblichen Frauenförderprogramm Powercurity 2002 zur Inanspruchnahme dieser Angebote auf. 98% der befragten Frauen (n=197) und 94,8% der befragten Männer (n=19) empfinden die Möglichkeit der geteilten Elternkarenz als sehr bzw. eher gut. Dieses Ergebnis deutet auf eine gewisse Offenheit der befragten Mitarbeiterinnen gegenüber dieser Thematik und somit auf eine Aufweichung der Norm „die Mutter gehört zu ihrem Kind“. Im Falle einer Elternschaft geben 13 der 19 befragten Männer an, in Väterkarenz gehen zu wollen. Tatsächlich haben in der bfi.bbrz-gruppe seit Einführung von Powercurity 2002 nur sechs von 556 Mitarbeitern diese Möglichkeit in Anspruch genommen.

Eine mögliche Erklärung für die geringe Inanspruchnahme von Väterkarenz ist die bestehende Unsicherheit und Angst vor diesem Schritt. Mit Sicherheit spielen auch finanzielle Überlegungen eine nicht zu vernachlässigende Rolle, da die Entscheidung für die Väterkarenz eher von extrinsischen als von intrinsischen Motiven gesteuert wird, das heißt, die beruflichen Umstände des Mannes bzw. der Frau sind für diese Entscheidung ausschlaggebender als Einstellungen oder der Wunsch des Mannes nach einer intensiven Beziehung zum eigenen Kind.[23] Betrachtet man lediglich die Gruppe der befragten Frauen, so würden 82,4% von ihnen (n=165), wenn sie sich in die Lage eines Mannes versetzen, die Möglichkeit der Väterkarenz in Anspruch nehmen. 58,9% der befragten Frauen (n=190) sind voll bzw. eher der Meinung, dass Männer, wenn sie sich für die Möglichkeit der Elternkarenz entscheiden, bei ihren Kollegen auf Ablehnung stoßen. Bei den befragten Männern (n=19) sind nur 42,1% dieser Meinung. Mögliche Erklärungen für die nicht allzu negative Sichtweise der befragten Männer sind, dass sie nicht genügend sensibilisiert für die damit verbundene Problematik sind und sich nicht ausreichend mit der Thematik auseinandergesetzt zu haben scheinen.

Urlaubs- und Krankheitsvertretungen bzw. Weiterführung von Projektaufgaben während der Elternkarenz

Die Weiterbeschäftigung von karenzierten MitarbeiterInnen während der Elternkarenz für das Unternehmen ist für alle Beteiligten von Vorteil. Für die MitarbeiterInnen bedeutet es eine Vorbereitung auf die Rückkehr an den Arbeitsplatz und für die Arbeitgeberin bzw. für den Arbeitgeber bedeutet diese Maßnahme eine Lösung des Vertretungsproblems mittels Arbeitskräften, die einen sehr guten Einblick in die Organisation haben.[24] Die Möglichkeit der Übernahme von Urlaubs- und Krankheitsvertretungen während der Elternkarenz ist jedoch nicht unumstritten. Die Gefahr des Missbrauchs[25] darf nicht außer Acht gelassen werden.

96,4% aller befragten Dienstnehmerinnen (n=194) und alle der befragten Frauen (n=16), die diese Möglichkeit in Anspruch nahmen, geben an, dass durch die Übernahme von Urlaubs- und Krankheitsvertretungen bzw. durch die Weiterführung von Projektaufgaben die Aufrechterhaltung der eigenen Qualifikation voll bzw. eher erreicht wird. Diese Ergebnisse zeigen, dass die allgemeine Einschätzung der befragten Mitarbeiterinnen weitgehend mit den tatsächlichen Erfahrungswerten der befragten karenzierten Frauen übereinstimmen. 88,3% der befragten Mitarbeiterinnen (n=196) stimmten voll bzw. eher zu, dass sie während der Elternkarenz Urlaubs- und Krankheitsvertretungen bzw. die Weiterführung von Projektaufgaben übernehmen würden. Obwohl dies auf eine durchaus große Bereitschaft zur Übernahme hinweist, kann keine Aussage darüber getroffen werden, ob diese Frauen im Falle einer Elternkarenz die Möglichkeit auch tatsächlich in Anspruch nehmen würden. Die entsprechenden Prozentwerte der befragten Männer sind nur geringfügig kleiner. Tatsächlich haben von jenen 46 befragten Frauen, die während ihrer Beschäftigung in der bfi.bbrz-gruppe in Elternkarenz waren, 17 währenddessen eine Tätigkeit übernommen. Die häufigsten in Anspruch genommenen Beschäftigungsarten stellen die Beschäftigung auf Honorarbasis und die Weiterführung von Projektaufgaben dar.

Fortbildung während der Elternkarenz

Der Gedanke hinter dem Angebot an Qualifizierungsmöglichkeiten während der Elternkarenz ist, dass der Verlust an Qualifikation während dieser familiär bedingten

Berufsunterbrechung möglichst gering gehalten wird. Dadurch soll der Wiedereinstieg ins Berufsleben erleichtert werden. 92,3% der befragten Frauen (n=195) sind voll bzw. eher der Meinung, dass das Absolvieren von Fortbildungsveranstaltungen während der Elternkarenz unerlässlich für den Erhalt von Qualifikationen ist. Auch der Großteil (97%) der befragten Mitarbeiterinnen (n=197) und alle der befragten Frauen (n=17), die diese Möglichkeit in Anspruch nahmen, sind der Meinung, dass Fortbildung während der Elternkarenz den Wiedereinstieg erleichtert. Diese Ergebnisse zeigen, dass von den befragten Mitarbeiterinnen die Notwendigkeit des „lebenslangen Lernens“ erkannt wurde und die Bereitschaft dazu auch im Falle einer Elternkarenz aufrecht ist. Die Prozentwerte der befragten Männer sind auch hier etwas geringer. Von den 45 befragten karenzierten Frauen haben 17 Frauen (37,8%) die Möglichkeit der Fortbildung in Anspruch genommen. Betrachtet man die Gruppe der weiblichen Befragten, so ist die Inanspruchnahme mit Einführung des Programms angestiegen. Eine Erklärung für die stärkere Nutzung dieser Möglichkeit wäre, dass mit Einführung des Programms die Fortbildungsangebote für Karenzierte aufgestockt bzw. dass die MitarbeiterInnen verstärkt über diese Möglichkeit und ihren Nutzen informiert wurden.

Planungsgespräch vor Antritt der Elternkarenz

Ziel des Planungsgespräches ist es, abzuklären, ob, wann und wie ein Wiedereinstieg geplant ist.[26] Vor Antritt ihrer Elternkarenz bzw. Erziehungsfreistellung absolvierten 13 der 47 befragten Frauen ein Planungsgespräch. Dieses Gespräch dient zur Information der MitarbeiterInnen und zum Treffen von Vereinbarungen bezüglich der bevorstehenden Karenzierung. Vom Großteil der befragten Frauen wurden die Gespräche hinsichtlich der Rücksichtnahme auf die persönliche Situation und der Unterstützung durch die anwesende Vorgesetzte oder den anwesenden Vorgesetzten bzw. durch die anwesende Equality-Referentin sehr gut bewertet. Hingegen traten bei der Information über Förder- und Beschäftigungsmöglichkeiten während der Elternkarenz Mängel auf. Obwohl genau bei diesem Gespräch Gelegenheit für die Vermittlung von Information gefunden werden sollte, um die Anzahl derer zu erhöhen, die die vorhandenen Angebote während der Elternkarenz in Anspruch nehmen, geben sieben von zwölf Frauen an, dass sie eher keine bzw. überhaupt keine dementsprechende Information erhielten.

Kontakt zum Unternehmen während der Elternkarenz

Die Aufrechterhaltung des Kontakts zu den karenzierten MitarbeiterInnen wird von den ExpertInnen und von den befragten Mitarbeiterinnen großteils als äußerst wichtig angesehen. Nur 1% der befragten Frauen (n=198) beurteilt den Kontakt eher nicht bzw. überhaupt nicht wichtig. Alle befragten Männer (n=19) schätzen den Kontakt zum Unternehmen während der Elternkarenz als sehr bzw. eher wichtig ein. Dies zeigt, dass beinahe allen befragten MitarbeiterInnen bewusst ist, dass dadurch die mentale Distanz zum Unternehmen geringer gehalten wird. Von den 44 befragten Frauen hatten 15 während ihrer Elternkarenz Kontakt zu der Equality-Referentin. Da es die Position der Equality-Referentin in der bfi.bbrz-gruppe erst seit Einführung des betrieblichen Frauenförderprogramms gibt, muss zumindest ein Teil der Elternkarenz dieser 15 Frauen in den Zeitraum nach Einführung von Powercurity 2002 fallen. Die Kontaktaufnahme erfolgt telefonisch, in Ausnahmefällen werden Hausbesuche gemacht. Die Gespräche dienen meist der Informationsvermittlung bzw. der Lösung von Problemen, die sich in Zusammenhang mit einer Karenzierung ergeben können. Die Kontaktaufnahme empfanden die meisten Mitarbeiterinnen (n=15) als angenehm. Neben dem Zugang zu Informationen verspürten sie ein Zugehörigkeitsgefühl zum Unternehmen.

Einstiegsgespräch nach der Elternkarenz und beruflicher Wiedereinstieg

Mit einem Einstiegsgespräch vor Ende der Elternkarenz soll der Wiedereinstieg ins Berufsleben erleichtert werden. 18 der 39 befragten Frauen führten vor ihrem beruflichen Wiedereinstieg ein Gespräch mit ihrer/ihrem Vorgesetzten. Einige dieser 39 Frauen befinden sich noch in Elternkarenz bzw. endete ihre Elternkarenz bereits vor Einführung von Powercurity 2002. Der Prozentsatz der befragten Frauen, mit denen ein Einstiegsgespräch geführt wurde, erhöhte sich nach Einführung des betrieblichen Frauenförderprogramms, was als positiv interpretiert wurde.

Das Einstiegsgespräch soll unter anderem zur Erstellung eines Einstiegsplans für die betroffene Angestellte bzw. den betroffenen Angestellten dienen. Die Vereinbarungen bezüglich Arbeitszeitregelung, Aufgabenbereich, Schulungen und betriebsinternen Informationen sollen den Bedürfnissen der in den Beruf zurückkehrenden MitarbeiterInnen entsprechen. Der für jede Mitarbeiterin berechnete Wert für den individuell erstellten Einstiegsplan zeigt, dass die befragten Frauen im großen und ganzen zufrieden sind. Neun Frauen (n=15) beurteilen das Gespräch als große bzw. eher große Hilfe für den beruflichen Wiedereinstieg, das heißt, bei der Mehrheit der befragten Mitarbeiterinnen wurde das Ziel dieser Regelung nach eigener Einschätzung erreicht.

Von den befragten Frauen (n=29), die nach ihrer Elternkarenz bereits ins Berufsleben zurückgekehrt sind, empfand lediglich ca. ein Drittel den Wiedereinstieg als sehr schwierig bzw. schwierig, was als erfolgreiche Unterstützung der Mehrheit der befragten Frauen in dieser Situation sowohl durch das Unternehmen als auch durch das soziale Umfeld interpretiert werden kann.

Chancengerechte Organisations- und Informationskultur

Eine chancengerechte Organisations- und Informationskultur umfasst neben der Forderung nach Verwendung sowohl weiblicher als auch männlicher Formulierungen in betriebsinternen und -externen Texten, die Forderung nach der Verbreitung der Grundsätze von Powercurity 2002 sowie die Institutionalisierung einer Equality-Referentin, die in ihrer Arbeit von sogenannten Kontaktfrauen unterstützt wird.

Informationsarbeit und Verbreitung des betrieblichen Frauenförderprogramms Powercurity 2002

Die Frage nach Information und Akzeptanz des betrieblichen Frauenförderprogramms Powercurity 2002 spielt die entscheidende Rolle für Erfolg und Nutzen des Programms. Nur 20 der 202 befragten Frauen geben an, dass sie das Programm nicht kennen, 90,1% der befragten Mitarbeiterinnen kennen den Namen bzw. die genauen Inhalte. Dieser äußerst hohe Prozentsatz kann auch daraus resultieren, dass sich vor allem Frauen, die das Programm kennen, zur Befragung bereit erklärt haben. Auch bei den befragten Männern gibt der Großteil an, das Programm zu kennen.

92,3% der befragten Frauen (n=195) bewerten das Programm als sehr bzw. eher sinnvoll. Im Vergleich dazu bezeichnet keiner der befragten Mitarbeiter (n=19) das Programm als nicht sinnvoll. Die Unterschiede zwischen den beiden befragten Gruppen sind in dieser Frage signifikant, wenn auch nicht allzu groß. Die positivere Einstellung der befragten Männer könnte darauf zurückzuführen sein, dass sich nur jene an der Befragung beteiligt haben, die dem Thema der Frauenförderung offen gegenüberstehen und dies auch als wichtig empfinden bzw. scheinen sie einer Gruppe von Männern anzugehören, die es nicht für opportun hält, gegen explizite Frauenförderung aufzutreten.

Die Mehrheit der befragten Mitarbeiterinnen stuft das Aktionsfeld „Vereinbarkeit von Beruf und Betreuungspflichten" als das sinnvollste und nützlichste ein, gefolgt von „Chancengerechte Personalpolitik" und „Frauenförderliche Organisations- und Informationskultur". Der letzte Titel scheint inhaltlich für die befragten Frauen schwer greifbar, das heißt, es wird meist kein direkter Nutzen erkennbar. Das könnte ein Grund dafür sein, dass dieses Aktionsfeld am wenigsten sinnvoll bzw. nützlich eingestuft wurde.

Auf die Frage nach den drei wichtigsten Punkten des betrieblichen Frauenförderprogramms Powercurity 2002 entschieden sich die befragten Mitarbeiterinnen (n=177) für die Bereiche „Unterstützung/Bevorzugung von Frauen beim beruflichen Aufstieg", „spezielle Angebote zum Thema Weiterbildung für Frauen" und „Bildungs- und Beschäftigungsmöglichkeiten im Unternehmen während der Elternkarenz". Diese drei Punkte stehen alle im Zusammenhang mit Qualifikation bzw. beruflicher Förderung von Frauen, was den Wunsch der befragten Mitarbeiterinnen auf berufliche Etablierung bzw. die Veränderung traditioneller Rollenvorstellungen signalisiert. Bei den 15 befragten Mitarbeitern zeigt sich ein etwas anderes Bild. Die von ihnen als die wichtigsten Punkte bezeichneten Gebiete beziehen sich fast alle auf das Aktionsfeld „Vereinbarkeit von Beruf und Betreuungspflichten", was als Hinweis auf das Vorhandensein von traditionellen Denkmustern bzw. ihre eigene Betroffenheit interpretiert werden kann.

Die Equality-Referentin und die Kontaktfrauen

Ergebnis dieser Befragung ist, dass mit und seit der Installierung von Powercurity 2002 ein wesentlicher Schritt in Richtung Gleichstellung zwischen Frau und Mann unternommen worden ist.

Zur Umsetzung des betrieblichen Frauenförderprogramms der bfi.bbrz-gruppe wurde eine Equality-Referentin institutionalisiert, die in ihrer Arbeit von den Kontaktfrauen unterstützt wird. Das Arbeitsgebiet der Kontaktfrauen umfasst die Präsentation von Fraueninteressen der wesentlichen betrieblichen Organisationseinheiten und Teilbetriebe.[27] Ein zentraler Bestandteil der Aufgaben der Equality-Referentin liegt in der Beratung von Mitarbeiterinnen u.a. bei folgenden Fragen bzw. Problemen: Eltern- und Bildungskarenz bzw. Wiedereinstieg, Weiterbildung, psychische Belastungen, berufliche Veränderungen bzw. Probleme und finanzielle Schwierigkeiten. Die Zufriedenheit der befragten Frauen mit der Beratung kann als sehr groß eingestuft werden: 17 der 19 befragten Frauen, die ein Beratungsgespräch in Anspruch nahmen, waren mit diesem sehr bzw. eher zufrieden. Der Großteil der 19 befragten Frauen gibt an, dass die Equality-Referentin gut auf sie eingegangen ist bzw. ihnen in ihrer Situation gut weiterhelfen konnte. Ein Großteil dieser 19 Frauen würde es auch an Frauen in ähnlichen Situationen weiterempfehlen.

Gestaltungsvorschläge und Ausblick

Die Ergebnisse der Untersuchung unterstreichen die hohe Zustimmung der befragten Mitarbeiterinnen gegenüber dem betrieblichen Frauenförderprogramm Powercurity 2002. Die Zufriedenheit mit den von ihnen in Anspruch genommenen Angeboten ist durchwegs sehr hoch. Die Gleichstellung zwischen Frau und Mann kann jedoch nicht als erreicht angesehen werden – in manchen Bereichen besteht noch großer Handlungsbedarf. Die Einschätzung der Wirkung von frauenfördernden Maßnahmen fällt bei den Männern in beinahe allen Fällen positiver aus. Das heißt, sie – die im Gegensatz zu den befragten Frauen von Ungleichbehandlung nicht direkt betroffen sind – schätzen die Position der Frauen besser ein als die befragten Frauen selbst. Durch öffentliche Diskussionen und Medien wird häufig der Eindruck erweckt, dass für die Gleichstellung zwischen Frau und Mann sehr viel unternommen wird und diese bereits in weiten Teilen erreicht wurde. Es sei jedoch nochmals darauf hingewiesen, dass diese Ergebnisse nur als Vergleichs- bzw. Richtwerte gelten können, da der Umfang der Stichprobe sehr gering ist. Die Unterschiede zwischen den beiden befragten Gruppen erscheinen trotzdem bemerkenswert.

Für die Erhöhung der Akzeptanz von Powercurity 2002 ist es entscheidend, ausreichend Informationsarbeit zu leisten. Vor allem die Gruppe der Männer muss durch spezielle Weiterbildungsangebote für das Wahrnehmen von Ungleichbehandlungen und für das Eintreten für Frauenförderung sensibilisiert werden. In einem nächsten Schritt ist es unumgänglich, die Einhaltung der Regelungen des Programms durch Sanktionsmöglichkeiten zu gewährleisten. Die zentrale Überlegung ist aber jene, das betriebliche Frauenförderprogramm auf die Bedürfnisse und Wünsche der Mitarbeiterinnen abzustimmen, d.h. auf die häufigsten von den befragten Mitarbeiterinnen (n=203) geäußerten Wünsche nach Mentoring, Karriereförderung für Frauen und individuelle Arbeitszeitmodelle.

Literatur

Alfen-Baum, Elke; Höhn, Monika; Schnittler Ralph: „Frauenförderung am Beispiel des Dienstleistungsbereichs". In: Meixner, Hanns-Eberhard; Mohnen-Behlau, Elgin (Hrsg.): Frauenförderung in Verwaltung und Wirtschaft. Gleichstellung der Frau im Beruf – Gleichstellungsbeauftragte. Regensburg: Walhalla- u. Praetoria-Verlag 1991, S. 125 – 162.

Amiet, Barbara; Baillod, Jürg; Schär Moser, Marianne: Chancen für die Chancengleichheit. Kursbuch zur Gleichstellung von Frau und Mann im Erwerbsleben. Zürich: vdf Hochschulverlag 2000. (=Arbeitswelt.17.)

Assig, Dorothea; Beck, Andrea: Frauen revolutionieren die Arbeitswelt. Das Handbuch zur Chancengerechtigkeit. München: Vahlen 1996.

Assig, Dorothea; Mühlens, Erdtrud: „Frauen und Karriereentwicklung – Hinterm Horizont geht's weiter". In: Meixner, Hanns-Eberhard; Mohnen-Behlau, Elgin (Hrsg.): Frauenförderung in Verwaltung und Wirtschaft. Gleichstellung der Frau im Beruf – Gleichstellungsbeauftragte. Regensburg: Walhalla u. Praetoria Verlag 1991, S. 96 – 124.

Beham, Martina; Wilk, Liselotte: Ausgewählte familiale Bildungs- und Übergangsprozesse. In: Bundesministerium für Umwelt, Jugend und Familie (Hg.): 4. Österreichischer Familienbericht. Familie zwischen Anspruch und Alltag. Band I: Zur Situation von Familie und Familienpolitik in Österreich. Teil II: Lebens- und Beziehungsformen heute – demografische und soziologische Aspekte. Wien 1999, S. 264 – 302.

Bundesgesetz über die Gleichbehandlung von Frau und Mann im Arbeitsleben (Gleichbehandlungsgesetz). BGBl. Nr. 108/1979, idF BGBl. 290/1985, 410/1990, 833/1992 und 44/1998.

Ebner, Hermann G.: „Weiterbildung von Mitarbeiterinnen." In: Gertraude Krell (Hrsg.): Chancengleichheit durch Personalpolitik. Gleichstellung von Frauen und Männern in Unternehmen und Verwaltung. Rechtliche Regelungen – Problemanalysen – Lösungen. 3. Aufl. Wiesbaden: Gabler 2001, S. 199-214.

Feigl, Susanne: Keine falsche Bescheidenheit! Wegweiser zur Gleichbehandlung im Beruf. 7., aktualisierte Aufl. Hrsg. v. Anwältin für Gleichbehandlungsfragen im Bundesministerium für soziale Sicherheit und Generationen. Wien 2001.

Frauenleben in Oberösterreich. arge grips, Universität Wien, Institut für Geographie und Regionalforschung. Hrsg. v. Land Oberösterreich, Büro für Frauenfragen. Wien 2001.

Powercurity 2002. Betriebliches Frauenförderprogramm der Unternehmensgruppe BFI OÖ/BBRZ. Hrsg. von BFI/BBRZ Linz.

Anmerkungen

1 Vgl. den Beitrag von Gerda Klammer in diesem Band: Frauen in die Chefetage – aber wie? Powercurity 2002 – Frauenförderung in der bfi.bbrz-gruppe.

2 Diese Untersuchung erfolgte im Rahmen meiner Diplomarbeit „Powercurity 2002. Erfolg und Nutzen betrieblicher Frauenförderung am Beispiel der bfi.bbrz-gruppe" am Institut für Frauen- und Geschlechterforschung der Johannes Kepler Universität Linz.

3 N = Größe der Grundgesamtheit, d.h. in diesem Fall die Anzahl der MitarbeiterInnen der bfi.bbrz-gruppe

4 Vgl. Powercurity 2002, S. 8.

5 Vgl. Powercurity 2002, S. 9.

6 Vgl. Dorothea Assig, Erdtrud Mühlens: „Frauen und Karriereentwicklung – Hinterm Horizont geht's weiter". In: Meixner, Hanns-Eberhard; Mohnen-Behlau, Elgin (Hrsg.): Frauenförderung in Verwaltung und Wirtschaft. Gleichstellung der Frau im Beruf – Gleichstellungsbeauftragte. Regensburg: Walhalla u. Praetoria 1991, S. 96 – 124, S. 115f.

7 Vgl. Barbara Amiet, Jürg Baillod, Marianne Schär-Moser: Chancen für die Chancengleichheit. Kursbuch zur Gleichstellung von Frau und Mann im Erwerbsleben. Zürich: vdf Hochschulverlag 2000. (=Arbeitswelt.17.), S. 82.

8 Vgl. Elke Alfen-Baum, Monika Höhn, Ralph Schnittler: „Frauenförderung am Beispiel des Dienstleistungsbereichs." In: Meixner, Hanns-Eberhard [u.a.] (Hrsg.): Frauenförderung in Verwaltung und Wirtschaft, S. 125 – 162, S. 134f.

9 Vgl. Amiet, Baillod, Schär Moser: Chancen für die Chancengleichheit, S. 84.

10 Vgl. Susanne Feigl: Keine falsche Bescheidenheit! Wegweiser zur Gleichbehandlung im Beruf. Hrsg. von der Anwältin für Gleichbehandlungsfragen im Bundesministerium für soziale Sicherheit und Generationen, Wien 2001, S. 45.

11 Vgl. Frauenleben in Oberösterreich. arge grips, Universität Wien, Institut für Geographie und Regionalforschung. Hrsg. v. Land Oberösterreich, Büro für Frauenfragen. Wien 2001, S.162ff.

12 Vgl. Powercurity 2002, S. 18.

13 Vgl. Powercurity 2002, S. 24.

14 Vgl. Feigl: Keine falsche Bescheidenheit! S. 53.

15 Vgl. Powercurity 2002, S.12.

16 Vgl. Powercurity 2002, S.12.

17 Vgl. Powercurity 2002, S.13.

18 Vgl. Hermann G. Ebner: „Weiterbildung von Mitarbeiterinnen". In: Krell, Gertraude (Hg.): Chancengleichheit durch Personalpolitik. 2001, S. 199 – 214, S. 200.

19 Auf eine Beurteilung der externen ProfessionistInnen wurde verzichtet, da diese von den Mitarbeiterinnen frei gewählt werden. Die Genehmigung der Einzelcoachings obliegt der bfi.bbrz-gruppe.

20 Vgl. Amiet, Baillod, Schär-Moser: Chancen für die Chancengleichheit, S. 141.

21 Vgl. Frauenleben in Oberösterreich, S. 133.

22 Vgl. Powercurity 2002, S. 21.

23 Vgl. Martina Beham, Liselotte Wilk: „Ausgewählte familiale Bildungs- und Übergangsprozesse". In: Bundesministerium für Umwelt, Jugend und Familie (Hg.): 4. Österreichischer Familienbericht. Familie zwischen Anspruch und Alltag. Band I: Zur Situation von Familie und Familienpolitik in Österreich. Teil II: Lebens- und Beziehungsformen heute – demografische und soziologische Aspekte. Wien 1999, S. 264 – 302., S. 270.

24 Vgl. Dorothea Assig, Andrea Beck: Frauen revolutionieren die Arbeitswelt. Das Handbuch zur Chancengleichheit. München: Verlag Vahlen 1996, S. 243.

25 Dieser Aspekt wurde im Zuge eines ExpertInneninterviews angeführt. Gemeint ist in diesem Zusammenhang, dass die Gefahr besteht, dass das Unternehmen die Angestellten in Elternkarenz zu einer Beschäftigung auffordert, obwohl dies nicht deren Wünschen entspricht.

26 Vgl. Powercurity 2002, S. 19.

27 Vgl. Powercurity 2002, S.25.

Maria Buchmayr

Chancengleichheit in der Arbeitswelt

Konzepte der Gleichstellungspolitik in Betrieben

Die bewusste Teilnahme am Erwerbsleben ist für den Großteil der Frauen heute wesentlicher Bestandteil der Lebensplanung. Die Struktur dieser Existenzsicherung orientiert sich jedoch an männlichen Interessen, da die männliche Erwerbsbiographie nach wie vor manifest und latent als allgemein gültig wirkt. Die Bemühungen zur Auflösung dieser männlich geprägten Rahmenbedingungen und damit der Ungleichheiten zwischen Frauen und Männern im Arbeitsleben sind der maßgebliche Inhalt dieses Beitrags.

Arbeitssituation – gesetzliche Lage in Österreich – Gender Mainstreaming

Benachteiligungen und Diskriminierungen von Frauen in der Arbeitswelt zeigen sich unter anderem in der geschlechtsspezifischen Arbeitsteilung. Frauen wird grundsätzlich die unbezahlte Familienarbeit und damit kein eigenes Einkommen und Männern die bezahlte Erwerbsarbeit zugewiesen. Frauen bezahlen mit Nachteilen für ihren Lebensstandard, eingeschränkte berufliche Karriere- und Wiedereinstiegschancen und nicht zuletzt mit Lücken in der Alterssicherung dafür. Ein weiterer Aspekt der Frauendiskriminierung ist die Geschlechterhierarchie innerhalb der bezahlten Erwerbsarbeit. Der segregierte Arbeitsmarkt konfrontiert Frauen im Vergleich zu Männern generell mit schlechteren Arbeitsmarktchancen und Arbeitsmarktbedingungen. Zudem sind Frauen in Führungspositionen selten anzutreffen und haben weniger Aufstiegschancen als Männer. Die berühmte „Gläserne Decke“[1] existiert bis dato.[2] Die geschlechtsspezifische Ungleichbehandlung manifestiert sich schließlich in einem System gesellschaftlicher Institutionen, staatlicher Regelungen und sozialer Absicherung, das die traditionelle Arbeitsteilung als Ausgangspunkt definiert und damit weiter reproduziert[3].

In Österreich verdienen Frauen[4] im Durchschnitt um 36 Prozent (bis 40 Prozent) weniger als Männer (auch in vergleichbaren Positionen).[5] Bemerkenswert ist, dass die Differenz der Einkommen vor zwanzig Jahren 29 Prozent betrug, was einen deutlichen Rückschritt bedeutet. Von dieser sukzessiven Vergrößerung der Einkommensunterschiede sind zum einen jene Frauen betroffen, die vergleichsweise hohe oder niedrige Gehälter beziehen[6], denn in Großbetrieben mit stark ausgeprägten hierarchischen Strukturen sind in Managementpositionen nach wie vor in erster Linie Männer vertreten. Zum anderen sind besonders die niedrig eingestuften Berufssparten, in denen Frauen überproportional vertreten sind und meist eine niedrigere Einkommensstruktur, niedrigere formale Qualifikationsanforderungen und eine hohe Arbeitsplatzunsicherheit aufweisen, davon betroffen.

Aufgrund ihrer Zuständigkeit für die Familienarbeit sind viele Frauen in Teilzeitarbeitsverhältnissen zu finden oder nehmen Beschäftigungsverhältnisse an, die nicht existenzsichernd sind und die keine Sozialleistungen vorsehen, wie etwa das Arbeiten auf Honorarbasis, geringfügige Beschäftigungen oder Teilzeitjobs. Dies trägt zwar zu einer Erhöhung der Erwerbsquote der Frauen bei, das Einkommensgefälle zwischen männlichen und weiblichen ArbeitnehmerInnen steigt aber (auch arbeitszeitbereinigt) weiter an.

Das stark erwerbszentrierte österreichische Sozialsystem unterstützt in der Vereinbarkeit von Beruf und Familie das Modell des „Nacheinander" und nicht das „Nebeneinander"[7]. Die Verlängerung des Bezugszeitraumes der staatlichen Leistungen, wie das Kinderbetreuungsgeld, bedeutet eine kurzfristige Verbesserung für die Situation der Frauen. Auf Dauer wird jedoch die traditionelle Arbeitsteilung und damit die ökonomische Abhängigkeit vom Ehemann verhärtet. Frauen verzichten auf berufliche Entwicklung und Karriere, auf existenzsichernde Einkommen und Sozialleistungen, und damit auf eigenständige Alterssicherung. Nicht zu unterschätzen ist in diesem Zusammenhang die Wirkung von kulturellen Werten und Normen, etwa den „Rabenmüttern",[8] die sich nicht um ihre Kinder kümmern und auch Väter haben Probleme mit der gesellschaftlichen Akzeptanz ihrer Karenz. Immer noch bekennen sich 41 Prozent der von Paul M. Zulehner befragten Männer[9] zur geschlechtsspezifischen Arbeitsteilung: Frauen seien für den Haushalt und Kind zuständig, Männer für die Berufstätigkeit und die finanzielle Versorgung der Familie. Wiedereinsteigerinnen[10] müssen Einkommensverluste aufgrund ihrer Berufsunterbrechung in Kauf nehmen und häufig auch berufliche Dequalifizierung. Dies trifft vor allem jene am stärksten, die längere Zeit ihre Berufstätigkeit unterbrochen haben.

All diese Ungleichbehandlungen stehen in krassem Gegensatz zum stark gestiegenen Bildungsniveau vor allem der jüngeren Frauen. Dieses Potential an ungenütztem Humankapital geht der Wirtschaft und Wissenschaft verloren – auch dieser Aspekt bewegt Unternehmen dazu, betriebliche Frauenförderung zu beginnen.

Seit 1979 existiert in Österreich ein Gleichbehandlungsgesetz, wobei die letzte Gesetzesnovelle 1998 erfolgte.[11] Dieses Gesetz ist ein wichtiges Instrument, um Diskriminierungen im Erwerbsleben zu bekämpfen und umfasst alle Aspekte eines Arbeitsverhältnisses. Das Gleichbehandlungsgesetz für die Privatwirtschaft – erst seit 1993 existiert eine entsprechende gesetzliche Regelung für den öffentlichen Dienst – legt fest, dass in Zusammenhang mit einem Arbeitsverhältnis niemand aufgrund des Geschlechts unmittelbar oder mittelbar diskriminiert werden darf, insbesondere nicht

- bei der Begründung des Arbeitsverhältnisses,
- bei der Festlegung des Entgelts,
- bei der Gewährung freiwilliger Sozialleistungen, die kein Entgelt darstellen,
- bei Maßnahmen der Aus- und Weiterbildung auf betrieblicher Ebene,
- beim beruflichen Aufstieg, insbesondere bei Beförderungen,
- bei den sonstigen Arbeitsbedingungen,
- bei der Beendigung des Arbeitsverhältnisses.

Auch sexuelle Belästigung gilt als Diskriminierung aufgrund des Geschlechts, ebenso stellen geschlechtsspezifische Stellenausschreibungen eine Verletzung des Gleichbehandlungsgebotes dar.[12]

ExpertInnen sind sich einig, dass selbst die aktuelle Fassung des Gesetzes weiterer Änderungen bedarf. Zum einen sind wiederholt gestellte Forderungen nach wie vor offen, etwa die Forderung nach einer Verlagerung der Beweislast von der/dem KlägerIn hin zum Angeklagten. Zum anderen sind einige der derzeitigen Forderungen (z.B. Schadenersatzregelung) unzureichend, wie Erfahrungen in der Praxis der Anwaltschaft für Gleichbehandlungsfragen zeigen.[13] Aus diesem Grund formulierte die Anwaltschaft für Gleichbehandlungsfragen zehn Forderungen, die in eine künftige Novellierung des Gleichbehandlungsgesetzes integriert werden sollten:

1. Wiederverlautbarung des Gesetzes; dies könnte gleichzeitig Anlass sein, im Gesetzestext die sprachliche Gleichbehandlung der Geschlechter zu realisieren, wie es im Bundes-Gleichbehandlungsgesetz, in Lehrplanverordnungen und im Arbeitsinspektionsgesetz bereits geschehen ist.
2. Sanktionen für geschlechtsspezifische Stellenausschreibungen auf allen Ebenen.
3. Verlagerung der Beweislast zugunsten der ArbeitnehmerInnen entsprechend der EU-Richtlinie 97/80/EG: „[...] wenn Personen, die sich durch die Verletzung des Gleichbehandlungsgrundsatzes für beschwert halten und bei einem Gericht bzw. einer anderen zuständigen Stelle Tatsachen glaubhaft machen, die das Vorliegen einer unmittelbaren oder mittelbaren Diskriminierung vermuten lassen, es dem Beklagten obliegt zu beweisen, dass keine Verletzung des Gleichbehandlungsgrundsatzes vorgelegen hat."[14]
4. Im Falle sexueller Belästigung:
   - Subjektives Beschwerderecht für die betroffene Frau in Verbindung mit einem Benachteiligungsverbot, d.h. die Frau darf aufgrund ihrer Beschwerde keine Benachteiligungen erfahren;
   - Innerbetriebliches Schlichtungsverfahren mit zeitlich befristetem Kündigungsschutz;
   - Angleichung der Beweislastregelung an jene, die das Gleichbehandlungsgesetz für andere Bereiche der Diskriminierung vorsieht;
   - Motivation der ArbeitgeberInnen, sexuelle Belästigungen vorzubeugen.
5. Abschaffung der derzeit geltenden Obergrenzen für Schadenersatz, da diese im Widerspruch zur Spruchpraxis des Europäischen Gerichtshofes stehen.
6. Verlängerung der Frist für die Geltendmachung von Ansprüchen auf einen einheitlichen Zeitraum von drei Jahren. Diese Frist soll durch Kollektivvertragsbestimmungen nicht verkürzt werden können.
7 Gewährleistung eines effektiven Rechtsschutzes für benachteiligte Frauen durch Verbesserung der institutionellen Rahmenbedingungen:
   - Ausbau der Gleichbehandlungskommission;
   - Ausbau der Gleichbehandlungsanwaltschaft;
   - Ausbau der verfahrensrechtlichen Bestimmungen.
8. Aufnahme eines Frauenförderungsgebotes (ähnlich dem im Bundes-Gleichbehandlungsgesetz verankerten) in das für die Privatwirtschaft geltende Gleichbehandlungsgesetz.
9. Ausdehnung des Geltungsbereiches des Gleichbehandlungsgesetzes auf atypische Beschäftigungsverhältnisse (z.B. Werkverträge, freie Dienstverträge).

10. Ausschluss frauendiskriminierender Unternehmen von der Vergabe öffentlicher Aufträge.

ad 8: Im Unterschied zum Gleichbehandlungsgesetz der Privatwirtschaft enthält das Bundes-Gleichbehandlungsgesetz (B-GBG) nicht nur ein Gleichbehandlungs-, sondern auch ein Frauenförderungsgebot. Das heißt, dass zur Beseitigung jeglicher Diskriminierung von Frauen, die Chancengleichheit aktiv gefördert wird. Zu diesem Zweck müssen für die einzelnen Ressorts Frauenförderpläne erstellt werden; entsprechend der Vorgaben dieser Frauenförderpläne müssen Frauen bevorzugt zur Teilnahme an Aus- und Weiterbildungsmaßnahmen zugelassen werden. Weiters müssen Frauen in jenen Bereichen, in denen sie unterrepräsentiert sind, bevorzugt aufgenommen bzw. befördert werden, sofern sie gleich qualifiziert wie ihre Mitbewerber sind. Als unterrepräsentiert gelten Frauen gemäß § 40 Abs. 2 B-GBG, wenn ihr Anteil an der „Gesamtzahl der dauernd Beschäftigten in der betreffenden Besoldungsgruppe, im betreffenden Entlohnungsschema oder in der betreffenden Verwendungs- oder Entlohnungsgruppe [...] oder sonstigen hervorgehobenen Verwendungen (Funktionen) [...] entfallen, im Wirkungsbereich der jeweiligen Dienstbehörde weniger als 40 % beträgt."[15]

Gender Mainstreaming verfolgt das Ziel, die Geschlechterfrage von Anfang an bei allen Entscheidungen und Planungen mit ein zu beziehen und dies sowohl strukturell als auch praktisch zu berücksichtigen. Gender Mainstreaming richtet den Blick auf das Verhältnis von Frauen und Männern und integriert in alle Projekte eine geschlechtersensible Perspektive. Das Prinzip des Gender Mainstreaming geht davon aus, dass in dieser Gesellschaft die Geschlechterverhältnisse eine wesentliche Rolle spielen und Frauen und Männer daher von Maßnahmen und Entscheidungen aufgrund der sozialen Kategorisierung „Geschlecht" (gender)[16] grundsätzlich in verschiedener Weise betroffen sind.[17] Frauenförderung richtet sich im Gegensatz dazu dezidiert an Frauen und bietet beispielsweise Projekte nur für Frauen an. Um Gleichstellung zu erreichen, kann auf keine der beiden Strategien verzichtet werden. Gender Mainstreaming ist als ergänzende Methode neben der „klassischen" Frauenpolitik zu verstehen, jedoch keinesfalls als ausschließliches Konzept zur Herstellung der Chancengleichheit. Gender Mainstreaming ist als Top-down-Methode konzipiert, demnach sollen EntscheidungsträgerInnen und Führungspersönlichkeiten Entscheidungen so treffen, dass sie bestehenden benachteiligenden Strukturen und Rahmenbedingungen wirksam entgegenwirken. Umdenkprozesse und Veränderungen im Sinne einer geschlechtergerechten Gesellschaft werden somit von „oben nach unten" initiiert[18].

Die Ursprünge des Gender Mainstreaming liegen in der internationalen Entwicklungszusammenarbeit. In der traditionellen Entwicklungsarbeit der 1960er und 1970er Jahre lag das Hauptaugenmerk im Wesentlichen auf dem männlichen Teil der Bevölkerung der afrikanischen, asiatischen und lateinamerikanischen Länder. Eurozentrische Vorstellungen der Rollenverteilung zwischen Frauen und Männern wurden als Grundlage bei der Planung und Durchführung von entwicklungspolitischen Konzepten herangezogen. Vor allem der Zugang und die Teilhabe an lebenswichtigen Ressourcen wie Wasser war an männlichen Nutzungsmustern orientiert.[19] Bei der dritten Weltfrauenkonferenz 1985 in Nairobi forderten die dort anwesenden NGO-Vertreterinnen aus aller Welt, „dass für eine frauengerechte Entwicklung die Machtverhältnisse zwischen Geschlechtern verändert werden müssen“[20]. Auf dieser Konferenz wurde erstmals auf internationaler Ebene das Ziel formuliert, für alle politischen Ebenen und EntscheidungsträgerInnen der Entwicklungsarbeit als umfassendes Ziel die Gleichstellung von Frauen und Männern zu formulieren und dessen Umsetzung zu garantieren. Bei der Weltfrauenkonferenz 1995 in Peking erhielt dieses gleichstellungspolitische Konzept einen Namen, der inzwischen zum europäischen und internationalen Markenzeichen geworden ist: Gender Mainstreaming.

Die Europäische Union nahm die Strategie des Gender Mainstreaming auf und verhalf ihr auf diese Weise zu einem breiten Bekanntheitsgrad und zu großer Akzeptanz unter den EntscheidungsträgerInnen. Im Jahr 1997 erfolgte die Entschließung des Europäischen Parlaments zur Unterstützung der Strategie des Gender Mainstreaming. Als wesentliche Inhalte wurden dabei die Schaffung von geeigneten Koordinierungsstrukturen, die Erarbeitung von Bewertungskriterien, eine Überprüfung aller Legislativvorschläge, die Fortsetzung der Doppelstrategie (Gender Mainstreaming und spezielle Fördermaßnahmen) sowie die geschlechtsspezifische Datenerhebung und Statistiken festgehalten[21]. Im Amsterdamer Vertrag von 1997 wurde schließlich die Förderung der Gleichstellung von Frauen und Männern ausdrücklich als Aufgabe der Europäischen Gemeinschaft definiert[22] und Gender Mainstreaming als horizontales Ziel für alle Gemeinschaftsaufgaben der Union festgeschrieben. Die Europäische Gemeinschaft, und damit alle Mitgliedsstaaten, hat sich verpflichtet, bei allen Tätigkeiten, wie gemeinsamer Handelspolitik, Umweltpolitik, die Förderung technologischer Entwicklung etc. danach zu streben, Ungleichheiten zwischen Frauen und Männern zu beseitigen und deren Gleichstellung zu fördern[23]. Entsprechend der Vereinbarungen von Amsterdam erfolgte eine Abstimmung der beschäftigungspolitischen Maßnahmen der Mitgliedsstaaten und eine Festlegung gemeinsamer Leitlinien. Infolgedessen wurde Chancengleichheit für Frauen und Männer von der Europäischen Union in den Europäischen Leitlinien zur Beschäftigungspolitik[24] explizit als einer der vier Säulen[25] erklärt.

Dies ist seither das europäische Leitprinzip, das mit dem Amsterdamer Vertrag von 1997 verbindliche Rechtskraft für die Mitgliedsländer der Europäischen Union erhielt. Nach Abschluss der nationalen Ratifizierungsverfahren der Mitgliedsländer der Europäischen Union am 1. Mai 1999 trat der Amsterdamer Vertrag in Kraft. Seither besteht eine gesetzliche Verpflichtung für alle Mitgliedsstaaten zur Umsetzung des Gender Mainstreaming. In Österreich wurde infolgedessen mit dem Ministerratsbeschluss von 11. Juli 2000 die interministerielle Arbeitsgruppe[26] eingerichtet, die Gender Mainstreaming-Beauftragte aller Ministerien in einer Gruppe vernetzt und dadurch breite Zusammenarbeit ermöglicht. Als Ziel dieser Arbeitsgruppe wurde die Schaffung einer Grundlage für die Implementierung der Gender Mainstreaming-Strategie auf Bundesebene und damit die Erfüllung der internationalen Verpflichtung Österreichs definiert.

Konzepte zur betrieblichen Gleichstellungspolitik

Um Chancengleichheit zwischen Männern und Frauen im Erwerbsleben zu realisieren, wurden unterschiedliche Konzepte zur Umsetzung verfasst, die sich durch verschiedene Herangehensweisen voneinander abgrenzen. Grob unterschieden wird zwischen herkömmlichen Frauenförderprogrammen und solchen, die gleichstellungspolitisch orientiert sind.

Betriebliche Frauenförderung

Das Konzept der Frauenförderung basiert auf den bestehenden Diskriminierungen von Frauen am Arbeitsmarkt. Die Benachteiligungen von Frauen im Erwerbsleben sind nach wie vor gegeben, allerdings ändert die sachliche, auf Daten[27] gestützte Argumentation wenig. Das Ziel von Frauenförderung ist es demnach, die vorhandenen Diskriminierungen aufgrund des Geschlechts zu beenden. Kritisiert wird Frauenförderung häufig als Konzept, das Männer nicht integriert, als Programm an Einzelmaßnahmen, das von vielen Verantwortlichen in den Unternehmen eher als Fremdkörper oder Störfaktor empfunden wird.[28] Zudem wird mit dem Begriff „Frauenförderung" häufig assoziiert, dass Frauen förderungswürdig seien und nur mit tatkräftiger Unterstützung der männlichen Arbeitswelt den Weg nach oben finden bzw. Arbeitsbedingungen vorfinden würden, die ein angemessenes Maß an Lebensqualität zulassen. Maßnahmen zur Frauenförderung in Betrieben oder Maßnahmen zur Chancengleichheit durch Personalpolitik, unabhängig von der jeweiligen Begrifflichkeit, verlangen langfristig durchdachte Konzepte zur Gleichstellung in Betrieben, die nicht kurzfristig Verbesserungen bringen, sondern tiefgreifende strukturelle Änderungen in den Organisationen bewirken sollen.

Wesentlich für die Gleichstellung von Frauen und Männern in der Arbeitswelt ist die Akzeptanz, dass sowohl die unbezahlte Versorgungsarbeit, wie Haushalts-, Familien- und Betreuungsarbeit – losgelöst von der Vorstellung, dies sei Frauensache – wie auch die bezahlte Erwerbsarbeit für die Gesellschaft notwendig und unverzichtbare Leistungen sind. Die innerbetriebliche Berücksichtigung des Privatlebens der MitarbeiterInnen darf sich aber nicht auf die Versorgungs- und Familienarbeit beschränken, sondern muss ebenso Bedürfnisse wie angemessene Freizeit, Erholung, Weiterbildung, etc. umfassen.[29] Allerdings hat Frauenförderung mit dem Ziel der Chancengleichheit selten höchste Priorität in der freien Wirtschaft. Je besser die konjunkturelle Lage eines Betriebes ist, desto eher wird das Frauenthema[30] aufgegriffen; in Unternehmen, die am freien Markt zu kämpfen haben, wird das Thema Gleichstellung in den Hintergrund gedrängt.

Diversity Management

„Diversity bezieht sich auf die Mischung von Merkmalen charakterisiert durch Unterschiede und Gemeinsamkeiten."[31] Der Diversity-Ansatz hat seine Ursprünge in den USA. Aufgrund des Status der Vereinigten Staaten als Einwanderungsland, gestaltet sich die Bevölkerung ausgesprochen multikulturell; diese Tatsache bedingte die Entwicklung von Konzepten, die auf dieser Verschiedenheit der Menschen basieren. Die demographische Situation in Europa führte in den letzten Jahren dazu, ebenso wie in den USA, Strategien zu erarbeiten, um das gesamte Arbeitskräftepotential zu erschließen.[32]

Diversity bedeutet Vielfalt und bezieht sich auf alle Merkmale einer Person oder Personengruppe, die Quellen von Spannungen und Diskriminierungen in der Zusammenarbeit unterschiedlicher Beschäftigter sein können. Diversity als Konzept erhebt den Anspruch, verschiedene Identitäten und Kulturen zu integrieren und Verschiedenartigkeit als Chance und Herausforderung zu betrachten. Gleichstellungspolitisch bedeutet dies, die kulturelle Differenz zwischen Frauen und Männern zugunsten des Unternehmens und der MitarbeiterInnen zu nutzen. Neben den Merkmalen Geschlecht und Alter werden vor allem Faktoren wie ethnische Zugehörigkeit, familiäre Situation, religiöse und sexuelle Orientierung, Behinderung etc. berücksichtigt. Es handelt sich um ein individualisierendes Konzept, das der Tatsache Rechnung trägt, dass weder Frauen noch Männer homogene Gruppen sind.[33] Diversity Mangement bedeutet die bewusste Wahrnehmung und Wertschätzung von Differenzen, die sich aus dem breiten Spektrum der unterschiedlichen Eigenschaften der MitarbeiterInnen ergeben. Dabei werden gleichzeitig Ungleichheiten, die Konfliktpotenzial enthalten, thematisiert; dieser produktive Umgang mit Unterschiedlichkeiten und mit Fremdheit vermindert die Spannungen innerhalb eines Unternehmens und verbessert die Produktivität, Kreativität und Effizienz desselben. Letztendlich steigert die Strategie „Diversity Management" den Unternehmenserfolg und verbessert die Position auf dem Markt – „Wer diskriminiert, verliert Geld."[34]

Die Deutsche Gesellschaft für Diversity Management (DGDM)[35] erarbeitete einen Katalog an Maßnahmen, um die Strategie in der betriebswirtschaftlichen Realität umzusetzen. Die Einrichtung von Erfahrungsaustauschgruppen und Beratungseinrichtungen für MitarbeiterInnen sowie die Erstellung, Herausgabe und der Vertrieb von Informationsmaterial und Publikationen stellen einen wesentlichen Aspekt des Konzeptes dar. Die Ernennung von Diversity-Beauftragten und Antidiskriminierungsbeauftragten setzt deren Ausbildung voraus sowie die laufende Fort- und Weiterbildung dieser für den Erfolg des Diversity Management unerlässlichen Personen. Öffentlichkeits- und Medienarbeit ist ein essentieller Bestandteil der Strategie zur Förderung von Toleranz und Abbau von Diskriminierungen im Wirtschaftsleben sowie die Durchführung und Mitwirkung an öffentlichen Veranstaltungen. Dieses offene Auftreten gegen Antidiskriminierung bewirkt ein positives Image und verschafft dem Unternehmen den Zugang zu entsprechenden Zielgruppen.

Diversity Management ist ein Konzept der Organisationsentwicklung und beinhaltet durchaus auch „Männerförderung", vor allem hinsichtlich der Lebensqualität der männlichen Beschäftigten. Mit diesen gleichstellungspolitischen Konzepten ist ein integrativer Ansatz verbunden: Chancengleichheit ist das Ziel und um dieses zu erreichen, werden alle Entscheidungsprozesse unter dem Aspekt der Diskriminierung aufgrund des Geschlechts analysiert und in Richtung der Gleichstellung der Geschlechter modifiziert.

Managing E-Quality – Erfolg durch Chancengleichheit

Managing E-Quality, Equality Management, Equality-Managing: Verschiedene Termini bezeichnen diese Strategie, die sich zum Ziel gesetzt hat, Fähigkeiten, Qualitäten und Begabungen von Frauen in Wirtschaft und Verwaltung zu fördern und sichtbar zu machen.[36] Equality Management ist das Ergebnis einer mehrjährigen transnationalen Zusammenarbeit zwischen Forschungs- und Beratungseinrichtungen aus Deutschland, Großbritannien, Frankreich, Ungarn und Österreich. Equality Management ist eine Personal- und Unternehmensentwicklungsstrategie, die Frauen (und andere bisher den besonderen Gruppen bzw. Problemgruppen zugeordnete Beschäftigte) als Humanpotentiale erkennt – und damit Chancengleichheit als Erfolgsfaktor bestimmt. Hervorzuheben ist, dass Equality Management weder ein Förderprogramm zum Ausgleich weiblicher Defizite darstellt, noch aus sozialen oder moralischen Überlegungen hervorgeht.[37] Hinsichtlich des Personals sollen Bedingungen geschaffen werden, die Frauen exakt dieselben Chancen und Möglichkeiten bieten wie ihren männlichen Kollegen. Die berufliche Integration von Frauen rückt im Rahmen von Equality Management in das Zentrum betrieblicher Personalentwicklung und -politik, sowohl unter dem Aspekt der Humankapitalbetrachtung[38] als auch angesichts der Tatsache, dass Frauen geringere Realisierungsmöglichkeiten ihrer Berufswünsche gegenüberstehen und sich mit Tätigkeiten zufrieden geben müssen, die ihrer Qualifizierung nicht entsprechen. Durch gezieltes Marketing sollen die Absatzchancen, vor allem auf Märkten mit einer für Chancengleichheit sensibilisierten und auch an ethischen Grundsätzen orientierten Kundschaft, verbessert werden. Equality Management verschafft diese Wettbewerbsvorteile durch eine konsequent am Grundsatz der Chancengleichheit orientierten Unternehmens- und Personalpolitik.[39]

Für Unternehmen, die sich bewusst für Equality Management entscheiden, bedeutet dies nicht nur das Bekenntnis zur Chancengleichheit, sondern die Durchführung eines festgelegten Procederes, das mit Kosten verbunden ist. Zunächst erfolgt eine Bestandsaufnahme der Situation der Beschäftigten im Unternehmen durch professionelle Beratung und Begleitung. Dieser Beratungsprozess gliedert sich folgendermaßen: In der Diagnose werden Daten zur Ist-Situation im Unternehmen erhoben.[40] Diese Daten werden durch Interviews und Fragebögen ergänzt, an denen ein repräsentativer Querschnitt von MitarbeiterInnen – quer über Hierarchien und Bereiche – beteiligt ist. Durch die Zusammenfassung dieser gewonnenen Erkenntnisse wird der jeweilige Handlungsbedarf ermittelt. Aufgrund der Ergebnisse dieser Analyse werden Maßnahmen und Strategien entwickelt, bei deren Umsetzung und die daran anschließenden Veränderungsprozesse die Führungskräfte der jeweiligen Unternehmen eine Schlüsselrolle spielen. Deshalb wird Chancengleichheit zum Thema der Aus- und Weiterbildung (Equality Training) der Führungskräfte und EntscheidungsträgerInnen und zum Kriterium ihrer Beurteilung und zum Teil auch Vergütung gemacht. Der gesamte Prozess bei der Implementierung der Maßnahmen und deren Zielkontrolle wird von Equality-BeraterInnen kontinuierlich begleitet. Equality Management sieht ebenso Führungskräftetraining vor und Train-the-Trainer-Seminare.

Im Rahmen des Equality Management ist es für die Betriebe möglich, ein entsprechendes Zeugnis zu erhalten: Zertifikat Equality Inside. Mit diesem, bei einer Konferenz der Europäischen Kommission[41] ins Leben gerufenen Prädikat – TOTAL E-QUALITY[42] – werden Betriebe ausgezeichnet, die Chancengleichheit in ihrer Personalpolitik berücksichtigen, konkrete Maßnahmen entwickeln und die Equality Management in ihre Unternehmenspolitik integrieren. Diese Auszeichnung soll die Eigeninitiative und die Motivation der Unternehmen fördern, angestrebte ebenso wie praktizierte Chancengleichheit und das Engagement von Seiten der Unternehmen sichtbar machen. Das TOTAL E-QUALITY Prädikat ist Ausdruck eines Personalführungskonzepts, das Vorstellungen und Bedürfnisse von Frauen einbezieht und Motivation, Engagement, Qualifizierung und Leistungsfähigkeit weiblicher Mitarbeiterinnen fördert. Es macht personalpolitische Grundsätze der Chancengleichheit sichtbar, spiegelt die Reaktion des Betriebs auf veränderte Wertvorstellungen sowie ein neues Selbstverständnis von Frauen und Männern wider und verbessert intern das Firmenimage. Dies bewirkt engagierte Mitarbeit, Identifikation mit den Unternehmenszielen und stärkere Integration der einzelnen Mitarbeiterinnen und Mitarbeiter. Die Förderung von Frauen im Betrieb wird damit als Bestandteil eines modernen Qualitätsmanagements verstanden, das wirtschaftlichen Erfolg verspricht und kein karitatives Programm für Frauen darstellt. Zudem gewinnt der ausgezeichnete Betrieb in der Öffentlichkeit an Attraktivität und gesellschaftlicher Wertschätzung, was positive Effekte für die Gewinnung und Sicherung von qualifiziertem Personal mit sich bringt. Außerdem trägt ein Zertifikat zur Verbesserung des Firmenimages nach außen bei. Dadurch erhöhen sich die Absatzchancen bei potentiellen KundInnen, womit der Erwerb dieses Prädikates für moderne Betriebe einen gewinnbringenden Prozess darstellt.[43]

Im Dezember 2000 veröffentlichte das Frauenbüro der Stadt Wien ein Handbuch[44], in welchem langfristig wirkende konzeptive Frauenförderung mit dem Ziel der Gleichstellung von Männern und Frauen in Betrieben entwickelt wird. Dieses, von ExpertInnen erstellte Konzept eignet sich als Grundlage für gleichstellungspolitische Maßnahmen in Organisationen. Das Handbuch umfasst sieben Module, sieben Aktionsbereiche, die jedoch bewusst allgemein gehalten wurden, um den Bedürfnissen möglichst vieler BenutzerInnen gerecht zu werden. Grundsätzlich ist dieses Handbuch als Do-it-yourself-Anleitung gedacht, die es Unternehmen ermöglicht, auch ohne äußere Hilfestellung im Bereich der Frauenförderung aktiv zu werden. Damit soll jedoch die Möglichkeit keineswegs ausgeschlossen werden, im Laufe des Gleichstellungsprojekts, erfahrene, externe BeraterInnen hinzu zu ziehen. Modul 1 und Modul 7 sind betriebsspezifische Rahmenmodule. Die Module 2 bis 6 befassen sich mit inhaltlichen Fragestellungen.

modul 1: Planung von Gleichstellungs- und Vereinbarkeitsmaßnahmen
modul 2: Betriebsdiagnose
modul 3: Personalplanung, Personalsuche und Personalauswahl
modul 4: Personalentwicklung
modul 5: Vereinbarkeit von Beruf und Familie/Privatem
modul 6: Unternehmenskultur
modul 7: Umsetzung von Gleichstellungs- und Vereinbarkeitsmaßnahmen

ad Planung von Gleichstellungs- und Vereinbarkeitsmaßnahmen:
Die Bildung eines Projektteams, die Klärung der Interessen, organisatorischer Fragen und schließlich die Erstellung eines Arbeitsplanes sind die Schwerpunkte der Planungsphase. Dieser erste Schritt zu effizienter Gleichstellung im Unternehmen beinhaltet bereits konkrete Eckpunkte und Ziele sowie die Auswahl von Maßnahmen und entsprechenden Strategien.

ad Betriebsdiagnose:
Die Betriebsdiagnose ist die Basis des gesamten Projekts, erst dann lassen sich die für den jeweiligen Betrieb relevanten Ziele endgültig festlegen. Als erster Schritt wird die Beschäftigungssituation von Frauen im Unternehmen ermittelt. Die Erhebung geschlechtsspezifischer Daten ist die Grundlage der Diagnose, weiters ist die Bestandsaufnahme und die Beobachtung der Personalentwicklung von Bedeutung. Der besondere Fokus liegt dabei auf der Verteilung von Führungsfunktionen, Entgeltstufen, Teilzeit- und Vollzeitarbeitsplätzen, Qualifikationen etc. Analysiert wird auch die Darstellung des Betriebes nach außen und nach innen. Ein wesentlicher Teil der Betriebsdiagnose stellt schließlich die MitarbeiterInnenbefragung mittels Fragebögen dar.

ad Personalplanung, Personalsuche und Personalauswahl:
Flexible und qualifizierte Arbeitskräfte sind die wichtigsten Aktivposten einer Firma. Das Ziel der Personalauswahl ist daher die Neubesetzung eines Arbeitsplatzes mit der dafür geeignetsten Arbeitskraft. Hinsichtlich der zunehmend gespannten Lage am Fachkräfte-Arbeitsmarkt müssen Unternehmen vorhandene Personalressourcen erschließen und fördern. Durch chancengerechte Personalauswahl wird Frauen der Zugang auch zu geschlechtsuntypischen Positionen innerhalb der Organisationen ermöglicht. Bei der Personalsuche und –auswahl sieht das Handbuch sinnvollerweise ein Genderteam (Frauen und Männer mit Kompetenz über Gleichstellungsfragen) vor, das einen Kriterienkatalog mit klar formulierten, nachvollziehbaren Aufnahmekriterien zusammenstellt und in weiterer Folge bei der Bearbeitung der Bewerbungen, bei den Bewerbungsgesprächen und schließlich in die unmittelbare Entscheidung einbezogen wird.

Bei der MitarbeiterInnenauswahl finden häufig unbeabsichtigte Diskriminierungen von Frauen statt. Obwohl die Personalauswahl selbst kein allzu hohes Diskriminierungspotential aufweist, kann das im Zusammenwirken einzelner Schritte doch Benachteiligungen für Frauen ergeben, wenn etwa Anforderungsanalysen für den zu besetzenden Arbeitsplatz erstellt werden, ohne deren Auswirkungen auf Frauen zu berücksichtigen oder wenn Einstellungsgespräche mit potentiellen Mitarbeiterinnen durch traditionelle Rollenzuschreibungen beeinflusst werden.[45]

ad Personalentwicklung:
Gezielte Personalentwicklung ist für erfolgreiche Unternehmen unumgänglich. Der Markt erfordert eine optimale Nutzung sämtlicher Personalressourcen eines Betriebes. Quotenregelungen sind äußerst wirksame Hilfsmittel, um bei der Einstellung, Ausbildung und Beförderung schneller zur Gleichstellung der Geschlechter zu ge-

langen. Gezielte Personalentwicklung „ist ein Ausgangspunkt für die betriebliche Frauenförderung. Maßnahmen zur Gleichstellung im Bereich der Einstufung, der Laufbahnplanung und Aufstiegsförderung gehören zu den wichtigsten Einzelmaßnahmen, die gesetzt werden können, um längerfristig die Gläserne Decke zu durchbrechen",[46] meinen die AutorInnen des Handbuches zur betrieblichen Gleichstellung von Frauen und Männern. Betriebsinterne MentorInnen können beispielsweise qualifizierten Frauen helfen, Fördermöglichkeiten zur Laufbahnplanung auszuloten (Laufbahnplanung ist zielgruppenorientiert, Frauen sind jedoch eine sehr heterogene Gruppe; die einzelne Arbeitnehmerin benötigt daher häufig individuelle Beratung, um ihre spezielle Situation im Betrieb zu verändern), aber auch für Wiedereinsteigerinnen, Angehörige ethnischer Minderheiten sowie für Frauen und Männer mit Betreuungspflichten (pflegebedürftige Angehörige, Kinder) können diese MentorInnen eine wichtige beratende und fördernde Funktion einnehmen. Das Credo betriebsinterner Personalentwicklung sollte lauten: Motivation der MitarbeiterInnen ist die wesentliche Voraussetzung für Qualifizierungsmaßnahmen, d. h. Aus- und Weiterbildungsmaßnahmen sollten für die teilnehmenden ArbeitnehmerInnen keine zeitlichen und örtlichen Hürden darstellen, auch für Teilzeitarbeitskräfte offen stehen und Frauen konkret ansprechen, daran teilzunehmen. Außerdem sollte sich der Betrieb bemühen, Weiterbildung mit konkreten beruflichen Aufstiegschancen zu verknüpfen. Erfahrungsgemäß sind weibliche Beschäftigte in betrieblichen Weiterbildungsprogrammen unterrepräsentiert, insbesondere in jenen Maßnahmen, die für Führungsnachwuchskräfte angeboten werden, bzw. in Kursen, die grundsätzlich der Aufstiegsqualifizierung dienen. Traditionelles geschlechtsspezifisches Verhalten und entsprechende Rollenvorstellungen sind in erfolgreichen Gleichstellungsprogrammen offen zu thematisieren und nicht zu reproduzieren. Dafür ist die Aufmerksamkeit und Kreativität aller Beteiligten gefragt.

Grundsätzlich gilt für frauenfördernde Personalentwicklung, Frauen für den Aufstieg zu werben und deren Reserviertheit gegenüber betrieblichen Karrierewegen abzubauen; Teilzeitbeschäftigte, und das sind in erster Linie Frauen, voll am Betriebsgeschehen zu beteiligen, so dass diesen MitarbeiterInnen keine Nachteile durch die Teilzeitbeschäftigung entstehen und der Informationsfluss intakt ist; wenn Frauen ihre Berufstätigkeit unterbrechen, beispielsweise durch Kinderbetreuungsphasen, sollte der Kontakt zum Betrieb aufrechterhalten bleiben, etwa durch Weiterbildungsmaßnahmen, wodurch einem möglicherweise einsetzenden Ausgliederungsprozess vom Arbeitsmarkt entgegengewirkt wird.[47]

Um Ungleichbewertung der Arbeit und damit ungerechte Bezahlung zu vermeiden, ist es von Seiten des Unternehmens sinnvoll, analytische Arbeitsbewertungsverfahren unter Beachtung geschlechtspezifischer Aspekte durchzuführen. Lohngleichheit ist einer der komplexesten Bereiche der Gleichstellungspolitik. Entgeltdifferenzen zwischen den Geschlechtern sind durch eine Vielzahl von Ursachen bedingt, so dass schwer erkennbar ist, inwieweit die Lohnschere sachlich gerechtfertigt und wieweit sie Ergebnis von Diskriminierungen ist. Entgeltdiskriminierungen aufgrund des Geschlechts zu erkennen und zu vermeiden, wird auch dadurch erschwert, dass diese Diskriminierung heute in den meisten Fällen nicht mehr unmittelbar, sondern mittelbar erfolgt. „Frauen verdienen weniger, weil sie Frauenarbeiten verrichten und Frauenarbeiten werden geringer bezahlt, weil sie von Frauen ausgeübt werden.“[48]

In der Regel bleiben jedoch bei betrieblichen Gleichstellungsprogrammen Arbeitsbewertungsverfahren[49] und damit Entgeltgleichheitsprogramme ausgespart. Ebenso unberücksichtigt bleibt häufig die Aufwertung bzw. Gestaltung frauendominierter Arbeitsplätze, die ein für die Bewertung weichenstellender Faktor ist. Die Arbeitsgestaltung entscheidet über die mit der Tätigkeit verbundenen Anforderungen, etwa welche Kenntnisse erforderlich sind oder welche Belastungen auftreten. Nur die Neugestaltung und Aufwertung derzeit frauendominierter Tätigkeiten kann bewirken, dass diese auch für Männer attraktiv werden und der Zirkelschluss Frauenarbeit gilt weniger, weil sie von Frauen verrichtet wird und vice versa obsolet wird.

ad Vereinbarkeit von Beruf und Familie/Privatem:

„Vereinbarkeit von Beruf und Familie/Privatleben wird zumeist als Teil der Frauenförderung gesehen. Tatsächlich aber gehört Vereinbarkeit von Beruf und Familie/Privatleben zu jenen Bereichen der Gleichstellungspolitik, von denen die Männer am eindeutigsten profitieren“[50], so die Verfasserinnen des Handbuches. Für Frauen, die sich für Kinder entscheiden, sollen keinerlei berufliche Nachteile entstehen. Dies erfordert ein fundamentales Umdenken hinsichtlich der Arbeitszeitgestaltung und Arbeitsorganisation in den meisten Unternehmen. Auf Basis des europäischen Gleichbehandlungsgrundsatzes für Männer und Frauen wurde das Konzept der betrieblichen Väterförderung[51] Ende der 1990er Jahre vom Frauenbüro der Stadt Wien und von den damaligen Ministerinnen für Frauenangelegenheiten und Arbeit, Gesundheit und Soziales forciert.

Ein wesentlicher Aspekt hinsichtlich der Vereinbarkeit von Beruf und Privatem sind Arbeitszeitmodelle. Flexible Arbeitszeitregelungen erhöhen den Koordinationsaufwand des Unternehmens, sichern dem Unternehmen aber erfahrene und qualifizierte MitarbeiterInnen. Sie erfordern ein möglichst hohes Maß an Zeitautonomie für alle MitarbeiterInnen, kein kurzfristiges Ansetzen von Besprechungen, Seminaren und Überstunden (Planbarkeit des Arbeitseinsatzes) sowie die Reduktion von Überstunden auf ein Mindestmaß.[52]

Ein sorgfältiger Umgang mit Berufsunterbrechungen, wie es die Betreuung von Kleinkindern verlangt, ist ein wesentlicher Punkt. Nach der Karenz nehmen nur 30 Prozent der Frauen ihre Erwerbstätigkeit wieder auf.[53] Der permanente Kontakt von Seiten des Unternehmens zu der sich in Karenz befindlichen Frau ist dafür meist unumgänglich. Dies erfordert von den meisten (männerdominierten) Betrieben eine gehörige Portion Goodwill und ist anfänglich auch mit Kosten verbunden, macht sich jedoch auf Dauer bezahlt, weil in Zukunft kein Unternehmen auf qualifizierte, mit der Firma vertraute Fachkräfte verzichten wird können. Letztendlich wird sich kaum ein Unternehmen dem bereits bemerkbaren gesellschaftlichen Trend widersetzen können, der die Vereinbarkeit von Beruf und Privatem einem Leben ausschließlich für den Beruf vorzieht.

ad Unternehmenskultur:
„Das Private ist politisch" – dieser von der neuen Frauenbewegung nach 1968 ausgehende Slogan verdeutlichte, dass auch in der Arbeitswelt das sogenannte Privatleben von ArbeitnehmerInnen nicht mehr ignoriert werden konnte.

Die Kultur eines Unternehmens wird von innerbetrieblichen und außerbetrieblichen Normen und Werten geprägt. Gleichstellung soll betriebsintern ebenso wie betriebsextern vermarktet werden. Innerbetrieblich sind zwei Ziele zu verfolgen: Sensibilisierung und Information. Führungskräfte eines Unternehmens, hier ist das Top-down-Prinzip von großer Bedeutung, müssen persönlich davon überzeugt sein, dass Gleichstellung und Vereinbarkeit von Beruf und Familie/Privatleben für sie eine Erhöhung der Lebensqualität bedeuten, was eine enorme Vorbildwirkung auf ihre unmittelbaren Untergebenen mit sich bringt.[54] In die außerbetriebliche Öffentlichkeit muss deutlich transportiert werden, dass Gleichstellung im Unternehmen aktiv praktiziert wird und dass Gleichstellung nicht zuletzt aus wirtschaftlichen Gründen notwendig ist.

Innerbetriebliche Konfliktherde wie Mobbing und sexuelle Belästigung, deren Opfer meist Frauen sind, beeinträchtigen das interne Betriebsklima nachhaltig und zerstören die gleichstellungsorientierte Unternehmenskultur. Mobbing[55] konterkariert jede sinnvolle Personalentwicklung und positive Unternehmenskultur, zudem kostet der Verlust von Personal das Unternehmen Zeit und Geld. Anlaufstellen für betroffene MitarbeiterInnen sowie spezielle Kurse zur Sensibilisierung für dieses Thema werden im Handbuch zur betrieblichen Gleichstellung empfohlen. Derartige Anlaufstellen sind vor allem für Mitarbeiterinnen hilfreich, die von sexueller Gewalt im Unternehmen betroffen sind. Eine klare Stellungnahme der Unternehmensleitung in Kooperation mit dem Betriebsrat gegen sexuelle Gewalt und Belästigungen kann wesentlich zu einem gewaltfreieren Arbeitsklima beitragen und vor allem betroffene Frauen dazu ermutigen, sich an die Anlaufstelle oder an eine betriebsinterne Vertrauensperson zu wenden.

ad Umsetzung von Gleichstellungs- und Vereinbarkeitsmaßnahmen:
Die Phase der Implementierung von Gleichstellungsmaßnahmen in einem Betrieb ist häufig die konfliktträchtigste und schwierigste. Die für die Planungsphase verantwortlichen Personen haben zumeist nochmals Überzeugungs- und Motivationsarbeit zu leisten und sollten zusätzlich präzise darlegen, mit welchen Kosten bei minimalen bzw. bei optimalen Konkretisierungsverfahren zu rechnen ist. Folgende Arbeitsschritte helfen, die Phase der Implementierung in die Realisierung übergehen zu lassen: Die Festlegung der personellen Verantwortlichkeit für die Implementierungsphase; die Institutionalisierung von Chancengleichheit im Unternehmen, durch Einrichtung einer zuständigen Stelle für die Umsetzung von Chancengleichheit, ebenso der Einbezug von Chancengleichheit in die Betriebsvereinbarungen; die Überprüfung und Dokumentation der Ziele; die Präzisierung der konkreten Maßnahmen; die Bereitstellung der nötigen finanziellen und personellen Ressourcen und schließlich die Evaluierung bereits getroffener Maßnahmen. Dabei wird nach den Fortschritten der Umsetzung der Maßnahmen gefragt, danach, ob gewünschte positive Effekte erreicht werden, welche positiven oder negativen Nebenwirkungen fest-

zustellen sind. Bei Bedarf schließt sich an die Evaluierung eine Diskussion von Verbesserungen und/oder weiterführenden Strategien an.[56]

Resümee

Es gibt kein Patentrezept für betriebliche Frauenförderung und Gleichstellungsmaßnahmen. Zugänge der Unternehmensführungen zum Thema Frauen sind verschieden. Jeder Betrieb benötigt seine eigene Strategie, abgestimmt auf die Bedürfnisse der MitarbeiterInnen und Anliegen der Führungskräfte. Aus diesem Grund haben alle ExpertInnen und Unternehmensberatungen (Gender Link, Solution, Total E-Quality, etc.[57] – genderspezifische Unternehmens- und Organisationsentwicklung kann als neuer, bedeutender Marktzweig betrachtet werden), die sich aktiv mit betrieblicher Frauenförderung befassen, im Wesentlichen ähnliche Aktionsfelder erarbeitet, nach welchen betriebsspezifisch Frauenförderungsprojekte erstellt werden können. Sinnvoll wäre es, dieses Vorhaben in Hände autorisierter, professioneller PersonalberaterInnen von außen zu legen und größtmögliche Transparenz zu wahren. Die vorgestellten Konzepte unterscheiden sich in ihrer Zielgruppendefinition. Während die betriebliche Frauenförderung explizit Arbeitnehmerinnen anspricht und auf diese Gruppe der Beschäftigten zugeschnitten ist, bezieht die Strategie Equality Management ArbeitgeberInnen und auch männliche Beschäftigte in die Durchführung ein. Diversity Management berücksichtigt nicht nur Frauen als potentiell diskriminierte Gruppe im Erwerbsleben, sondern auch ältere ArbeitnehmerInnen, Menschen verschiedener Religionen und Ethnien oder homosexuelle Menschen. Gleichstellungsorientierte Konzepte wie die beiden genannten sind jedoch immer in Kombination mit frauenfördernden Maßnahmen durchzuführen. Ebenso ist die Strategie Gender Mainstreaming, die für alle Bereiche in Wirtschaft, Gesellschaft und Wissenschaft gilt, ohne explizite Frauenpolitik als Komplementärstrategie nicht durchführbar. Umgekehrt sind rein frauenfördernde Maßnahmen ohne gleichstellungspolitische Konzepte und Gender Mainstreaming nur bedingt erfolgreich. Chancengleichheit passiert nicht von selbst, Chancengleichheit für Männer und Frauen muss aktiv betrieben und forciert werden, wozu Konzepte zur Gleichstellung der Geschlechter dienen, die langfristig strukturelle Ungleichheiten und Diskriminierungspotentiale vermindern, aufweichen und letztendlich zum Ziel der chancengerechten, selbstverantwortlichen Lebensführung im Berufsleben und im privaten Bereich beitragen.

Literatur

Arbeitsmarktservice Österreich: Arbeitsmarktdaten 2000 und 2001.
Assig, Dorothea; Beck, Andrea: Frauen revolutionieren die Arbeitswelt. Das Handbuch zur Chancengleichheit. München: Vahlen 1996.
Bendl, Regina; Papouschek, Ulrike; Pastner, Ulli: Im Aufbruch: Betriebliche Frauenförderung in Österreich. Frankfurt a. M.: Peter Lang 1998.

Bierbaumer, Sylvia; Stockhammer, Hilde; Hoffmann, Helga; Walther, Ingrid; Papouschek, Ulrike; Pastner, Ulli: Laufbahnplanung für Frauen. Hrsg. v. Arbeitsgruppe für Gleichbehandlungsfragen des Arbeitsmarktservice und des Bundesministeriums für Arbeit, Gesundheit und Soziales. Wien 1998.

Bothfeld, Silke; Gronbach, Sigrid; Riedmüller, Barbara: Gender Mainstreaming – eine Innovation in der Gleichstellungspolitik. Zwischenberichte aus der politischen Praxis. Frankfurt/New York: Campus 2002.

Buchinger, Birgit; Pirchner, Erika: Johanna Bond und das Geheimnis der Gläsernen Decke. Ein Handbuch, um Diskriminierungen in der Arbeitswelt auf die Schliche zu kommen. Wien: Bundesministerium für Frauenangelegenheiten im Bundeskanzleramt 1995.

Buchinger, Birgit; Gschwandtner, Ulrike; Pircher, Erika; Reinstadler, Gabriele: 1 x 1 = mehr als Eins. Stationen auf dem Weg zur Gleichstellung. Hrsg. v. IG Metall und TRANSNET. Frankfurt am Main 2002.

Buchmayr, Maria; Schobesberger, Eva: „Gender Mainstreaming – Gestaltung und Verwaltung von Schule: Wo befinden sich Frauen und Männer im System?" In: Tagungsband zur Veranstaltung des Landesschulrats für Oberösterreich, des Bundesministeriums für Bildung, Wissenschaft und Kultur und des Pädagogischen Instituts des Bundes in Oberösterreich: „Schulqualität & Gender Mainstreaming: Eine Herausforderung für die Schule der Zukunft!" am 21.11.2002 im Bildungszentrum Schloss Weinberg, Kefermarkt. [in Druck]

Busch, Carola; Engelbrech, Gerhard: „Mit Chancengleichheit auf Erfolgskurs – TOTAL E-QUALITY". In: Gertraude Krell (Hrsg.): Chancengleichheit durch Personalpolitik. Gleichstellung von Frauen und Männern in Unternehmen und Verwaltung. Rechtliche Regelungen – Problemanalysen – Lösungen. 3. Aufl. Wiesbaden: Gabler 2001, S. 1-13.

Callenius, Claudia: „Wenn Frauenpolitik salonfähig wird, verblasst die lila Farbe. Erfahrungen mit Gender Mainstreaming im Bereich internationaler Politik". In: Bothfeld, Silke; Gronbach, Sigrid; Riedmüller, Barbara: Gender Mainstreaming – eine Innovation in der Gleichstellungspolitik. Zwischenberichte aus der politischen Praxis. Frankfurt/New York: Campus 2002, S. 63-80.

Chancengleichheit. Ein Leitfaden zur Förderung der Chancengleichheit im Betrieb. Hrsg. v. GPA-Frauen. Wien: Gewerkschaft der Privatangestellten 2001.

Die Grünen Frauen Oberösterreich: Arbeitszeitmodelle. Frauenfreundlich und innovativ. Linz: edition zuDritt 2001.

Ebner, Hermann G.: „Weiterbildung von Mitarbeiterinnen". In: Gertraude Krell (Hrsg.): Chancengleichheit durch Personalpolitik. Gleichstellung von Frauen und Männern in Unternehmen und Verwaltung. Rechtliche Regelungen – Problemanalysen – Lösungen. 3. Aufl. Wiesbaden: Gabler 2001, S. 199-214.

Engelbrech, Gerhard: „Die Wiedereingliederung von Frauen im Berufsleben im Konflikt zwischen Humankapitalverwertung und vorsorglicher betrieblicher Personalpolitik". In: Beckmann, Petra; Engelbrech, Gerhard: Arbeitsmarkt für Frauen 2000 – Ein Schritt vor oder ein Schritt zurück? Kompendium zur Erwerbstätigkeit für Frauen, Beiträge aus der Arbeitsmarkt- und Berufsforschung 179. Nürnberg 1994, S. 852-875.

Esch, Marion; Jansen, Dorothea: Leitfaden – Gleichstellungsmaßnahmen erfolgreich planen und umsetzen. Hrsg. v. Europäische Akademie für Frauen in Politik und Wirtschaft Berlin e.V. [o. J.]

Europäische Kommission: Leitfaden zur Anwendung des Grundsatzes des gleichen Entgeltes für Männer und Frauen bei gleichwertiger Arbeit. Brüssel 1996.

Feigl, Susanne: Keine falsche Bescheidenheit! Wegweiser zur Gleichbehandlung im Beruf. 7., aktualisierte Aufl. Hrsg. v. Anwältin für Gleichbehandlungsfragen im Bundesministerium für soziale Sicherheit und Generationen. Wien 2001.

Frauenleben in Oberösterreich. arge grips, Universität Wien, Institut für Geographie und Regionalforschung. Hrsg. v. Land Oberösterreich, Büro für Frauenfragen. Wien 2001.

Geschlechtsspezifische Disparitäten. Statistische Analysen zu geschlechtsspezifischen Unterschieden. Hrsg. v. Bundesministerium für soziale Sicherheit und Generationen und Bundesministerium für Bildung, Wissenschaft und Kultur. Wien 2002.

Kapeller, Doris; Kreimer, Margareta; Leitner, Andrea: Hemmnisse der Frauenerwerbstätigkeit. Endbericht des Instituts für Höhere Studien im Auftrag des Bundesministeriums für Arbeit, Gesundheit und Soziales. Wien 1998.

Kay, Rosemarie: „Gewinnung und Auswahl von MitarbeiterInnen". In: Gertraude Krell (Hrsg.): Chancengleichheit durch Personalpolitik. Gleichstellung von Frauen und Männern in Unternehmen und Verwaltung. Rechtliche Regelungen – Problemanalysen – Lösungen. 3. Aufl. Wiesbaden: Gabler 2001, S. 153-173.

Krannich, Margret: Geschlechterdemokratie in Organisationen. Dokumentation einer Fachtagung vom 10. und 11. Juni 1999 in Frankfurt am Main. Hrsg. v. Hessische Gesellschaft für Demokratie und Ökologie, Heinrich-Böll-Stiftung, Büro für frauenpolitische Forschung und Beratung, Petra-Kelly-Stiftung. Frankfurt am Main 1999.

Krell, Gertraude: Chancengleichheit durch Personalpolitik. Gleichstellung von Frauen und Männern in Unternehmen und Verwaltung. Rechtliche Regelungen – Problemanalysen – Lösungen. 3. Aufl. Wiesbaden: Gabler 2001.

Krell, Gertraude; Winter, Regine: „Anforderungsabhängige Entgeltdifferenzierung: Orientierungshilfen auf dem Weg zu einer diskriminierungsfreien Arbeitsbewertung". In: Gertraude Krell (Hrsg.): Chancengleichheit durch Personalpolitik. Gleichstellung von Frauen und Männern in Unternehmen und Verwaltung. Rechtliche Regelungen – Problemanalysen – Lösungen. 3. Aufl. Wiesbaden: Gabler 2001, S. 321-342.

Newsletter TOTAL E-QUALITY: Ausgabe 1. Total E-Quality Deutschland e. V. Mai 1998.

ÖGB-Frauenabteilung: Leitfaden zum Aufdecken von versteckten Diskriminierungen. Vorschläge zu deren Beseitigung. Wien 2000.

Papouschek, Ulrike; Pastner, Ulli: Im Dornröschenschlaf: Betriebliche Frauenförderung in Österreich. Eine Studie der Forschungs- und Beratungsstelle Arbeitswelt (FORBA). Wien: Wissenschaftsverlag 1997.

Papouschek, Ulrike; Flecker, Jörg; Krenn, Manfred; Pastner, Ulli; Riesenecker-Caba, Thomas; Angerler, Eva: Qualifikation als Problem? Weiterbildung als Lösung? Forschungsbericht im Auftrag des Arbeitsmarktservice, Wiener Reihe Nr. 6. Wien 1998.

Papouschek, Ulrike; Pastner, Ulli: Über die Entwicklung der Bildung und Berufsausübung von Frauen in Österreich. Hochschulbericht 1999. Band 3. Forschungs- und Beratungsstelle Arbeitswelt (FORBA). Hrsg. v. Bundesministerium für Wissenschaft und Verkehr. Wien 1999.

Papouschek, Ulrike; Pastner, Ulli: „Eins, Zwei, Drei – Betriebliche Frauenförderung in Österreich". In: Nairz-Wirth, Erna; Michalitsch, Gabriele (Hrsg): FrauenArbeitsLos, Reihe Frauen, Forschung und Wirtschaft. Frankfurt a. M./Wien: Peter Lang 2000.

Pircher, Erika; Sensenig-Dabbous, Eugene: Väterförderung – Politik der Zukunft? Vereinbarkeit von Beruf und Familie für Männer und Frauen im Betrieb. Internationale Tagungsdokumentation zu Managing E-Quality. Hrsg. v. Frauenbüro der Stadt Wien und Gender Link, Netzwerk für Sozialforschung. Wien 1999.

Pircher, Erika; König, Ilse: Managing E-Quality. Führungskräfteschulung für ein gleichgestellungsorientiertes Management. Wien 1998.

Rühl, Monika: „Praxisbeispiel Lufthansa: Diversity – Argumente, Strategie, Maßnahmen". In: Gertraude Krell (Hrsg.): Chancengleichheit durch Personalpolitik. Gleichstellung von Frauen und Männern in Unternehmen und Verwaltung. Rechtliche Regelungen – Problemanalysen – Lösungen. 3. Aufl. Wiesbaden: Gabler 2001, S. 39-43.

Shepela Sharon T., Viviano Ann T.: "Some Psychological Factors Affecting Job Segregation and Wages". In: Remick Helen (Hrsg.): Comparable Worth and Wage Discrimination: Technical Possibilities and Political Realities. Philadelphia 1984, S. 47-58.

Stiegler, Barbara: „Wie Gender in den Mainstream kommt. Konzepte, Argumente und Praxisbeispiele zur EU-Strategie des Gender Mainstreaming". In: Bothfeld, Silke; Gronbach, Sigrid; Riedmüller, Barbara: Gender Mainstreaming – eine Innovation in der Gleichstellungspolitik. Zwischenberichte aus der politischen Praxis. Frankfurt/New York: Campus 2002, S. 19-40).

Vollmer, Marianne: Frauen im Unternehmen. Gute Mitarbeiterinnen finden, fördern und behalten. Landsberg, Lech: Moderne Industrie 1993.

Wichterich, Christa: „Wasser wird käuflich". In: TAZ, Nr. 6838 vom 28.8. 2002.

Zulehner, Paul M.; Slama, Andrea: Österreichs Männer unterwegs zum neuen Mann? Wie Österreichs Männer sich selbst sehen und wie die Frauen sie einschätzen. Hrsg. v. Bundesministerium für Jugend und Familie. Wien 1994.

Zulehner, Paul M.; Volz, Rainer: Männer im Aufbruch. Wie Deutschlands Männer sich selbst und wie Frauen sie sehen. Ein Forschungsbericht. Ostfildern: Schwabenverlag 1998.

7 Schritte zur Gleichstellung. Handbuch zur betrieblichen Gleichstellung von Frauen und Männern und zur Vereinbarkeit von Beruf und Familie/Privatleben. Hrsg. v. Frauenbüro der Stadt Wien/MA 57. Wien 2000.

Kontakte

- TOTAL E-QUALITY Österreich
  Anton-Windhagerstraße 17, 5201 Seekirchen
  Tel: 06212/65 01 20, e-mail: office@equality.at
  http://www.equality.at/, [12. 8. 2002]

- TOTAL E-QUALITY Deutschland e. V.
  http://www.total-e-quality.de/ , [12.8. 2002]

- Gender Link, Netzwerk für Sozialforschung, Neubauer & Pircher OEG
  Mirabellplatz 9/3, 5020 Salzburg
  Tel: 0662/88 66 35-13, 88 66 23-27, e-mail: gender.link@magnet.at

- Solution, Buchinger & Gschwandtner OEG (genderspezifische Organisations- und Unternehmensentwicklung)
  Mirabellplatz 9, 5020 Salzburg

- Anwältin für Gleichbehandlungsfragen
  Judenplatz 6, 1010 Wien
  Tel: 0800/20 61 19; e-mail: gaw@bmsg.gv.at

- Frau in der Wirtschaft – Bundeswirtschaftskammer
  Wiedner Hauptstraße 63, 1045 Wien
  Tel: 01/501 05-3017; e-mail: geissede@wh.or.at

- Gewerkschaft der Privatangestellten – GPA
  Deutschmeisterplatz 2, 1010 Wien
  Tel: 01/313 93; e-mail: sandra.frauenberger@gpa.at

- Kammer für Arbeiter und Angestellte
  Prinz Eugenstraße 20-22, 1040 Wien
  Tel: 01/510 16-0; e-mail: neda.bei@chello.at

- ÖGB-Frauenabteilung
  Hohenstaufengasse 10-12
  Tel: 01/534 44/258; e-mail: frauen@oegb.at
  Tel: 0662/88 66 35/15; e-mail: solution@salzburg.co.at
  http://www.solution.co.at, [13.11.2002]

- ÖSB – Österreichische Unternehmensberatung GmbH (genderspezifische Personalentwicklung)
  Blumauer Straße 3-5, 4020 Linz
  Tel: 0732/65 55 64/19; e-mail: m.moser@oesb.at

- abzwien. Chancen für Frauen – Chancen der Wirtschaft
  Verein zur Förderung von Arbeit, Bildung und Zukunft von Frauen
  Am Schöpfwerk 29/8/RI, 1120 Wien
  Tel: 01/667 0 300; e-Mail: zentrale@abzwien.at
  http://www.abzwien.at, [13.11.2002]

- Aqua, Arbeitsmarktqualifizierung für Frauen
  Mexikoplatz 13-14, 1020 Wien
  Tel: 01/726 22 23, e-mail: aqua@aqua.or.at

- L & R Sozialforschung OEG (Koordinationsstelle für Gender Mainstreaming)
  Liniengasse 2A, 1060 Wien
  http://www.gem.or.at, [13.11.2002]
  Tel: 01/595 40 40-0; e-mail: pimminger@lrsocialresearch.at

- Wiener ArbeitnehmerInnen Förderungsfonds – WAFF Abteilung 3
  Nordbahnstraße 36, 1020 Wien
  Tel: 01/217 480

Anmerkungen

1 Die „Gläserne Decke" bezeichnet das Phänomen, dass Frauen bei gleicher Qualifikation von Spitzenpositionen nahezu ausgeschlossen sind. Sie lässt Frauen zwar den Blick nach oben zu den Führungspositionen frei, ist aber schwer zu durchstoßen.

2 Vgl. Birgit Buchinger, Erika Pirchner: Johanna Bond und das Geheimnis der Gläsernen Decke. Ein Handbuch, um Diskriminierungen in der Arbeitswelt auf die Schliche zu kommen. Wien: Bundesministerium für Frauenangelegenheiten im Bundeskanzleramt 1995.

3 Vgl. Ulrike Papouschek, Ulli Pastner: Im Dornröschenschlaf: Betriebliche Frauenförderung in Österreich. Eine Studie der Forschungs- und Beratungsstelle Arbeitswelt (FORBA). Wien: Wissenschaftsverlag 1997, S. 11.

4 Eine spezielle Frauengruppe in der Benachteiligungsskala stellen Migrantinnen dar, obwohl die Schulbildung vor allem der jüngeren jener der Österreicherinnen kaum nachsteht. Seit der vermehrten Schließung vieler Produktionsbetriebe der Textil-, Bekleidungs- und Nahrungsmittelindustrie im Verlauf der 90er Jahre – Produktionsbereiche, in denen traditionell viele Migrantinnen arbeiteten – ist ein Rückgang der Erwerbstätigkeit der in Österreich lebenden Frauen mit nicht-österreichischen Staatsbürgerschaften zu verzeichnen.

5 Vgl. Geschlechtsspezifische Disparitäten. Hrsg. v. Bundesministerium für soziale Sicherheit und Generationen und Bundesministerium für Bildung, Wissenschaft und Kultur. Wien 2002, S. 60.

6 Chancengleichheit. Ein Leitfaden zur Förderung der Chancengleichheit im Betrieb. Hrsg. v. GPA-Frauen. Wien 2001, S. 6.

5 Vgl. Doris Kapeller, Margareta Kreimer, Andrea Leitner: Hemmnisse der Frauenerwerbstätigkeit. Endbericht des Instituts für Höhere Studien im Auftrag des Bundesministeriums für Arbeit, Gesundheit und Soziales. Wien 1998.

7 Ulrike Papouschek, Ulli Pastner: Über die Entwicklung und Berufsausübung von Frauen in Österreich. Hochschulbericht 1999. Band 3. Forschungs- und Beratungsstelle Arbeitswelt (FORBA). Hrsg. v. Bundesministerium für Wissenschaft und Verkehr. Wien 1999, S. 20.
Vgl. Paul M. Zulehner: Österreichs Männer unterwegs zum neuen Mann? Wie Österreichs Männer sich selbst sehen und wie die Frauen sie einschätzen. Hrsg. v. Bundesministerium für Jugend und Familie. Wien 1994.

8 Vgl. Kapeller, Kreimer, Leitner: Hemmnisse der Frauenerwerbstätigkeit.

9 Vgl. Susanne Feigl: Keine falsche Bescheidenheit! Wegweiser zur Gleichbehandlung im Beruf. 7., aktualisierte Aufl. Hrsg. v. Anwältin für Gleichbehandlungsfragen im Bundesministerium für soziale Sicherheit und Generationen. Wien 2001.

10 Vgl. 7 Schritte zur Gleichstellung. Handbuch zur betrieblichen Gleichstellung von Frauen und Männern und zur Vereinbarkeit von Beruf und Familie/Privatleben. Hrsg. v. Frauenbüro der Stadt Wien/ MA 57. Wien 2000, S. 238.

11 Vgl. Feigl, Keine falsche Bescheidenheit!, S. 31f.

12 Zwischen 1975 und 2000 wurden vom Rat der EG bzw. der EU Richtlinien zur Gleichbehandlung erlassen. Die Mitgliedsstaaten der EU und des EWR sind verpflichtet, ihre Gesetze und Verwaltungspraktiken diesen Richtlinien entsprechend zu gestalten.

13 Bundes-Gleichbehandlungsgesetz BGBl 1993/100 in der geltenden Fassung.

14 „gender": das soziale Geschlecht; bezieht sich auf die sozio-kulturell unterschiedlichen Lebenswelten von Frauen und Männern. Im Gegensatz dazu „sex", welches das biologisch-anatomische Geschlecht meint, wobei auch diese Zuteilung in den dekonstruktivistischen Theorien der Geschlechterforschung kritisch diskutiert wird.

15 Vgl. Barbara Stiegler: „Wie Gender in den Mainstream kommt. Konzepte, Argumente und Praxisbeispiele zur EU-Strategie des Gender Mainstreaming". In: Bothfeld, Silke; Gronbach, Sigrid; Riedmüller, Barbara: Gender Mainstreaming – eine Innovation in der Gleichstellungspolitik. Zwischenberichte aus der politischen Praxis. Frankfurt/New York: Campus 2002, S. 22.

16 Vgl. Maria Buchmayr, Eva Schobesberger: „Gender Mainstreaming – Gestaltung und Verwaltung von Schule: Wo befinden sich Frauen und Männer im System?" In: Tagungsband zur Veranstaltung des Landesschulrats für Oberösterreich, des Bundesministeriums für Bildung, Wissenschaft und Kultur und des Pädagogischen Instituts des Bundes in Oberösterreich: „Schulqualität & Gender Mainstreaming: Eine Herausforderung für die Schule der Zukunft!" am 21.11.2002 im Bildungszentrum Schloss Weinberg, Kefermarkt. [in Druck]

17 Vgl. Christa Wichterich: „Wasser wird käuflich". In: TAZ, Nr. 6838 vom 28.8. 2002, S. 5.

18 Claudia Callenius: „Wenn Frauenpolitik salonfähig wird, verblasst die lila Farbe. Erfahrungen mit Gender Mainstreaming im Bereich internationaler Politik". In: Bothfeld, Gronbach, Riedmüller: Gender Mainstreaming – eine Innovation in der Gleichstellungspolitik, S. 66.

19 www.uni-tuebingen.de/uni/qbf/daten/extern/gender-mainstreaming_cews-newsletter-4.pdf/, [20. 3. 2003]

20 Vertrag von Amsterdam: Art 2 EG-V

21 Vertrag von Amsterdam: Art 3 EG-V

22 Mitteilung der Europäischen Kommission vom 1. Oktober 1997: Leitlinien für beschäftigungspolitische Maßnahmen der Mitgliedstaaten.

23 Die vier Säulen zur Beschäftigungspolitik betreffen die Verbesserung der Beschäftigungsfähigkeit, die Entwicklung des Unternehmensgeistes, die Förderung der Anpassungsfähigkeit der Unternehmen und ihrer Beschäftigten sowie die Verstärkung der Maßnahmen zur Förderung der Chancengleichheit von Männern und Frauen. Die Leitlinien enthalten zu jeder vier Säulen konkrete Maßnahmen, die je nach Umsetzungserfolg entweder von einem Jahr auf das andere fortgeschrieben oder durch neue Maßnahmen ersetzt werden.

24 IMAG GM: www.imag-gendermainstreaming.at , [20. 3. 2003]
Vgl. Geschlechtsspezifische Disparitäten.

25 Vgl. Gertraude Krell: Chancengleichheit durch Personalpolitik. Gleichstellung von Frauen und Männern in Unternehmen und Verwaltung. Rechtliche Regelungen – Problemanalysen – Lösungen. 3. Aufl. Wiesbaden 2001, S. 19ff.

26 Vgl. 7 Schritte zur Gleichstellung, S. 11.

27 Der Begriff „Frauenthema" suggeriert ohnehin, dass es sich dabei um ein Gettothema handelt, um eine Angelegenheit, die lediglich Frauen betrifft und beschäftigt.

28 Thomas, R. Roosevelt jr.: Redefining Diversity. New York 1996, S. 5. Zitiert nach Krell, Chancengleichheit durch Personalpolitik, S. 19.

29 Vgl. Monika Rühl: „Praxisbeispiel Lufthansa: Diversity – Argumente, Strategie, Maßnahmen". In: Krell, Chancengleichheit durch Personalpolitik, S. 39-43.

30 Vgl. Krell, Chancengleichheit durch Personalpolitik, S.19ff.

31 Zit. nach Klaus Weinrich, Vorstandsvorsitzender, Völklinger Kreis e. V. Bundesverband Gay Manager.

32 http://www.diversity-gesellschaft.de/, [21. 3. 2003]

33 Vgl. Carola Busch, Gerhard Engelbrech: „Mit Chancengleichheit auf Erfolgskurs – TOTAL E-QUALITY“. In: Krell, Chancengleichheit durch Personalpolitik, S. 1-13.

34 Vgl. ebda, S. 3.

35 Vgl. Gerhard Engelbrech: „Die Wiedereingliederung von Frauen ins Berufsleben im Konflikt zwischen Humankapitalverwertung und vorsorglicher betrieblicher Personalpolitik“. In: Beckmann, Petra; Engelbrech, Gerhard: Arbeitsmarkt für Frauen 2000. Nürnberg 1994, S. 852.

36 www.e-quality-management.de/, [24. 3. 2003]

37 Vgl. Marion Esch, Dorothea Jansen: Leitfaden – Gleichstellungsmaßnahmen erfolgreich planen und umsetzen. Hrsg. v. Europäische Akademie für Frauen in Politik und Wirtschaft Berlin e. V. [o. J.] Dieser Leitfaden, gefördert durch das Bundesministerium für Familie, Senioren, Frauen und Jugend der Bundesrepublik Deutschland, kann dabei als Arbeitsunterlage dienen.

38 Im Mai 1994 fand in Como (Italien) eine Konferenz des Netzwerkes „Positive Aktionen” der Europäischen Kommission statt, deren Schwerpunkt darin bestand, neue Ansätze des Human Resources Managements in der betrieblichen Personalarbeit vorzustellen, durch die auch das Potenzial von Frauen besser einbezogen und ihre Qualifikationen stärker anerkannt werden können. Die Idee einer Auszeichnung engagierter Betriebe wurde für das Konzept des Equality Managements übernommen und modifiziert.

39 http://www.equality.at/, [12. 8. 2002]

40 Vgl. Newsletter TOTAL E-QUALITY: Ausgabe 1. Total E-Quality Deutschland e. V. Mai 1998.

41 Vgl. ebda.

42 Vgl. Rosemarie Kay: „Gewinnung und Auswahl von MitarbeiterInnen“. In: Krell, Chancengleichheit durch Personalpolitik, S. 153-177.

43 Ebda, S. 129.

44 Vgl. Hermann G. Ebner: „Weiterbildung von Mitarbeiterinnen“. In: Krell, Chancengleichheit durch Personalpolitik, S. 199-214.

45 Sharon T. Shepela, Ann T. Viviano: “Some Psychological Factors Affecting Job Segregation and Wages”. In: Remick, Helen (Hrsg.): Comparable Worth and Wage Discrimination: Technical Possibilities and Political Realities. Philadelphia 1984, S. 47-58. Zitiert nach Krell, Chancengleichheit durch Personalpolitik, S. 323.

46 Vgl. Gertraude Krell, Regine Winter: „Anforderungsabhängige Entgeltdifferenzierung: Orientierungshilfen auf dem Weg zu einer diskriminierungsfreien Arbeitsbewertung“. In: Krell, Chancengleichheit durch Personalpolitik, S. 321-342.

47 7 Schritte zur Gleichstellung, S. 158.

48 Vgl. Erika Pircher, Eugene Sensenig-Dabbous: Väterförderung – Politik der Zukunft? Vereinbarkeit von Beruf und Familie für Männer und Frauen im Betrieb. Internationale Tagungsdokumentation zu Managing E-Quality. Hrsg. v. Frauenbüro der Stadt Wien und Gender Link, Netzwerk für Sozialforschung. Wien 1999.

49 Vgl. 7 Schritte zur Gleichstellung, S. 161.

50 Vgl. Ebda, S. 170.

51 Vgl. 7 Schritte zur Gleichstellung, S. 189.

52 Unter Mobbing versteht man das Schikanieren von ArbeitskollegInnen mit der Absicht, sie vom Arbeitsplatz zu vertreiben.

53 Vgl. 7 Schritte zur Gleichstellung, S. 214.

54 Siehe dazu die Kontaktadressen im Anhang.

Cäcilia Innreiter-Moser

Equality

Definition und Interpretation in den Aussagen österreichischer Studentinnen

Problemstellung

In Österreich leben zur Zeit etwas mehr als 8 Millionen Menschen, ca. 51,6 % davon sind weiblichen Geschlechts.

Die Lebensentwürfe und -verläufe der Menschen haben sich im Laufe der Jahre verändert. So ist im letzten Jahrzehnt die Erwerbsquote von Frauen (Anteil der erwerbstätigen Frauen ab 15 Jahren) laufend gestiegen und liegt bei etwa 48,4 %.[1] Der Frauenanteil in Österreich befindet sich damit gemeinsam mit Frankreich und Portugal im europäischen Mittelfeld, an der Spitze der Frauenerwerbsquoten stehen die skandinavischen Staaten mit ca. 60 %.[2]

Gesamt gesehen gleicht sich das Erwerbsmuster von Frauen immer mehr dem der Männer an. Frauen scheiden wegen der Familie nicht mehr völlig aus dem Erwerbsleben aus, sondern reduzieren die Berufsarbeit. Dieser Trend zeigt sich vor allem bei gut ausgebildeten Frauen. Der Preis für die Erwerbstätigkeit ist für viele Frauen ein Balanceakt zwischen Berufs- und Familienarbeit. Eine entsprechende Reduktion der Erwerbsarbeit von Seiten der Männer, um Familienarbeit zu übernehmen, ist allerdings kaum zu beobachten. Die gesetzlichen Bestimmungen zur Gleichstellung von Mann und Frau in der Gesellschaft sowie das 1997 durchgeführte Frauenvolksbegehren zu „Halbe – Halbe“ sind wichtige Schritte in Richtung Tätigkeitsausgleich zwischen den Geschlechtern, dennoch bleibt die Umsetzung dieser Gleichstellung und auch ihre Akzeptanz bei Männern wie auch bei vielen Frauen weit hinter den Erwartungen zurück. Die Akzeptanzprobleme von Seiten der Männer sind weniger überraschend als jene von Seiten vieler Frauen. Was steckt hinter diesen Widerständen? Ist das Rollenbild von Frauen und Männern so stark in den Köpfen der Menschen verwurzelt, dass in Entscheidungssituationen für viele die ungewisse zukünftige Gleichstellung zugunsten der gegenwärtigen bekannten Zustände nicht gewählt wurde? Was kann das für eine gerechtere Verteilung von Macht, Einfluss und Einkommen zwischen den Geschlechtern in Organisationen bedeuten? Welche Rolle spielt die Gesellschaft dabei?

Bevor diesen Fragestellungen mit Hilfe qualitativer Methoden nachgegangen wird, soll einleitend kurz dargestellt werden, wie Familienstrukturen die Geschlechterverhältnisse geprägt haben und immer noch prägen und welche Konsequenzen die Geschlechterfrage in Organisationen aus feministischer Sicht hat.

Familie, Geschlecht und Organisation

Die Familie in Österreich seit dem Zweiten Weltkrieg

Betrachtet man die Veränderung der Anforderungen an Frauen und Männer im Rahmen der Familienentwicklung seit dem Zweiten Weltkrieg, lässt sich feststellen, dass vor allem Frauen ihre „Rollen" entsprechend den politischen und wirtschaftlichen Gegebenheiten wechseln mussten und dazu auch in der Lage waren. Während des Zweiten Weltkriegs und in der unmittelbaren Nachkriegszeit hatten die Frauen in Abwesenheit ihrer Männer die Versorgerrolle in der Familie mit zu übernehmen gehabt. Diese schwierige Zeit hatte die Frauen und Mädchen aber emanzipierter und selbstbewusster werden lassen. Die zurückkehrenden Männer hatten Schwierigkeiten, ihren Platz in der Familie, die in dieser Nachkriegszeit durch große Instabilität und aufgebrochene Strukturen gekennzeichnet war, wieder zu finden.[3]

Die fünfziger Jahre waren geprägt durch den Wiederaufbau. Das Wirtschaftskonzept sah Investitionspolitik kombiniert mit Konsumverzicht der Haushalte vor und konnte nur umgesetzt werden, indem die alte und bewährte Geschlechterordnung – in Form der bürgerlichen Familie mit ihrer traditionellen Rollenverteilung – wieder hergestellt wurde. Auch die Sehnsucht nach Ruhe und Ordnung unterstützte die Rückkehr zu altbewährten Mustern. Die Fähigkeiten, die Frauen während des Krieges zusätzlich entwickeln mussten, passten nicht in das nun propagierte Bild von Weiblichkeit (Güte, Opferbereitschaft, Mütterlichkeit, Verzicht und Liebe). Die Rollen waren wieder fest verteilt: Der Haushalt und die Familie den Frauen, die Öffentlichkeit den Männern.[4]

Die sechziger und siebziger Jahre brachten Wohlstand und Bedarf an weiblichen Arbeitskräften. Das Bildungssystem wurde ausgeweitet und immer mehr Mädchen kamen zu einer qualifizierten Ausbildung. Die Folge war ein Trend zur Berufstätigkeit auch aus anderen als finanziellen Gründen. Die Lebensverhältnisse und -konzepte der Frauen veränderten sich in dieser Zeit sehr viel mehr als die der Männer. Die eigene Berufstätigkeit junger Mädchen wurde ein wesentliches Element der Lebensplanung. Das Rollenverständnis der Männer hingegen änderte sich nur zögernd und unwesentlich.[5] Die Auflehnung gegen etablierte gesellschaftliche Normen brachte neue Lebensmodelle mit sich. Wohngemeinschaften, Lebensgemeinschaften und immer mehr Singlehaushalte entstanden in dieser Zeit. Auch durch die vom Staat gewährten Leistungen (Pflege- und Sozialdienste, Kinderhorte und -gärten) verlor der Familienverband seine bisherige Bedeutung – zwar nicht gänzlich, aber doch merkbar.

Wie weit nun seit den achtziger Jahren tatsächlich ein normativer Wandel stattgefunden hat, zeigen die Auswertungen der Social Survey von 1986 und 1993. Nach diesem Bericht stellt die Ehe nicht mehr die einzig anzustrebende Form des langfristigen Zusammenlebens dar. Heute sind es eher die Männer, die für eine Ehe plädieren. Frauen sehen in der nichtehelichen Partnerschaft Vorteile, wie größere wirtschaftliche Unabhängigkeit und individuelles Aushandeln ihrer Rolle in der Partnerschaft. Doch sind drei Viertel der Österreicher der Meinung, „dass man eine Familie braucht, um glücklich zu sein." Was die traditionelle Rollenverteilung anbelangt, so ist der Prozentsatz der Zustimmung zwar gesunken (von 74 % im Jahre 1986 auf 65 % 1993), aber dennoch beachtlich.[6]

Diese Rollenausprägungen werden auch durch die Untersuchungen Hofstedes[7] bestätigt. Österreich zeigt hiernach eine hohe „Masculinity"-Ausprägung, was bedeutet, dass die Gesellschaft von Werten wie Härte, Durchsetzungsfähigkeit und Orientierung an materiellen Erfolgen dominiert wird. Kulturen mit hoher „Masculinity"-Ausprägung stellen an Männer grundlegend andere Verhaltenserwartungen als an Frauen. Von Männern wird gesellschaftlich erwartet, dass sie sachorientiert und durchsetzungsfähig sind, von Frauen hingegen, dass sie sich beziehungsorientiert und mitfühlend verhalten. Die Eignung der Geschlechter für Tätigkeiten im Außen-(Berufs-) bzw. Innen-(Familien)bereich scheint also auf der Hand zu liegen. Frauen kommen damit in die zwiespältige Lage, Durchsetzungsvermögen und Erfolg in ihrer Berufsausübung am ehesten zu erreichen, wenn sie die maskulinen Werte erfüllen bzw. unter Umständen übererfüllen, dabei aber ihre Anerkennung als „Frau" verlieren, da sie mit den als typisch weiblich anerkannten Verhaltensweisen in Widerspruch geraten. Ein solches Verleugnen eigentlich anerzogener Verhaltensweisen führt bei Frauen zu wesentlich höheren seelischen Belastungen als bei Männern, deren Rolle in allen sozialen Institutionen konstante Anforderungen stellt. Solche Entwicklungen legen es nahe, genauer auf die Geschlechtersituation bei der beruflichen und privaten Alltagsarbeit einzugehen.

Beruf und private Alltagsarbeit: Die Bedeutung der Familienstrukturen für die Arbeitsteilung zwischen den Geschlechtern

Lebenssituationen werden von Frauen und Männern oft sehr unterschiedlich erlebt und bewertet. Wie sich die Geschlechter in einzelnen Situationen zu verhalten haben, schreibt ihnen die jeweils existierende „Rolle" für Frauen und Männer in der Gesellschaft zu. Unter „Rolle" ist hierbei ein Bündel an Erwartungen und Verhaltenszumutungen zu verstehen, die an die InhaberInnen einer bestimmten sozialen Position bzw. eines sozialen Status gerichtet werden.[8] So sind die Erwartungen, die mit der Rolle der Frau verbunden sind, in der Regel andere als die, die an die Rolle des Mannes geknüpft sind. Gemeinsam ist ihnen, dass diese Erwartungen von frühester Kindheit an auf Buben und Mädchen gerichtet und nach und nach Teil ihrer Identität werden. Eigenschaften, die als „typisch weiblich" bzw. „typisch männlich" bezeichnet werden, sind nicht das Resultat der biologischen Anlagen von Frauen und Männern, sondern vorwiegend im Sozialisationsprozess vermittelt worden. Demzufolge sind z.B. „weibliche" Verhaltensweisen nicht universell (Ort und Zeit betreffend), sondern kulturabhängig und im Grunde auch veränderbar. Voraussetzung für eine solche Veränderung ist allerdings, dass es gelingt, Veränderungen nicht nur an einzelne zu richten, sondern dass ein „kulturelles" Veränderungsmoment erreicht wird.

Trotz der Parallelen der Geschlechterrollen dürfen real existierende Unterschiede nicht verwischt werden, weil die konkreten Lebenszusammenhänge von Männern und Frauen sehr unterschiedliche Erfahrungen beinhalten. Die gegenseitige Verflechtung von Frauenrechten und Männerrechten wie von Frauenpflichten und Männerpflichten[9] zeigt sich im Alltag allerdings nicht als gleichmäßig bzw. gleichberechtigt zwischen den Geschlechtern verteilt. In vielen Situationen konzentrieren sich

Privileg auf der einen Seite und Abhängigkeit auf der anderen Seite und markieren somit Machtgefälle und Chancenungleichheit zwischen den Geschlechtern.

Die Geschlechterrollen mit ihren gesellschaftlich zugewiesenen Tätigkeiten und Aufgaben bergen somit Wertigkeiten in sich, die nicht gleichbedeutend sind: Manche Tätigkeiten sind wichtig, aber weniger angesehen als andere, die einen vergrößern den Handlungsspielraum eines Individuums, die anderen beengen ihn, usw. So wird für die einzelne Person in ihrer Geschlechtsrolle der gesellschaftliche Rang, die Form der Abhängigkeit oder Unabhängigkeit vorgegeben.[10]

In engem Zusammenhang mit den Geschlechterrollen steht die jeweilige Zuschreibung von Tätigkeiten und mit ihr die Entwicklung von Fähigkeiten, Interessen und Einstellungen.

„Die Arbeitsteilung zwischen den Geschlechtern steckt gewissermaßen den Horizont ab, innerhalb dessen sich der Lebensentwurf von Männern/Frauen ausformt“[11]. Dieser Grundgedanke lässt sich universell anwenden, ist aber kulturspezifisch ausgeprägt. Unsere Gesellschaft (hochentwickelte Industriegesellschaft) ist durch eine im 19. Jahrhundert entstandene und noch immer bestehende grundlegende Arbeitsteilung geprägt: Nämlich die Trennung zwischen Beruf und Familie, wobei dem Mann die Berufssphäre und der Frau die Familien- und Haushaltssphäre zugeordnet werden.

Beide Formen von Arbeit stellen Anforderungen an die Individuen, die sehr unterschiedlich strukturiert sind:

- Berufsarbeit folgt primär der Logik des Tausches und unterliegt Marktgegebenheiten.
- Haus- und Familienarbeit ist auf unmittelbare Bedürfnisbefriedigung vertrauter Personen ausgerichtet.

Auf diese Weise wird die Identität der Frau durch den familiären Innenbereich und den damit verbundenen Chancen und Grenzen hinsichtlich Persönlichkeitsentwicklung, Handlungsspielräumen, usw. stark beeinflusst.

Welche Bedeutung der „Familien- und Haushaltsrolle“ zukommt, entscheidet wesentlich der Mann, indem er „Verantwortung“ für Haushalts- und Familientätigkeiten übernimmt oder nicht.[12]

So ist es die geschlechtsspezifische Arbeitsteilung (gesellschaftlich zugewiesene Arbeit), welche die herrschenden Geschlechtsrollen immer wieder reproduziert und zementiert. Erst der tiefere Blick in die komplexen Zusammenhänge, in welche die Geschlechtsrollen eingebettet sind, zeigt, dass diese Rollen aktiv nicht erworben, sondern zugewiesen werden.

Geschlecht und Organisation

Eine weitere Frage ist, welche Rolle Organisationen durch das Schaffen von formalen und informalen Strukturen in Hinblick auf das Geschlechterverhältnis spielen oder spielen können. Organisationen sind in eine gesellschaftliche Landschaft eingebettet und die Personen, die in Organisationen arbeiten, bringen Verschiedenes aus ihrem Alltagsleben in diese Strukturen hinein (z.B. die Art, sich zu verhalten; miteinander umzugehen, zu kommunizieren, ...).

Joan Acker geht in ihren Arbeiten der Frage nach, wie Organisationen aus einer geschlechtsspezifischen Perspektive funktionieren, wie Strukturen der Ein- und Unterordnung geschaffen und immer wieder reproduziert werden.[13] „Geschlechtsspezifisch" bezieht sich dabei auf eine sozial produzierte und gestaltete Unterscheidung zwischen „weiblich" und „männlich". Obwohl „Geschlecht" hier nicht etwas ist, das wir – im Sinne von angeboren – sind oder besitzen, so erleben wir es dennoch täglich in Arbeitsorganisationen und vielen anderen Lebensbereichen. Ob bewusst oder unbewusst, was wir tun oder sagen oder auch wie wir über unsere Aktivitäten denken, immer sind es aktive und passive Prozesse, die diese Unterscheidung treffen, sie sind integrierte Bestandteile anderer sozialer Prozesse. So steckt die Geschlechtersegregation auch den Rahmen ab, innerhalb dessen Frauen und Männer zu bestimmten Zeiten handeln können.

Die Organisationstheorie geht von einer geschlechtsneutralen Organisationsrealität aus, von einem „körperlosen", und damit auch scheinbar geschlechtslosen Arbeiter. Die Art und Weise, wie über Organisationen gedacht und gesprochen wird, ist meist so, als wären diese auch tatsächlich geschlechtsneutral.

Die geschlechtsspezifische Substruktur von Organisationen gründet auf der räumlichen und zeitlichen Ordnung von Erwerbsarbeit, in den Regeln, die das Verhalten am Arbeitsplatz betreffen und in der Beziehung von Arbeits- und Privatleben. Dem liegt die Annahme zugrunde, dass Erwerbsarbeit vom Rest des Lebens zu trennen ist, und dass an erster Stelle die Erwerbsarbeit steht. Das Konzept des „abstrakten Arbeiters"[14], der sich völlig dem Job verschreibt, unterstützt auch die Idee, dass ein starkes Engagement (Commitment) zugunsten der Organisation den Vorrang hat gegenüber dem zugunsten der Familie. Dies erscheint notwendig und normal.[15]

Die feministische Kritik an der traditionellen Organisationstheorie zeigt auf, dass diese nicht geschlechtsneutral ist und implizit annimmt, dass Manager und Arbeiter männlich sind.[16] Trifft nämlich dieses Konzept des „abstrakten Arbeiters" auf einen konkreten Arbeiter, stellt sich schnell heraus, dass der abstrakte Arbeiter ein Mann ist, der für seine Arbeit lebt und der eine Frau hat, die sich um alles andere kümmert (Kinder, Pflege kranker und alter Personen, Haushalt,...). Eine von der Hochschule St. Gallen durchgeführte Umfrage für das „manager magazin" untermauert dieses Bild. Die Top-Manager der 200 größten deutschen Unternehmungen (es war keine Frau darunter) leben in „stabilen Verhältnissen"[17]: 90 % von ihnen sind in erster Ehe verheiratet und 70 % haben eine Ehefrau mit Beruf Hausfrau. Dass nach wie vor sehr traditionelle Vorstellungen betreffend Arbeitsteilung zwischen Frauen und Männern in unserer Gesellschaft herrschen, wird auch durch eine Umfrage des Gallup Instituts aus dem Jahr 1996 deutlich: Dort befürworten fast zwei Drittel der befragten Frauen und Männer eine Familie mit traditioneller Rollenteilung.[18]

Abschließend stellt sich bei dieser Thematik die Frage, wie angehende Akademikerinnen (und potentielle Führungskräfte) die traditionelle Rollenteilung zwischen Männer und Frauen einschätzen und welche möglichen Konsequenzen damit für Chancengleichheit in Beruf und Familie für Männer und Frauen verbunden sind.

Die Studie

Methode

Zur Erforschung der Bedeutung und der Konzepte, die hinter dem Begriff „Equality“ stehen, wird ein empirisch qualitativer Zugang gewählt. Die Daten stammen aus teilnehmender Beobachtung, Gruppendiskussionen, Tagebüchern und ethnographischen Interviews. Durch die Kombination verschiedener Methoden nach dem Prinzip der „Triangulation“[19] können bei der Datensammlung Fehlerquellen eingedämmt werden.[20] Die Studie folgt keinem linearen Verlauf, sondern die Datensammlung und -analyse erfolgt – entsprechend ethnographischen Vorstellungen – in einem iteraktiven Prozess. Der sich dabei herausbildende Referenzrahmen wird nicht von der Forschung vorgegeben, sondern aus den Daten selbst entwickelt und durch weitere Datensammlungen und -analysen validiert, verfeinert oder verworfen[21].

Die Art und Weise zu sprechen, die Codes, die Menschen benutzen, werden gelernt und zwar innerhalb der Gesellschaft, in der sie leben. Die Ausdrücke, die Menschen in einer Sprachgemeinschaft einsetzen, befähigen sie, miteinander Kontakt zu haben und einander überhaupt zu verstehen. In dieser Gemeinschaft entwickelt das Individuum seine sozialen Identitäten. Zu erforschen, wie diese sozialen Identitäten in den betrachteten Kulturen positioniert sind, soll das Verständnis für die Zugänge zu bestimmten Themenbereichen erhöhen.

Folgendes Schaubild soll die Vorgangsweise unserer Studien verdeutlichen:

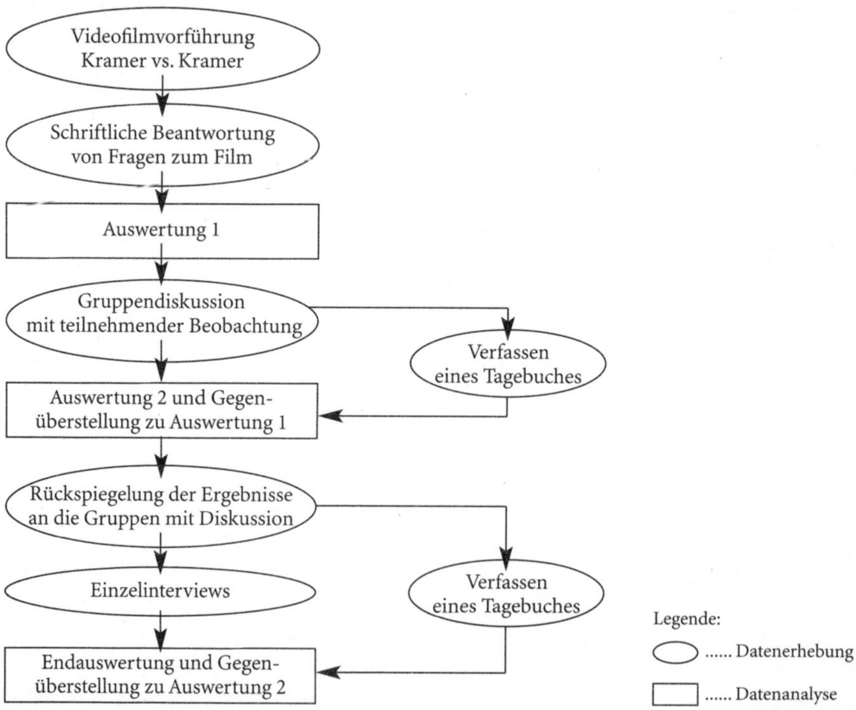

Abb. 1: Verlauf der Studie

Als Stimulus für das Erforschen von Verhaltensweisen und Kommunikationsstrukturen, die eine Gesellschaft als formal möglich, mit vorhandenen Mitteln auch durchführbar, im jeweiligen Kontext auch als angemessen – also passend – einstuft[22], wurde der Oskar-preisgekrönte US-amerikanische Film „Kramer versus Kramer“ verwendet.

Dieser Film erzählt – kurz zusammengefasst – von einer Familie, einem Ehepaar, einem Kind, einer Scheidung, einem Gerichtsprozess um das Sorgerecht für das Kind und vom Spannungsfeld Familie und Beruf. Er ist das Produkt einer Gesellschaft aus der US-amerikanischen Kultur. Das Seminar veranstaltete ich gemeinsam mit Michael Berry (Gastprofessor aus Turku, Finnland, und hauptverantwortlicher Leiter der Lehrveranstaltung) und wir nahmen an, dass dieses „Anderssein“ des gezeigten Videofilmes einerseits und der internationalen Zusammensetzung der Diskussionsgruppen andererseits einen Referenzrahmen bilden, der in den Diskussionen zu konstruktiven Auseinandersetzungen führt, die Differenzen sichtbar und diskutierbar macht.

Er wurde in den Jahren 1996 – 1998 in insgesamt vier Lehrveranstaltungen gezeigt und von 120 Studierenden (vorwiegend aus Österreich und Skandinavien) aus dem Bereich der Wirtschaftswissenschaften diskutiert. Der Verlauf der Studie wird im folgenden kurz beschrieben. In der Endauswertung wird die Gruppe der österreichischen Studentinnen herausgenommen und einer genaueren Analyse und Diskussion unterzogen.

Nach dem Anschauen des Videofilmes hatten die Teilnehmenden in Einzelarbeit Fragen betreffend

- Joanna Kramers Verhalten,
- Joannas Erklärungen ihres Verhaltens sowie
- der Glaubwürdigkeit ihrer Argumente übertragen in die jeweilige Kultur der Studierenden

in schriftlicher Form zu beantworten.

Die Analyse dieser Antworten (Auswertung 1) ließ ein vorläufiges Muster davon erkennen, was es in Österreich heißt, ein Vater, eine Ehefrau und Mutter zu sein und Karriere machen zu wollen.

Die zweite Stufe der Datensammlung umfasste Gruppendiskussionen (Aufnahme auf Tonband) mit teilnehmender Beobachtung und Schreiben eines Tagebuchs, in welchem die Studierenden diese Diskussion reflektierten und dokumentierten.

Bei den Gruppendiskussionen in Kleingruppen, die sowohl gemischtgeschlechtlich als auch international zusammengesetzt waren, ging es zunächst darum, die individuellen Antworten aus der ersten Aufgabe zu erklären und zur Diskussion zu stellen. Das Erleben dieser Diskussion und deren Ergebnisse sowie die persönliche Positionierung dazu waren dann in einem parallel zur gesamten Lehrveranstaltung zu führenden Tagebuch festzuhalten. Dieser spezielle Auszug aus dem Tagebuch und die mittels Tonband festgehaltenen Gruppendiskussionen lieferten die Daten für die Auswertung 2. In dieser Phase des Forschungsprozesses tauchte auch der Begriff „Equality“ auf, der nicht nur übersetzt, sondern auch in seinen Bedeutungen diskutiert werden musste.

In der darauffolgenden Analyse konnte das Ergebnis der Auswertung 1 im wesentlichen wiedergefunden und verfeinert werden. Auch in der Rückspiegelung der Ergebnisse an die Teilnehmenden wurden diese bestätigt. Basierend auf dem Datenmaterial und den Analysen im bisherigen Forschungsprozess wurden mit den Studierenden der Lehrveranstaltung im Sommersemester 1998 zusätzlich Einzelinterviews geführt.

Anhand der Antworten („der Stimme") von zweien sollte gezeigt werden, wie die meisten der ca. vierzig österreichischen Studentinnen, die an den Lehrveranstaltungen teilnahmen, über die Identitätskrise Joannas sprachen und dachten. Natürlich heißt dies nicht, dass alle Österreicherinnen auch so geantwortet hätten, aber es war eindeutig, dass die beiden ausgewählten „Stimmen" repräsentativ die Auffassung zur Vater- und Mutterrolle sowie zu den Karriereperspektiven der Mutter widerspiegeln. Aus den Antworten dieser jungen angehenden Akademikerinnen auf Joanna Kramers Identitätskrise und ihr Verhalten war ein Muster erkennbar, was es in Österreich heißt, ein Vater zu sein, eine Mutter zu sein und Karriere machen zu wollen.

Diese Fragestellungen anhand einer konkreten Situation (Joanna Kramers Identitätskrise und ihrem Verhalten) mit Studierenden aus anderen Kulturen zu diskutieren, ermöglichte uns und den teilnehmenden österreichischen Studierenden sehr viel über die eigene Kultur betreffend die Geschlechterverhältnisse in Erfahrung zu bringen, zu verstehen und aufgrund unserer historisch kulturellen Wurzeln auch zu interpretieren.

Joanna Kramers Erklärungen für ihr Verhalten

Im Folgenden sollen jene drei Auszüge aus dem Film „Kramer versus Kramer" wiedergegeben werden, in denen Joanna Kramer selbst Erklärungen betreffend ihres Verhaltens gibt.

Die erste Erklärung für ihr Weggehen bekommt ihr Sohn Billy in Form eines Briefes, nachdem sie die Familie verlassen hatte. Sie schreibt unter anderem:

> *I have gone away because I must find something interesting to do for myself in the world. Everybody has to do so. Being a mommy was one thing but there are other things too, and this is just what I have to do.*

Nach 1 1/2 Jahren zurück in New York trifft sie Ted – ihren Ex-Mann –, um ihm zu sagen und zu erklären, dass sie das Sorgerecht für Billy haben möchte. Teil ihrer Erklärung ist:

> *All my life I've felt like somebody's wife, somebody's mother, somebody's daughter – even all the time we were together – and that was why I had to go away to California. I think I found myself, and I got myself a job, a therapist and I feel better than I have in my whole life. And I have learned a great deal about myself.*

Während des Prozessverlaufes gibt sie dem Richter ihre dritte Erklärung. Sie erzählt, dass sie vor ihrer Hochzeit einen Job hatte und nach der Heirat wieder arbeiten gehen wollte, aber *every time I talked to Ted, my ex-husband, he wouldn't listen. He refused to discuss it in any serious way. I remember once he said that I probably couldn't get a job that paid enough to hire a baby-sitter for Billy.*

Sie erzählt weiters, dass sie nun mehr als Ted verdiene und ihren Sohn sehr, sehr liebe. Auf die Frage, warum sie ihn dennoch verlassen habe, sagt sie:

in the last 5 years of our marriage I was becoming more and more unhappy, more troubled. I needed somebody, but when I turned to Ted he wasn't there for me. [...] He was very involved in his career. And because of his attitude towards my fears and his inability to deal with my feelings I had come to have almost no self-esteem. I was scared, I was very unhappy, and, in my mind, I had no other choice but to leave. At the time I left I felt there was something terribly wrong with me and that my son would be better off without me. And it was only after I got to California that I realized, after getting into therapy, that I wasn't such a terrible person. And just because I needed some kind of creative or emotional outlet other than my child, that didn't make me unfit to be a mother.

US-amerikanische Studentinnen der Mittelklasse können Joanna Kramer hören und verstehen als eine Person, die mit einem Problem konfrontiert ist – nämlich einem Ehemann, der ihr nicht zuhört und ihre Wünsche, wieder in die Berufstätigkeit zu gehen und ihr „Selbst" wieder aufzubauen, ablehnt. Diese Joanna findet eine Lösung, indem sie weggeht um „sich selbst zu finden". Sie verlässt eine ungleiche Situation – „Unequality". Ein Individuum hat das Recht und die Wahlmöglichkeiten, sich von Zwängen der Gesellschaft oder Institutionen zu befreien um zu wachsen. Das „Selbst" kommt vor Rollen- und Gruppenzwängen[23]. In diesem Sinne sehen die US-amerikanischen Studentinnen auch das Urteil, welches Joanna das Sorgerecht zuerkennt, als „gerecht" bzw. „gerechtfertigt" an.

Österreichische Studentinnen antworten auf Joanna Kramers Identitätskrise

Ausschnitte aus Interviews, die ich (C) mit zwei österreichischen Studentinnen (S1 und S2) führte, sollen im Folgenden aufzeigen, wie sie die Konzepte von „Equality" (Chancen-)Gleichheit, Verantwortlichkeit, Autonomie und Wahlfreiheit beschreiben.

Indem sie über Joanna Kramers Verhalten reden, erzählen sie über sich selbst und was sie – eingebettet in ihre Kultur – als mögliche, akzeptable und tatsächlich ausführbare Handlungen sehen.

C Sie haben in Ihrem Tagebuch geschrieben, dass Equality, Responsibility, Choice, Independence und Autonomy im Film „Kramer gegen Kramer" für Sie stark zusammenhängen. Können Sie das ein bisschen näher erklären? Wo sehen Sie da die Zusammenhänge und in welcher Form?

S1 Vielleicht (fange ich an) mit Gleichheit also Equality. Also ich habe während des Filmes gar nicht so darüber nachgedacht – über die Gleichheit – erst später im Kurs von Prof. Berry ist mir das so gekommen, dass man die Begriffe eigentlich unterscheiden kann und was eigentlich so dahintersteckt. Und da bin ich draufgekommen, da habe ich näher darüber nachgedacht, wie das bei uns in Österreich eigentlich ist und habe festgestellt, dass Gleichheit bei uns in meiner Auffassung so ist, dass halt der Mann das Geld heimbringt und die Frau sich um die Kinder kümmert.

C Also ... Gleichheit als gleiche Teilung von Lebensaufgaben oder wie auch immer, würden Sie das so sagen?

S1 Genau. Ich glaube, dass das bei uns in Österreich so akzeptiert wird. Dass so in diesem Sinne eine Gleichheit herrscht. Und wenn also die Frau dann aus dem irgendwie ausbricht – oder auch der Mann –, dann kann das zu einer anderen Akzeptanz von Gleichheit führen. Also es könnte sein, dass – also ich glaub bei uns ist das so, wenn die Frau dann nebenbei noch arbeitet, dass es dann nicht mehr ganz eine Gleichheit ist, sondern die Gleichberechtigung hat sie gehabt, als sie zu Hause war bei den Kindern, aber sie verlangt eben wieder mehr als ihr irgendwie zusteht.

C Aus der Sicht der Gesellschaft jetzt oder ...?

S1 Ja, aus der Sicht der Gesellschaft. Sie verlangt irgendwie zu viel und sie kann ja nicht alles haben. Sie kann nicht Familie und Karriere haben. Sie muss sich entscheiden: entweder – oder. Also sie wäre auch gleichberechtigt, wenn sie nur die Karriere hat. Also entweder Kinder oder Karriere, beides ist irgendwie so bei uns das „Rabenmütter-Syndrom".

C Und wenn man jetzt nur die Familie hernimmt: Könnte da Gleichheit trotzdem herrschen, auch wenn diese Rolle verlassen wird?

S1 Die Rolle der Mutter?

C Ja. Also in der traditionellen Form. Also wenn ich sage: OK, ich habe Kinder und gehe auch arbeiten.

S1 Das ist wahrscheinlich bei uns schwierig. [...] Was mache ich dann mit den Kindern? Also wenn ich arbeiten gehe, dann brauche ich für kleine Kinder entweder eine Tagesmutter oder Kindergarten oder sonstige Einrichtungen, die sich um die Kinder kümmern, oder eine Familie – die eigene Mutter oder Schwester oder sonstige Frau, weil ich kann ja die Kinder nicht alleine lassen. Das ist ein bisschen ein Zwiespalt, Konflikt.

C Was ist mit Hort oder solchen Einrichtungen?

S1 Ja das ist schon, aber das hat bei uns a bisserl einen negativen touch das Ganze, wenn man die Kinder in den Hort gibt und sich sozusagen der Karriere widmet, dann ist man auch eine schlechte – unter Anführungszeichen – Mutter. Das kommt, glaube ich, nicht so gut an. Auch wenn ich, also ich persönlich bin davon überzeugt, wenn man nebenbei arbeiten will und einen das ausfüllt und man verbringt dann die Zeit intensiver mit den Kindern, hat man viel mehr davon.

C Aber Sie glauben, traditionell ist in Österreich diese Teilung in Hausbereich – sozusagen – und Berufsbereich, das eine die Frau und das andere der Mann. Also... was Mike Berry mit den „Hasenohren"[24] gezeigt hat, das würde für Sie zutreffen? Sie würden sagen, das ist österreichisch?

S1 Ja.
C Dass beides hohen Wert hat, aber separat zu sehen ist?
S1 Genau. Genau. Ich glaub sogar, bei den älteren Generationen ist der Wert noch eher gleich ... ah zwischen Mann und Frau. Bei den jüngeren ...
C Sie meinen, es wird als gleich akzeptiert?
S1 Als gleichwertig. Genau.
C Also die Frauen akzeptieren das genauso wie die Männer.
S1 Also in der Generation meiner Großeltern, zum Beispiel. Aber in meiner Generation glaube ich, dass die Frauen mit der Rolle als Hausfrau nicht mehr glücklich sind, sich zu anderem berufen fühlen. Ich will gar nicht sagen zu Höherem, aber zu anderem. Und das wird halt nicht so akzeptiert oder erst schön langsam. Die Rolle – das haben wir auch diskutiert – dass der Mann zu Hause bleibt bei den Kindern und ich persönlich kenne einen einzigen, der das macht, und der wird belächelt von anderen, und es ist nicht, ah...
C Akzeptabel?
S1 Ja, [...] also er hat mir erzählt, er war mit dem Kind beim Arzt zu irgendeiner Untersuchung, und die anderen Mütter dort haben ihn gefragt, ob denn die Mutter krank ist oder was da los ist, dass er mit dem Kind zum Arzt gehen muss. Und immer, wenn er erwähnt, dass er in Karenz ist, dann wird er belächelt. Ob er denn keinen guten Beruf hat oder überhaupt keinen. Oder ob er daheim nichts zu sagen hat oder was könnte der Grund dafür sein, dass <u>er</u> beim Kind bleiben muss.
C Also, es ist auf jeden Fall ein bisschen suspekt.
S1 Ja, auf jeden Fall ein bisschen negativ. Und es ist ja auch die Sache, er <u>muss</u> bei dem Kind bleiben. Es ist ja gar nicht die Frage, ob er will, sondern „Warum müssen Sie?".
C Wenn wir das jetzt auf Kramer gegen Kramer umlegen. Finden Sie Joanna und Ted als gleich, als equal?
S1 Also ich glaub schon. Wir haben da eine große Diskussion gehabt, bei uns in der Gruppe und die war sehr emotional. Alle haben gesagt, die Joanna, das ist eine richtig Böse. Ich sehe das eigentlich nicht so, weil sie hat sich am Anfang sehr um den Buben gekümmert, sie ist halt nicht der Typ, der auf den Tisch haut und sagt, so ist es. Man muss anders auf sie reagieren. Ich bin der Meinung, sie hat versucht, ihm (Ted) mitzuteilen, dass es ihr nicht so gut geht. Er hat nicht auf sie gehört und wenn sie sich nicht anders ausdrücken kann, was soll sie machen.
C Waren die beiden jetzt equal, nach dem was Sie vorher erklärt haben?
S1 So gesehen nicht, weil Joanna war nicht zufrieden mit ihrer Rolle nur als Mutter. Sie wollte Mutter und Karrierefrau oder nur berufstätig sein. Sie wollte berufstätig sein und konnte es nicht, und so gesehen waren sie nicht gleich. Weil sie einfach nicht voll ausgefüllt war. Sie war nur teilglücklich.
C War Joanna verantwortungsbewusst?
S1 Ich glaube, sie war schon verantwortungsbewusst. Ihre Aufgabengebiete waren sozusagen Billy und der Haushalt. Bis zu dem Zeitpunkt, wo sie selber mit sich nicht mehr konnte, hat sie, glaube ich, beides ganz gut gemeistert. Und dann, wie sie weggegangen ist, ist es auch nicht ganz richtig von Verantwortungslosigkeit zu sprechen, glaube ich. Es ist ihr nicht leicht gefallen. Wobei ich nicht akzeptiere, dass sie so weit weggeht, also der Schritt war mir zu drastisch. Dass sie mit sich selber

nicht mehr konnte, das verstehe ich sehr gut. Ich meine, sie hätte auch zwei Häuser weiterziehen können.

C Was wären jetzt für uns (unsere Gesellschaft) akzeptable Verhaltensweisen gewesen? Welche Möglichkeiten – choices – hätte sie denn gehabt?

S1 Also ich hätte ihm (Ted) vielleicht angedroht, zu gehen. Ich nehme an, dass er das vielleicht auch nicht gehört hätte, weil er hat ja sonst auch nicht zugehört hat. Das heißt vielleicht hätte sie wirklich gehen müssen, aber sie hätte wirklich zwei Blöcke weiterziehen können oder zumindest in der gleichen Stadt oder im gleichen Land bleiben können, weniger wegen ihrem Mann, aber wegen ihrem Sohn. Also, dass sie mit ihm so nicht kann, das verstehe ich, aber das Kind kann nie was dafür, an das hat sie wahrscheinlich so nicht gedacht.

C Aber sie hat dann ihre Rolle nicht mehr erfüllt.

S1 Ja genau. Sie hat versucht den Teil, der in ihr unglücklich war, glücklich zu machen, indem sie eine Arbeit gesucht hat, aber sie hat dann den anderen Teil fallen gelassen. Also sie konnte nicht beides haben.

C Also eine österreichische Frau würde vielleicht auch ausziehen. Sie würde vielleicht um die Ecke wohnen, ja? Was würde sie noch tun?

S1 Sie hätte auf jeden Fall eine schlechte Nachrede, eine österreichische Frau. Weil sie so einfach ihr Kind verlässt.

C Ist das ein Verhalten, das Österreicherinnen zeigen?

S1 Ich glaube nicht, dass das typisch ist für Österreich, weil in Österreich nimmt die Frau das Kind mit und geht. Also sie geht nicht alleine, die geht mit dem Kind.

C Und wo geht sie hin?

S1 Zu ihren Eltern, glaube ich, oder in die Nähe ihrer Eltern oder, wenn sie keine hat, gute Freunde, aber sie geht nicht alleine weg. Sie geht irgendwo hin, wo sie wen hat.

C Sie würde ihre Rolle also erfüllen?

S1 Ja. Sie nimmt das Kind mit und geht. Oder sie sagt eben, er muss gehen. Aber auf jeden Fall bleibt sie beim Kind.

Interview 2

C Wie würden Sie denn Equality übersetzen?

S2 Gleichbehandlung, würde ich sagen.

C Waren Joanna und Ted dann gleich, also equal?

S2 Ja, prinzipiell würde ich schon sagen. Equal heißt für mich auch, dass sie beide zwischen den gleichen Chancen und Alternativen wählen konnten.

C Haben sie das gekonnt?

S2 Ja, denke ich schon?

C Die Joanna ist ja weggegangen. Hätte es für sie eine andere Möglichkeit gegeben, hätte sie dann anders gehandelt? Nehmen wir jetzt eine österreichische Johanna. Hätte eine österreichische Johanna etwas anderes gemacht?

S2 Ja, ich denke schon. Der große Unterschied für mich liegt darin, dass eine österreichische Johanna das Kind nicht beim Mann lassen hätte, denke ich mir. Ja, und dann so eine drastische Maßnahme, das würde eine österreichische Frau nicht tun.

Es gibt Maßnahmen dazwischen, etwa, dass man auf irgendeine Art und Weise den Mann eben zwingt, dass er zuhört oder dass man ihn einfach konfrontiert mit den Tatsachen, das heißt, sich einen Job suchen und dann sagen, jetzt schauen wir gemeinsam, wie wir das mit dem Kind regeln, mit dem Haushalt, ich will auch arbeiten. Das wäre eigentlich der Weg, glaube ich, den eine österreichische Frau gehen würde.

C Und wenn sie weggehen würde, wo würde eine österreichische Johanna hingehen?

S2 Mit dem Kind. Dann ist es naheliegend, dass sie schaut, dass sie irgendwo zu Bekannten, Freunden, oder Verwandten, den Eltern wahrscheinlich gehen wird, wo eine Möglichkeit besteht, dass sie einfach Hilfe hat für das Kind, denk ich mir. Grade wie es in Österreich ist, wo doch [...] in meiner Elterngeneration viele Mütter doch zu Hause geblieben sind bei den Kindern oder schon wieder zu Hause sind, ist das wahrscheinlich die naheliegendste Möglichkeit.

C War Joanna eine autonome Person? Was verstehen Sie unter autonom?

S2 Unter autonom verstehe ich, dass man frei ist in seinem Handeln und selbst dafür verantwortlich ist, aber schon in einem gewissen Rahmen, das heißt, der gesetzlich vorgegeben ist oder auch durch soziale Strukturen.

C Die zum Beispiel wären, im Falle von der Joanna? Was sind da die sozial vorgegebenen Strukturen?

S2 Ja, ich würde sagen, einfach der Status der Familie im sozialen Leben.

C Das heißt, innerhalb [...] dieser Grenzen ist sehr wohl Autonomie möglich. Also innerhalb gewisser Grenzen hat man sehr wohl Raum, um Handlungen frei zu wählen, ja? Das heißt, die Joanna hat – um sich selbst zu finden – quasi alles abgebrochen und ist ans andere Ende des Landes gezogen. [...] Würde das eine österreichische Frau machen?

S2 Ich glaube nicht, dass...

C Wo würden Sie hingehen oder was brauchen Sie, um [...] sich selbst zu finden?

S2 Ja, vielleicht kurz einmal einen Freiraum. Ich sag jetzt einmal, vielleicht einen Urlaub, irgendein Kreativseminar, dass ich mir irgendetwas suche, was mein Leben einfach bereichert, denk ich mir oder dass ich mich, wenn ich viel Zeit zu Hause verbringe, in irgendeinem Bereich auch sozial engagieren würde, denk ich mir einmal. Dass ich irgendeine Tätigkeit, ein Hobby, vereinfacht gesagt, finde, wo ich mir denke, das führt zu einer Befriedigung.

C Ist für Sie Equality – wie immer Sie das jetzt übersetzen – Voraussetzung für Autonomie?

S2 (lange Pause) Da tue ich mir jetzt ein bisschen schwer, das zu beantworten. Mein erster Gedanke war, dass ich sage „ja, eigentlich schon“, aber dann denke ich mir, irgendwie kommt es auf die Situation an und auf das Umfeld.

C Ein Beispiel, wo Sie sagen, da kann ich das veranschaulichen, gibt es das?

S2 Ja, zum Beispiel, in einer Beziehung, muss ich nicht unbedingt gleichgestellt – equal – sein, um autonom zu sein, denk ich mir einmal. Also, auch wenn das Rollenbild wie es in Österreich noch immer vorherrscht, nämlich, dass der Mann in der Gesellschaft einen höheren Stellenwert hat, wie es in Österreich sicher durchaus noch ist, kann ich mich trotzdem innerhalb dieser Grenzen frei entwickeln oder das machen, was ich machen will.

C Was ist mit Verantwortung, mit verantwortungsvoll sein? Würden Sie die Joanna als verantwortungsvolle Person sehen?

S2 Verantwortung hat für mich immer zwei Aspekte. Verantwortung gegenüber der Umwelt und anderen Personen und der Verantwortung, die man sich selbst gegenüber hat. Und bei letzterem durchaus, weil sie eben zu dem gestanden ist, dass sie ausbrechen wollte. Anderen gegenüber... mhm.

C Ausbrechen wollte heißt aus der Rolle ausbrechen?

S2 Ja.

C Das heißt, es war die Autonomie nicht mehr groß genug, ja? Würde das heißen, dass ich dann ausbrechen muss, um mir wieder Freiraum zu verschaffen?

S2 Ja, vielleicht weil eben die Grenzen in der Familie, in der Partnerschaft zu eng waren. Ich glaube schon, dass sie zuwenig Verantwortung gegenüber ihrem Kind gezeigt hat. Nicht ihrem Mann gegenüber, das würde ich nicht unbedingt sagen, ich denk mir, das sind zwei erwachsene Personen und, ja, sie hätte – wie schon gesagt – eben andere Alternativen wählen können, aber gegenüber ihrem Kind, das hat irgendwie nie eine Chance gehabt.

C Also das Verlassen dieser Mutterrolle – so wie sie es gemacht hat, das würde eine österreichische Mutter eigentlich nicht machen?

S2 Nein, ...

C Sehen Sie einen Zusammenhang zwischen den Konzepten [...] Equality, Responsibility, Autonomy und [...] Choice?

S2 Ja, ich glaube Responsibility – für mich beinhalten alle Bereiche Verantwortung, weil es gehört Verantwortung dazu, im Hinblick auf Autonomie, wie wir gesprochen haben, zu wissen, wo die Grenzen sind, und auch im Hinblick auf Choice, auf die Alternativen oder, ja, die Alternativen, aus denen man wählen könnte, also das ist ein Aspekt, der für mich eigentlich überall reinspielt und der auch ein sehr wichtiger Aspekt für mich ist.

C Habe ich immer Choice oder wie hängt Choice mit den anderen Konzepten zusammen?

S2 Choice hängt für mich sehr stark mit Equality zusammen, eigentlich, weil [...] einmal ganz krass ausgedrückt – wenn ich überhaupt keine Rechte habe, dann habe ich auch keine Wahlmöglichkeiten oder Alternativen, denke ich mir. Die Grundvoraussetzung ist einmal Equality, damit man Alternativen wählen kann.

C Und was ist mit Autonomie und Wahlmöglichkeiten?

S2 Ja, da gilt eigentlich dasselbe, wenn ich mir das so überlege. Weil Autonomie heißt auch, dass man innerhalb gewisser Grenzen frei entscheiden kann, unabhängig von anderen und wenn die Voraussetzung nicht gegeben ist, dann kann ich auch nicht entscheiden und keine Alternativen auswählen. Also ist auch das eine Vorbedingung für Choice, denke ich mir.

C Und Responsibility, Verantwortlichkeit?

S2 Ja, wie gesagt, das ist für mich ein ganz wichtiger Aspekt in den Konzepten und das spielt für mich in alle drei Bereiche eigentlich hinein. Weil man eben die Konsequenzen, sei es für seine Entscheidungen oder inwieweit man an die Grenzen geht, für sich selbst tragen muss und für die Konsequenzen, die es für andere hat.

C Ok. Diese Entscheidung, Mutter zu sein und arbeiten gehen zu wollen bzw. auch Karriere machen zu wollen, treffen Frauen diese Entscheidung? Kann man das kombinieren? Wie kann man es kombinieren? Welche Kombinationsmöglichkeiten gibt es? Welche werden akzeptiert von unserer Gesellschaft, was glauben Sie? Welche werden tatsächlich gelebt?

S2 Grundsätzlich ja, Frauen treffen diese Entscheidungen schon bewusst, wir haben darüber auch in unserer Gruppendiskussion gesprochen und ich denke einmal, gerade für Frauen, die einmal in einer beruflich besseren Position waren oder sein könnten, wie es z. B. bei uns ist, wenn man studiert hat und so, stellt sich diese Frage natürlich und ich denk mir, dass einfach viele Frauen die Entscheidung so lange wie möglich rausschieben. Sie sagen, ich suche mir halt jetzt einmal einen Job und dann sehen wir eh, wenn es dann soweit ist, dann. Ich denke auch, so wird es bei mir auch laufen und ich denke mir, so ist das für das Gros der österreichischen Frauen.

C Und wie kann man es kombinieren?

S2 Ja, ich denke mir, es gibt Möglichkeiten. Entweder es besteht eine gewisse Flexibilität vom Arbeitsplatz oder Arbeitgeber her, das heißt, dass man da etwas Freiraum hat in der Gestaltung der Arbeitszeiten, denke ich mir jetzt einmal oder dass zum Beispiel Betriebskindergärten oder so etwas angeboten werden, wie es manche Großbetriebe – in Österreich nur sehr wenige – tun. Ja, in erster Linie natürlich würde ich einmal versuchen, das irgendwie mit dem Partner zu vereinbaren, wenn es geht, wenn beide von den Arbeitszeiten her so flexibel sind. Der nächste Schritt wäre dann wahrscheinlich [...] die Familie oder eben dann Kinderbetreuungseinrichtungen, die es so gibt. Kindergärten oder [...] Tagesmütter.

C Das wären mögliche und auch akzeptierte Verhaltensweisen in unserer Gesellschaft, glauben Sie?

S2 Ja, mit der Akzeptanz tue ich mir schon ein bisschen schwer, weil ich mir denke, dass es eine Frau in Österreich sehr schwer hat. Ist sie nur zu Hause, dann ist sie eben nur – unter Anführungszeichen – Hausfrau, geht sie arbeiten und hat Kinder, dann heißt es, ein bisschen überzeichnet, sie ist eine Rabenmutter. Also ich glaube, dass es irrsinnig schwer für eine Frau in Österreich ist da irgendwie – man kann nicht einmal sagen – den Mittelweg zu finden, sondern die Entscheidung zu vertreten, die sie – also auch selbstbewusst zu vertreten – die sie getroffen hat. Und ich denke mir, dass es durchaus noch einen Mangel gibt an Akzeptanz für Frauen, die Mutterrolle und Berufsrolle zu vereinbaren.

Ergebnisse

Ein interessantes Ergebnis dieser Übungen war, dass die Studierenden – unabhängig von ihrer nationalen Herkunft – zuvor häufig die gleichen Entscheidungen trafen, sie aber unterschiedlich begründeten. Genau diese Begründungen standen im Mittelpunkt unseres Forschungsinteresses, da sie Hinweise auf tieferliegende Denkmuster geben.

Die teilnehmende Beobachtung von Gruppendiskussionen in unseren Lehrveranstaltungen sowie die Einzelinterviews lassen erkennen, dass die vorerst vermeintlich gleiche Bedeutung des Begriffs „Equality" in unterschiedlichen Kulturen bei näherem Hinsehen doch wesentliche Unterschiede aufzeigt. Unterschiede, die weder besser noch schlechter für die eine oder andere Nationalität sprechen, sondern einfach eine „andere" Qualität aufweisen. Auf die Frage nach der Übersetzung des Wortes „Equality" ins Deutsche kamen Antworten wie: Gleichheit, Gleichbehandlung, gleiche Möglichkeiten, gleich wichtig, Gleichstellung, Chancengleichheit und Fairness. Es scheint vom Kontext, in dem der Begriff eingebettet ist, abzuhängen, welche Bedeutung bzw. welches Konzept damit verbunden wird.

Die Analyse der Antworten der österreichischen Studierenden auf Joanna Kramers Verhalten und Erklärungen lässt einen starken Glauben an die Bedeutung der Familie und an die Rolle der Mutter als den Elternteil, der sich emotional und beziehungsmäßig um die Familie kümmert, und an einen Vater, der als Ernährer für die Familie da ist, erkennen. „Sich selbst zu finden", ist für die meisten unserer Teilnehmenden eine sehr fremde Formulierung, und dafür auch Personen – sogar die Familie – und einen gewohnten Lebensraum (noch dazu so weit weg) zu verlassen, ist für alle unverständlich. Man hat Rechte und Pflichten und damit Verantwortung – zwar auch sich selbst gegenüber, aber in erster Linie anderen gegenüber.

Diskussion

Die Auseinandersetzung mit dem Begriff „Equality" im Kontext einer Familiengeschichte (aus einer anderen Kultur) und die Ansichten von österreichischen Studentinnen dazu, trifft einen wichtigen Kernpunkt, in dem die Diskussion von „Chancengleichheit" für Männer und Frauen auch im Arbeitsleben ständig eingebettet ist.

Die befragten Studentinnen glauben nicht, dass Ted und Joanna „equal" also gleich bzw. gleichgestellt waren. Folgende Interviewausschnitte sollen dies – zusätzlich zu den bereits wiedergegebenen Interviews – unterstreichen:[25]

> „wenn wer gleichgestellt ist, dann kann man miteinander reden und dann kann man immer für beide Kompromisse finden, mit denen beide einverstanden sind und das war ja nicht der Fall, weil Ted hat ja nicht einmal mitgekriegt, wie unglücklich Joanna ist. Und deswegen glaube ich nicht, dass die in irgendeiner Weise gleichgestellt waren." (mi, 96-100)

> „Ich würde sagen, sie waren nicht gleich. [...] Ich meine, Joanna hat die Pflicht gehabt ‚Haushalt und Kind', und hat eigentlich irgendwo keine Freizeit gehabt. Und Ted hat zwar Freizeit gehabt, die er dann in den Beruf reingesteckt hat. Aber ich glaube trotzdem, dass [...] ihm doch noch Freizeit auch geblieben ist, die er vielleicht dann mit Freunden verbracht hat, im Gegensatz zu ihr.
> [...] wenn beide in ihrer Rolle glücklich sind, ja dann können sie als gleichwertig bezeichnet werden." (an, 43-66)

> „Es kommt darauf an. Also Equality ist sicherlich gegeben, wenn sich zwei darauf einigen. [...] und wenn es der Wunsch von beiden ist. [...] Also das kann zum

Beispiel genauso sein, wenn die Frau zu Hause bleibt und der Mann arbeiten geht, dann ist es genauso eine gerechte Aufteilung, weil Haushalt oder Kindererziehung ist ja genauso viel Arbeit wie Geld verdienen oder so.“ (my, 6-12)

Die Vater-Rolle und die Mutter-Rolle sind in Österreich gesellschaftlich von gleich großer Bedeutung. In diesen Rollen sind Werte und Normen festgelegt, die soziales Handeln in der Gesellschaft determinieren. „Gleichheit“ besteht aber nach Ansicht der Interviewpartnerinnen wiederum vor allem dann, wenn die Beteiligten sich in einer konkreten Beziehung über ihre Rollen einig sind, also ein Konsens herrscht und beide damit auch zufrieden bzw. glücklich sind.

Sehr kritisch wird in Kramer gegen Kramer vor allem aber Joannas Verhalten beurteilt. Nicht so sehr, weil sie ihren Mann verlassen hat, sondern weil sie ihren Sohn Billy nicht mitgenommen hat. Sie hat dadurch ihre „Mutter-Rolle“ in keiner Weise wahrgenommen und erfüllt.

„[...] und eine österreichische Johanna würde – jetzt sage ich einmal der Großteil und auch meine persönliche Meinung – das Kind nicht alleine lassen, würde es sicher mitnehmen oder würde zumindest versuchen, dass sie ungefähr einmal in der Woche das Kind sehen kann.“ (mi,14-17)

„Vom österreichischen Standpunkt her, ohne Kind den Mann zu verlassen, ist eigentlich – ja – [...] nicht denkbar, eigentlich.“ (my, 154-157)

„Ja, ich meine – eigentlich glaube ich, [...] hätte sie überhaupt nicht – also – weglaufen dürfen. Sie hätte das Kind überhaupt nicht zurücklassen dürfen und hätte es einfach mitnehmen müssen.“ (sa, 74-75)

Diese fast „ausschließliche“ Zuständigkeit der Frau/Mutter für ihr Kind scheint wenig Platz für einen Vater zu lassen. Denn obwohl Joanna Billy natürlich nicht „alleine“ zurücklässt, sondern ihn seinem Vater anvertraut, lassen die Kommentare unserer Studentinnen kaum Hoffnung erkennen, dass der Vater die Rolle der Mutter erfüllen kann. Dies führt zu einem weiteren interessanten Aspekt hinsichtlich akzeptabler Verhaltensweisen in einer Gesellschaft. Dass Ted als Vater sich in so umfassender Weise um seinen Sohn kümmert und diese Aufgabe mindestens gleichwertig neben seine Berufsanforderungen stellt, bringt ihm seitens der österreichischen Studentinnen große Bewunderung, aber es scheint für österreichische Verhältnisse doch eher unrealistisch zu sein.

„Also Ted würde es nicht probieren, sein Kind selbst aufzuziehen, sondern würde es zu seiner Mutter bringen.“ (mi, 13-14)

„Ja, eher irgend so etwas [seine Mutter anrufen]. Dass er sich eine Hilfe sucht schätzungsweise. Dass er alles selber erledigen würde, kann ich mir nicht vorstellen.“ (sa, 234-235)

Antworten auf die Frage, von wem eine österreichische Frau, die Mutter ist und arbeiten gehen bzw. Karriere machen möchte, Hilfe bzw. Unterstützung zu erwarten hat, sehen wenig Platz für die Übernahme eines Teiles der Haus- und Erziehungsarbeit durch den Mann vor. Die Vereinbarkeit von Beruf/Karriere und Familie scheint ein Bereich zu sein, für den hauptsächlich die Frauen zuständig sind.

> „Auf jeden Fall sollte das Kind eine Bezugsperson haben. Da meine ich kein außenstehendes Kindermädchen, sondern Großeltern – und wenn die nicht da sind, dann muss ich mir das wirklich gut überlegen, wie wichtig mir das ist. [...] weil meiner Meinung nach, also für ein Kind – meiner Meinung nach – ist es sowieso das Beste, wenn eine Mutter bei ihm ist." (mi,141-151)

> „Grundsätzlich wird erwartet, dass die ersten Jahre die Mutter zu Hause bleibt. Und wenn das Kind in den Kindergarten geht oder zur Schule, zuerst Teilzeit gearbeitet wird. Und später, wenn das Kind ja vielleicht in das Gymnasium geht, dann hat die Mutter wieder das Recht, ganztags arbeiten zu gehen."(bi,195-198)

Auch wenn aus den Gesprächen mit den österreichischen Studentinnen heraus zu hören ist, dass eine Tendenz zur Aufweichung der traditionellen Rollenbilder wünschenswert und auch im Gange ist, ist gleichzeitig auch ihre tiefe Verwurzelung in der Mutterrolle in den Antworten hörbar und spürbar. Wie in Interview 1 (siehe weiter vorne in diesem Aufsatz) nachlesbar, geht z.B. eine Frau – wenn sie Familie hat – „nebenbei" arbeiten, um ihre Rolle trotzdem erfüllen zu können. Oder es sind wieder Frauen (Großmütter, Tagesmütter, Tanten), die sich während der Abwesenheit der Frau um die Familie kümmert.

Betrachtet man das Leben einer Person im Spannungsfeld von „Individuum sein zu wollen" und „zu einer Gruppe gehören zu wollen", so taucht die Frage auf, wie viel Individualität eine Gruppe/Gesellschaft verträgt bzw. wie eine Person mit Verhaltensnormen (Rollenzuweisungen) zurecht kommt und damit umgeht.

Mary Douglas und Aaron Wildavsky beschäftigten sich in ihren Forschungsarbeiten damit, in welchen möglichen Ausprägungen – „Ways of Life" – dieses Spannungsfeld in Erscheinung treten kann.[26]

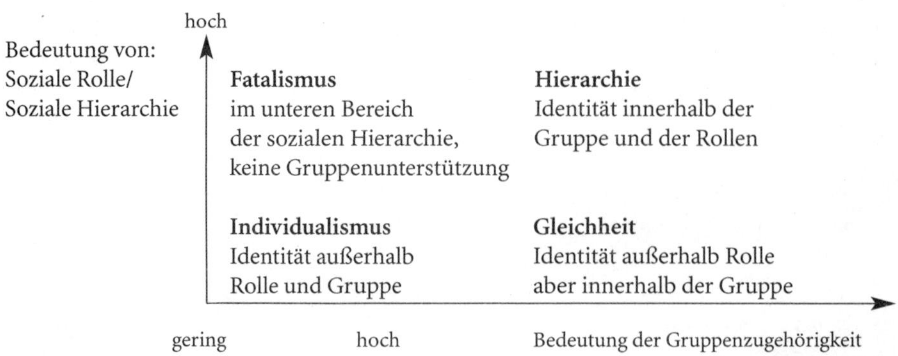

Abb. 2: Douglas/Wildavsky: Ways of Life, (1982).

Diese vier unterschiedlich geprägten „Lebensweisen" entwickeln sich aus den Fragen „Wer bin ich?", das heißt, wie definiere ich mich in Bezug auf Gruppen und „Was soll ich tun", das heißt wie stark werde ich in meinen Handlungen von gesellschaftlich definierten Rollen geleitet.

Personen und Kulturen, in denen sie leben, sind natürlich zu komplex, um anhand dieser zwei Dimensionen ausreichend beschrieben werden zu können. Die Analyse der Bedeutungen von Kommunikationsinhalten unterschiedlicher Kulturen lässt dennoch eine Einordnung in diese Typologie zu.

Die Identitätsbildung basiert auf speziellen Grundlagen:

1. Hierarchie: Personen definieren sich vorwiegend in Bezug auf Gruppen und Rollen, die unterschiedlichen gesellschaftlichen Status genießen. Das heißt, die Zugehörigkeit zu einer Gruppe und das Erfüllen spezifischer Rollenanforderungen ist für diese Personen von großer Bedeutung.
2. Gleichheit: Personen definieren sich in Bezug auf Gruppen, lehnen aber soziale Hierarchie ab. Die Zugehörigkeit zu einer bestimmten Gruppe ist von großer Bedeutung, aber innerhalb dieser Gruppe begegnen sich die Personen mit einer egalitären Grundhaltung.
3. Individualismus: In diesem Konzept definieren sich Personen weder in Bezug zu Gruppen noch zu Rollen. Von Bedeutung ist hier erst das Individuum (ich selbst), dann kommt die Gruppe.
4. Fatalismus: Personen dieser Grundkonzeption betrachten das Leben als Schicksal, jenseits ihrer Kontrollmöglichkeiten.

Jede „Lebensweise" beinhaltet bestimmte Muster im Sozialverhalten und in wohl jeder Gesellschaft lassen sich Personen aller vier Typen finden, aber es lässt sich auch eine vorherrschende „Lebensweise" in einer bestimmten Gesellschaft entdecken, deren Ausprägung durch eine gemeinsame Geschichte geprägt ist.

Wie nun Probleme, bestimmte Situationen und mögliche Lösungen von Personen wahrgenommen werden, reflektiert unterschiedliche – vom kulturellen Hintergrund abhängige – Erwartungen betreffend angemessenem oder unangemessenem Verhalten.

Wie bereits festgestellt, spielt die Familie in den Antworten unserer befragten Studierenden eine bedeutende Rolle. Diese versuchten wir daher in der „Douglas-Typologie" bildlich darzustellen. Michael Berry entwickelte daraus die „Hasenohren-Metapher" (Abb.3).

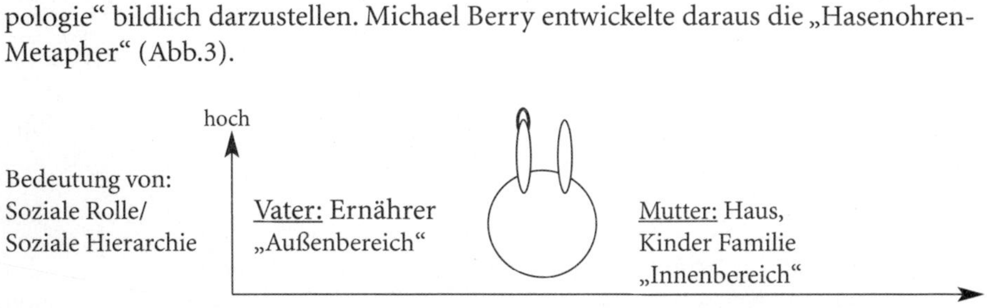

Abb. 3: Berry: Die „Hasenohren-Metapher", (1997).

Die Positionierung auf der horizontalen Achse „Bedeutung der Gruppenzugehörigkeit" zeigt, wie wichtig für ein Individuum die Einbindung in eine Gruppe – hier die Familie – ist. Die vertikale Achse zeigt hingegen, wie stark die Bindung an bestimmte gesellschaftlich definierte Rollen bzw. die Ausprägung von sozialer Hierarchie empfunden wird. Die in Abb. 3 dargestellte Metapher ist ein Ergebnis der Analyse der Antworten aus den schriftlichen Aufgaben, den Gruppendiskussionen und den Einzelinterviews. Es zeigt sich, dass in der Familie die Mutter-Rolle und die Ernährer-Rolle nicht immer oder vorwiegend das Ergebnis einer höheren sozialen Stellung des Mannes (Vater) in der Gesellschaft (fettes Hasenohr) sind. Die soziale Hierarchie innerhalb der Familie zeigt eine relativ egalitäre Positionierung (die „Hasenohren" sind gleich hoch), aber die Arbeitsteilung ist entsprechend der zugeschriebenen Rollen nach wie vor sehr hoch (die „Hasenohren" sind eindeutig und klar getrennt).

Das könnte bedeuten, dass in vielen Familien ein Element von „Equality" (Gleichheit) zwischen den Rollen insofern herrscht, als von einer „Equal Division of Labor" also einer „Gleichheit" betreffend Arbeitsteilung ausgegangen wird und die Rollenzuteilung nicht das Ergebnis einer ungleichen Machtbeziehung innerhalb einer Familie ist. Allerdings ist es nicht üblich und nicht einfach über eine Neuverteilung der Ernährer- und der Elternrolle innerhalb der Familie zu verhandeln. In den meisten Antworten der österreichischen Studenten und Studentinnen zu Joannas Verhalten wird von einer Frau gesprochen, die keine gute Mutter ist, weil sie ihren Sohn verlässt (manche schreiben und sagen: „sie lässt ihn völlig allein zurück"). Es gibt einen Vater, aber die Antworten deuten darauf hin, dass implizit und auch explizit von der Annahme ausgegangen wird, dass ein Vater die Elternrolle nicht gut genug übernehmen kann, um eine Mutter zu ersetzen, dass er ohne die Unterstützung von weiblichen Verwandten (meist die Mutter des Vaters) überhaupt nicht zurecht kommt.

Die geschriebenen und gesprochenen Antworten der Studierenden erklären die Mutter als diejenige Person, die das Kind tatsächlich braucht. Die Mutter ist es auch, von der erwartet wird, die Familie zusammen zu halten. Das heißt, wann immer über Elternschaft – im Sinne des sich um die täglichen Bedürfnisse des Kindes zu kümmern – gesprochen wurde, war nur **ein** „Hasenohr" – die Mutter – dafür zuständig, dem Vater obliegt es, für die Ernährung der Familie zu sorgen. Diese Rollenzuschreibungen wurden auch vertreten, wenn über Gleichheit zwischen Mann und Frau in der Familie diskutiert wurde.

Um etwas Verständnis in diese Antworten zu bringen, scheint es hilfreich, das Konzept „(Chancen-)Gleichheit" oder „Equality" in zwei möglichen Bedeutungskomponenten zu betrachten.

1. „Equal Division of Labor and Responsibility":
   Für die Familie ist der „Innenbereich" (traditioneller Zuständigkeitsbereich der Frau) gleich wichtig wie der „Außenbereich" (traditioneller Zuständigkeitsbereich des Mannes). Die gesamte Arbeit ist in zwei gleichbedeutende Teile geteilt. Die beiden Rollen sind streng getrennt, die Zuständigkeiten sind klar und so gut wie nicht verhandelbar.

2. „Equal Sharing of Labor and Responsibility“:
   Dieses Konzept von „Equality“ teilt die Aufgaben in einer Familie nicht strikt den Rollen entsprechend. Beide Personen – Vater und Mutter – sind sowohl für den „Innenbereich“ als auch den „Außenbereich“ zuständig und verantwortlich.

Stellt man diese beiden Konzepte gegenüber, so wird sehr deutlich, welch unterschiedliche Chancen und Möglichkeiten in Bezug auf Lebensgestaltung (Berufs- und Privatleben) für die Beteiligten – Frauen und Männer – damit verbunden sind.

Die Ergebnisse unserer Studie zeigen, dass der Wunsch nach Chancengleichheit einerseits vorhanden ist und darüber auch immer wieder gesprochen wird, andererseits wird aber auch die tiefe Verwurzelung der traditionellen Rollenteilung in den Köpfen der teilnehmenden Studentinnen und Studenten sichtbar.

Auf der Basis dieses Musters sind in den letzten Jahren in Österreich viele Initiativen und Maßnahmen entwickelt worden, um Frauen zu „fördern“. Die Frage der Geschlechterverhältnisse im privaten wie im öffentlichen Leben hat zu einer regen Diskussion geführt und im Bewusstsein vieler Männer und Frauen Platz genommen. Die Programme, die einige Organisationen begonnen haben umzusetzen, sind durchaus lobenswert, gehen aber vor allem in Richtung der Vereinbarkeit von Beruf und Familie vor allem oder fast ausschließlich für Frauen ohne die herrschenden Strukturen tatsächlich aufzuweichen. Kurzfristig scheinen sie in zweierlei Hinsicht hilfreich:

- Sie bieten Frauen die Möglichkeit, berufstätig sein zu können und trotzdem die traditionelle Rolle mit übernehmen zu können.
- Männer haben keine wirkliche Veranlassung, sich ändern zu müssen.

Langfristig, denke ich, zementieren sie – ohne Begleitmaßnahmen – die herrschenden Geschlechterverhältnisse, verlangen den Frauen, die Beruf und Familie vereinen wollen, Spagatlösungen ab und ihre Auswirkungen auf die Qualität von Familien- und Berufsleben sind mehr als fraglich. So gesehen dürften all diese Maßnahmen nicht unter dem Titel „Chancengleichheit“ laufen, da sie im Sinne „gleiche Chancen für Männer und Frauen“ entsprechend dem Konzept „Equal Sharing of Labor and Responsibility“ eigentlich dysfunktional sind, so lange Männer darin nicht entsprechend berücksichtigt werden. Das bedeutet, es sollte auch für Männer möglich sein, sich aus der eindimensionalen Berufs- und Karriereorientierung hin zu einer Vereinbarkeit des „Außen- und Innenbereichs“ bewegen zu können und zu dürfen (gesellschaftliche Akzeptanz).

Um also einer Verkrustung der herrschenden Geschlechterverhältnisse entgegenzuwirken, sollten Programme zur Förderung der Chancengleichheit, Frauenförderprogramme (oder unter welchem Titel auch immer sie laufen) in Organisationen bewusst auf Funktionalität bzw. Dysfunktionalität hin analysiert werden. Ein Wandel in Richtung Chancengleichheit für Frauen und Männer kann nur dann effektiv stattfinden, wenn Frauen und Männer sich verändern (insofern stellt sich die berechtigte Frage, ob nicht auch „Männerförderprogramme“ überlegt werden sollten).

Um das „Equal Sharing-Modell“ möglich zu machen, bedarf es intensiver Arbeit auf individueller, organisationsbezogener und gesellschaftlicher Ebene. Es gilt Veränderungsprozesse im Bewusstsein der Menschen zu initiieren und in Bewegung zu halten und entsprechende Rahmenbedingungen zu schaffen, die für Frauen und Männer Chancengleichheit ermöglichen.

Literatur

Acker, Joan: „Hierarchies, Jobs, Bodies: A Theory of Gendered Organizations". In: Gender & Society, Vol. 4, No.2, 1990, S. 139-158.

Dies.: „Gendering Organizational Theory". In: Mills, Albert; Tancred, Peta (Eds): Gendering Organizational Analysis. London: Sage 1992, S. 248-260.

Agar, Michael H.: The Professional Stranger: An Informal Introduction to Ethnography, 2. Edition, San Diego: Academic Press 1996.

Ders.: Speaking of Ethnography. Qualitative Research Methods Series. Vol. 2. London: Sage 1986.

Albrich, Thomas u.a. (Hrsg.): Österreich in den Fünfzigern. Innsbruck, Wien: Studienverlag 1995.

Beck-Gernsheim, Elisabeth: Das halbierte Leben. Männerwelt Beruf – Frauenwelt Familie. Frankfurt am Main: Fischer 1987.

Berry, Michael: „Speaking Culturally about Personhood, Motherhood and Career". In: Administrative Studies 4, 1997, S. 304 – 325.

Calás, Marta; Smircich, Linda: „Using the ‚F' Word: Feminist Theories and the Social Consequences of Organizational Research". In: Mills, Albert; Tancred, Peta (Eds): Gendering Organizational Analysis. London: Sage 1992, S.222-234.

Douglas, Mary: Implicit Meanings: Essays in Anthropology. London: Routledge 1975.

Douglas, Mary; Wildavsky, Aaron: Risk and Culture. Berkeley: California Press 1982.

Frauenbericht 1995. Bericht über die Situation der Frauen in Österreich. Hrsg. v. Bundesministerin für Frauenangelegenheiten. Wien: Bundeskanzleramt 1995.

Geschlechtsspezifische Disparitäten. Statistische Analysen zu geschlechtsspezifischen Unterschieden. Hrsg. v. Bundesministerium für soziale Sicherheit und Generationen und Bundesministerium für Bildung, Wissenschaft und Kultur. Wien 2002.

Haller, Max; Holm, Kurt et al. (Hrsg.): Österreich im Wandel. Werte, Lebensformen und Lebensqualität 1986 – 1993. München, Oldenburg: Verlag für Geschichte und Politik 1996.

Hofstede, Geert: Masculinity and Femininity, The Taboo Dimension of National Cultures. London: Sage 1998.

Ders.: Culture's Consequences, International Differences in Work-Related Values. London: Sage 1980.

Hymes, Dell: „On Communicative Competence". In: Pride, John; Holmes, Janet (Eds.): Sociolinguistics. London [u.a.]: Penguin 1979.

Lamnek, Siegfried: Qualitative Sozialforschung. Bd 1: Methodologie, Bd 2: Methoden und Techniken. Weinheim: Beltz 1995.

Meyer, Sibylle (Hrsg.): Technisiertes Familienleben. Blick zurück und nach vorn. Berlin: Sigma 1993.

Mills, Albert; Tancred, Peta (Eds): Gendering Organizational Analysis. London: Sage 1992.
Perry-Jenkins, Maureen: „The Family Division of Labor". In: Sollie, Donna L.; Leslie, Leigh A. (Eds): Gender, Families, and Close Relationships. London: Sage 1994.
Pross, Helge: Die Männer. Eine repräsentative Untersuchung über die Selbstbilder von Männern und ihre Bilder von der Frau. Reinbek: Rowohlt 1978.
Sander, Gudrun: Von der Dominanz zur Partnerschaft, Neue Verständnisse von Gleichstellung und Management. Bern, Stuttgart, Wien: Haupt 1998.
Schulz, Wolfgang: „Wertorientierungen im Bereich von Ehe und Familie". In: Haller, Max; Holm, Kurt et al. (Hrsg.): Österreich im Wandel. Werte, Lebensformen und Lebensqualität 1986 - 1993. München, Oldenburg: Verlag für Geschichte und Politik 1996, S. 138 - 154.
Sieder, Reinhard: Sozialgeschichte der Familie. Frankfurt am Main: Suhrkamp 1987.
Sollie, Donna L.; Leslie, Leigh A. (Eds): Gender, Families, and Close Relationships. London: Sage 1994.
Szabo, Erna: Organisationskultur und Ethnographie. Wiesbaden: DUV 1998.

Anmerkungen

1 Vgl. Geschlechtsspezifische Disparitäten. Hrsg. v. Bundesministerium für soziale Sicherheit und Generationen und Bundesministerium für Bildung, Wissenschaft und Kultur. Wien 2002, S. 141.
2 Vgl. Frauenbericht 1995. Bericht über die Situation der Frauen in Österreich. Hrsg. v. Bundesministerin für Frauenangelegenheiten. Wien: Bundeskanzleramt 1995, S. 227.
3 Vgl. Reinhard Sieder: Sozialgeschichte der Familie. Frankfurt a. Main: Suhrkamp 1987, S. 238f.
4 Vgl. Thomas Albrich: Österreich in den Fünfzigern. Innsbruck, Wien: Studienverlag 1995, S. 55ff.
5 Vgl. Sibylle Meyer (Hrsg.): Technisiertes Familienleben. Blick zurück und nach vorn. Berlin: Sigma 1993, S. 37.
6 Vgl. Wolfgang Schulz: „Wertorientierungen im Bereich von Ehe und Familie". In: Max Haller, Kurt Holm [u.a.] (Hrsg.): Österreich im Wandel. Werte, Lebensformen und Lebensqualität 1986-1993. München, Oldenburg: Verlag für Geschichte und Politik 1996, S. 138-154, S. 145f.
7 Geert Hofstede: Masculinity and Femininity. The Taboo Dimension of National Cultures. London: Sage 1998. Ders.: Culture's Consequences, International Differences in Work-Related Values. London: Sage 1980.
8 Vgl. Elisabeth Beck-Gernsheim: Das halbierte Leben. Männerwelt Beruf – Frauenwelt Familie. Frankfurt a. Main: Fischer 1987, S. 13f.
9 Vgl. Helge Pross: Die Männer. Eine repräsentative Untersuchung über die Selbstbilder von Männern und ihre Bilder von der Frau. Reinbek bei Hamburg: Rowohlt 1978, S. 13.
10 Vgl. Beck-Gernsheim, Das halbierte Leben, S. 22.
11 Ebda, S. 23.
12 Vgl. Maureen Perry-Jenkins: „The Family Division of Labor". In: Donna L. Sollie, Leslie A. Leigh (Eds.): Gender, Families and Close Relationships. London: Sage 1994, S. 178.
13 Joan Acker: „Gendering Organizational Theory". In: Albert Mills, Peta Tancred (Eds.): Gendering Organizational Analysis. London: Sage 1992, S. 248-260.
14 Ebda, S. 257.
15 Vgl. Marta Calás, Linda Smircich: „Using the ‚F' Word: Feminist Theories and the Social Consequences of Organizational Research". In: Albert Mills, Peta Tancred (Eds.): Gendering Organizational Analysis. London, Sage 1992, S. 222-234.
16 Vgl. ebda.; Vgl. Acker, Gendering Organizational Theory.
17 Gatermann, Sturm in: Gudrun Sander: Von der Dominanz zur Partnerschaft. Neue Verständnisse von Gleichstellung und Management. Bern, Stuttgart, Wien: Haupt 1998, S. 243.

18 Ebda, S. 243.

19 Triangulation wird im sozialwissenschaftlichen Methodendiskurs interpretiert als die Kombination von Methoden bei der Untersuchung des selben Phänomens, um so zu einer angemesseneren (resp. valideren) Erfassung eines empirischen Forschungsgegenstandes zu gelangen. Das Potenzial einer solchen Methodenkombination liegt dabei insbesondere darin, unterschiedliche Perspektiven zu verbinden und möglichst unterschiedliche Aspekte des untersuchten Gegenstandes zu thematisieren.

20 Vgl. Siegfried Lamnek: Qualitative Sozialforschung. Bd 1: Methodologie. Bd 2: Methoden und Techniken. Weinheim: Beltz 1995.

21 Vgl. Michael H. Agar: The Professional Stranger: An Informal Introduction to Ethnography. 2. Edition. San Diego: Academic Press 1996. Ders.: Speaking of Ethnography. Qualitative Research Methods Series. Vol. 2. London: Sage 1986. Erna Szabo: Organisationskultur und Ethnographie. Wiesbaden: DUV 1998.

22 Vgl. Dell Hymes: „On Communicative Competence". In: John Pride, Janet Holmes: (Eds.): Sociolinguistics. London [u.a.]: Penguin 1979, S. 281.

23 Vgl. Michael Berry: „Speaking Culturally about Personhood, Motherhood and Career". In: Administrative Studies 4, (1997), S. 304-325, S. 310.

24 Siehe Abbildung 3 unter 5. Diskussion.

25 Am Ende eines Zitates werden jeweils eine Abkürzung für das Interview, aus dem das Zitat stammt, und die betreffenden Zeilen aus dem Transkript angegeben.

26 Vgl. Mary Douglas, Aaron Wildavsky: Risk and Culture. Berkeley: California Press 1982.

Kurzbiographien der AutorInnen

Maria Buchmayr, Mag.[a], geboren 1970 in Linz. Wissenschaftliche Mitarbeiterin am Institut für Frauen- und Geschlechterforschung der Johannes Kepler Universität Linz. Studium der Geographie und Regionalforschung an der Universität Wien. Thema der Diplomarbeit: „Nachhaltige Regionalentwicklung im oberösterreichischen Zentralraum. Aspekte der Nachhaltigkeit in den Raumentwicklungskonzepten des oberösterreichischen Zentralraumes von 1957 bis 1998." Schwerpunkt im 2. Studienabschnitt: Vergleichende Humangeographie, vergleichende Kultur- und Sozialgeographie. Derzeitige Arbeitsschwerpunkte: Gender Mainstreaming in der Regionalentwicklung

Melanie Dorner, Mag.[a], geboren 1979 in Linz. Studienassistentin am Institut für Frauen- und Geschlechterforschung der Johannes Kepler Universität Linz. Studium der Soziologie an der Universität Linz. Thema der Diplomarbeit: „Powercurity 2002. Erfolg und Nutzen betrieblicher Frauenförderung am Beispiel der bfi.bbrz-gruppe." Schwerpunkte im 2. Studienabschnitt: Familiensoziologie und Soziologie des abweichenden Verhaltens.

Waltraud Frauenhuber, Mag.[a], geboren 1958 in Salzburg. Studium der Betriebswirtschaft an der Universität Innsbruck. Diplomarbeit zum Thema „Franchising in Österreich". Nach Abschluss des Studiums Assistentin der Geschäftsleitung bei der Firma Gössl Trachtenmoden. Mitbegründerin und Geschäftsführerin einer GesmbH als Service-Zentrale für ausgewählte KundInnen. Mitbegründerin des Österreichischen Franchise-Verbandes (ÖFV) und seither ehrenamtliche Vizepräsidentin des ÖFV. 1989 Erwerbung der Franchise-Beratungslizenz „SYNCON Österreich", Gründung des Beratungsunternehmens SYNCON International Franchise Consultants, Salzburg. 1990 Ablegung der Unternehmensberaterprüfung. Vortragstätigkeit an den Wirtschaftskammern Österreichs und an österreichischen Universitäten sowie für das Deutsche Franchise-Institut. 2000 Einstieg als geschäftsführende Gesellschafterin in die SYNCON Deutschland.

Karin Geyrhofer, geboren 1963 in St. Pölten. Verheiratet, drei Söhne. Ausgebildete Kindergärtnerin, Zusatzqualifikation Montessoripädagogik. Entwicklung der VETO-Kurse (Präventionskurse – Schutz vor Gewalt und Missbrauch). Zur Zeit: Selbstständige Trainerin für Feministische Selbstverteidigung und Präventionsarbeit, Sexualpädagogik.

Ingrid Grün, Leiterin des Frauenreferates der NÖ Landesregierung. Das Referat wurde vor zehn Jahren gegründet und Ingrid Grün ist seit Beginn zuerst als Stellvertreterin der damaligen Frauenreferentin und seit 1997 als Leiterin dabei. Die Schwerpunkte ihrer Arbeit sind Frauenförderung, Sensibilisierung für Chancengleichheit und Vernetzung. Sie ist verheiratet und hat eine Tochter mit 15 Jahren.

Katrin Hansen, Prof.in Dr.in, seit 1994 Professorin an der FH Gelsenkirchen in Deutschland. Lehrinhalte: Betriebswirtschaftslehre, insbesondere Management und Personalentwicklung. Mitglied im Netzwerk Frauenforschung Nordrhein-Westfalen. Forschungsschwerpunkte und Publikationen in den Themenbereichen Fach- und Führungsfrauen, Selbst- und Teammanagement, Personalmarketing und Personalführung. Ihr aktueller Forschungsschwerpunkt liegt im Bereich Diversity Management. 10-jährige Praxiserfahrung in Unternehmen und der Unternehmensberatung. Frauenbeauftragte der FH Gelsenkirchen und dort auch Prorektorin für Studium, Lehre und Studienreform. Im Wintersemester 2000/01 Gastprofessorin an der Johannes Kepler Universität Linz.

Gabriella Hauch, Mag.a Dr.in, geboren 1959 in Salzburg, Univ.Prof.in am Institut für Neuere Geschichte und Zeitgeschichte sowie Vorständin am Institut für Frauen- und Geschlechterforschung der Johannes Kepler Universität Linz, Co-Leiterin des Ludwig Boltzmann Instituts für Gesellschafts- und Kulturgeschichte, Mitherausgeberin der „Österreichischen Zeitschrift für Geschichtswissenschaften" (ÖZG). Aktuelle Forschungsarbeiten: Verbotene Liebe und Freundschaftsbeziehungen im Nationalsozialismus, Frauenleben in „Oberdonau" während der NS-Zeit.

Cäcilia Innreiter-Moser, Ass. Prof.in Mag.a Dr.in, geboren 1959, zwei Kinder, 14 und sieben Jahre. Studium der Betriebswirtschaftslehre in Linz. Seit 1987 Universitätsassistentin und Lehrbeauftragte am Institut für Unternehmensführung der Johannes Kepler Universität Linz. Forschungsschwerpunkt: Organisation. Fakultätsbeauftragte des Arbeitskreises für Gleichbehandlungsfragen. Forschungsgebiete: Equality Management, Gender and Intercultural Relations. Seminarleitungen zum Thema Frauen und Männer in Arbeitsorganisationen.

Gerda Klammer, Mag.a, geboren 1973, Studium der Sozialwirtschaft an der Johannes Kepler Universität in Linz, Diplomarbeit zum Thema Wiedereinstieg nach der Elternkarenz, Ausbildung zur systemischen Sozial- und Berufspädagogin, Trainerin in arbeitsmarktpolitischen Maßnahmen, Personalentwicklerin mit dem Schwerpunkt Equality-Management, akademische Bildungsmanagerin in Ausbildung. Equality-Referentin der Unternehmensgruppe BFI/BBRZ.

Doreen Liebenow, geboren 1976 in Pasewalk. Während ihres Studiums der Erziehungswissenschaften an der Universität Rostock hat sich Doreen Liebenow im Rahmen verschiedener Praktika u.a. am Deutschen Institut für internationale Pädagogische Forschung in Berlin und im Ministerium für Bildung, Jugend und Sport des Landes Brandenburg mit Fragen der Pädagogik und Lehre beschäftigt. Seit 2001 bei der Deutschen Lufthansa AG, u.a. als Referentin beim Beauftragten für Chancengleichheit sowie im Bereich Ideenmanagement und Innovationsförderung. Derzeit ist sie in Konzeption, Analyse und Kommunikation des Employee Feedback Management bei Lufthansa eingebunden.

Helga Lukoschat, Dr.in, geboren 1957, lebt in Berlin. Vorstandsmitglied und Mitbegründerin der Europäischen Akademie für Frauen in Politik und Wirtschaft Berlin (EAF) und deren Geschäftsführerin. Studium der Germanistik, Politikwissenschaft und Geschichte in Erlangen und Berlin. Langjährig als Journalistin und Publizistin tätig, u.a. als Redakteurin der *tageszeitung* und als Referentin für Bündnis 90/Die Grünen in Berlin. Seit 1992 hat sie an mehreren Forschungsprojekten der Technischen Universität Berlin im Bereich Frauenforschung mitgearbeitet und mit einer Studie über Frauen in Führungspositionen promoviert. Von 1997 bis 1999 war sie verantwortlich für das internationale Mentoring-Programm „Preparing Women to Lead". Seit Jänner 2001 Geschäftsführerin der neugegründeten Femtec GmbH, eines Hochschul-Karrierezentrums für Frauen an der Technischen Universität Berlin.

Herta Maria Nöbauer, Mag.a, Studium der Ethnologie und Fächerkombination Frauenforschung an der Universität Wien. Lektorin am dortigen Institut für Ethnologie, Kultur- und Sozialanthropologie und freie Wissenschafterin. Derzeit Fertigstellung der Dissertation zum Thema „Körper, Wissen und Macht im akademischen Feld". Entwicklung und Koordination des laufenden Pilotprojekts „Mentoring für Wissenschafterinnen an der Universität Wien" im Projektzentrum Frauenförderung der Universität Wien. Forschungsschwerpunkte: Feministische Sozial- und Kulturanthropologie/Anthropologie der Geschlechter; Anthropologie des Körpers; Anthropologie der Wissensproduktion (spätmoderner westlicher Gesellschaften).

Gudrun Salmhofer, Mag.a, geboren 1972 in Graz, Studium der Deutschen Philologie, Kunstgeschichte und Volkskunde an der Karl-Franzens-Universität Graz; Hochschullehrgang für Deutsch als Fremdsprache; Lehrgang für Museumspädagogik und Ausstellungstechnik; Universitätslektorin in Polen, der Slowakei, Ukraine und Tschechien; 1999 Teilnehmerin des Mentoring Projekts „Preparing Women to Lead", Redaktionsassistentin am Institut für die Wissenschaften vom Menschen in Wien, seit März 2001 Leiterin der Stabsstelle für Frauenförderung an der Johannes Kepler Universität Linz; derzeit Doktoratsstudium an der KFU Graz.

Waltraud Schlögl, Mag.a, geboren 1971, Studium der Ethnologie, Kultur- und Sozialanthropologie. Freiberufliche Tätigkeiten im wissenschaftlichen Bereich und bei NGOs. Seit Februar 2001 Projektentwicklung und -koordination im Mentoringprojekt für Wissenschafterinnen an der Universität Wien.

Janka Thurn, geb. 1967, derzeit Studienabschluss an der Technischen Universität Berlin in den Fächern Erziehungs- und Kunstwissenschaft. Seit den Gründungstagen arbeitet sie als freie Mitarbeiterin für die Europäische Akademie für Frauen in Politik und Wirtschaft Berlin e.V. Sie ist seit 1997 in der Multimediabranche selbstständig tätig.

Christiana Weidel, Mag.a, Erziehungswissenschafterin. Bildungsmanagerin und EU-Projektleiterin bei TBW, Technisches Büro Weidel, der Gruppe System & Kommunikation. Arbeitsschwerpunkte: Themenstellungen der Erwachsenenbildung, speziell

Frauenbildung. 1995 startete sie Mentoringprojekte für Frauen in Österreich und gründete 1997 die Mentoring Plattform in Tirol. Heute führt sie unter anderem das virtuelle Mentoringcenter www.mentoringcenter.at. Weitere Schwerpunktbereiche: NGOs, die Herausforderungen der Informationsgesellschaft und der Neuen Technologien für benachteiligte Zielgruppen. Lehraufträge an den Universitäten Innsbruck im Bereich Erziehungswissenschaften, Projektmanagement in der EU und Salzburg zu Fragen des Nonprofit-Managements. Gründerin und Herausgeberin des ersten österreichischen Frauen Onlinemagazins www.ceiberweiber.at sowie der Informations- und Vernetzungsplattform *The World of NGOs* www.ngo.at. Vorstandsmitglied zahlreicher europäischer und internationaler Organisationen.

Wilfried Weiß, Dr., geboren 1957 in Aachen. Studium der Physik und Mathematik in Köln. Während der Promotion absolvierte er das Grundstudium Betriebswirtschaftslehre an der Fachhochschule Köln. Seit Jänner 2001 Beauftragter für Chancengleichheit bei der Deutschen Lufthansa AG. Beginn der Laufbahn bei der Lufthansa im Bereich Informatik, als Spezialist für Information Engineering, anschließend Gruppenleiter für Zentrale Aufgaben der Informatik als Leiter der Systems Engineering Methoden und später als Leiter von Decision Support Technology. Im Rahmen der Führung von Profit-Centern zählten zu seinen Aufgabenbereichen schwerpunktmäßig Personalrekrutierung, -führung und -entwicklung. Wirkte an konzernübergreifenden Projekten zur Personalentwicklung („Explorer 21") mit und war als Leiter von Informatik Europa bei der Fresenius AG Bad Homburg tätig. Von 1992 bis 1995 Lehrauftrag für Grundlagen der Informatik an der Fachhochschule Frankfurt.

Kerstin Witt-Löw, Dr.[in], Psychologin, arbeitet als selbstständige Organisationsberaterin, Trainerin und Coach. Seit 15 Jahren Lehrbeauftragte im Bereich Frauen- und Genderforschung an der Universität Wien. Als externe Beraterin und Trainerin hat sie Mentoring-Projekte in der öffentlichen Verwaltung und Politik begleitet. Seminare und Vorträge zum Thema „Mentoring".